本书系河南省教育科学规划重大招标课题"信息化背景下中小学教学方式的变革研究"（项目编号：2016-JKGHZDZB-04）的阶段性成果。

● 教育技术学元研究系列丛书

培养学生问题解决能力：
网络学习空间应用研究

杨滨 著

中国社会科学出版社

图书在版编目（CIP）数据

培养学生问题解决能力：网络学习空间应用研究 / 杨滨著 . —北京：中国
社会科学出版社，2018.6

（教育技术学元研究系列丛书）

ISBN 978-7-5203-2046-7

Ⅰ.①培…　Ⅱ.①杨…　Ⅲ.①科学研究-能力培养-网络教学-教学研究-
中小学　Ⅳ.①G632.46

中国版本图书馆 CIP 数据核字（2018）第 026613 号

出　版　人	赵剑英
责任编辑	宫京蕾
责任校对	秦　婵
责任印制	李寡寡

出　　　版	中国社会科学出版社
社　　　址	北京鼓楼西大街甲 158 号
邮　　　编	100720
网　　　址	http：//www.csspw.cn
发　行　部	010-84083685
门　市　部	010-84029450
经　　　销	新华书店及其他书店

印刷装订	北京君升印刷有限公司
版　　　次	2018 年 6 月第 1 版
印　　　次	2018 年 6 月第 1 次印刷

开　　　本	710×1000　1/16
印　　　张	21.5
插　　　页	2
字　　　数	328 千字
定　　　价	89.00 元

序

　　"网络学习空间人人通"是"三通两平台"的重要组成部分，是构建网络化、数字化、个性化、终身化的教育体系与推动教育教学模式创新的有效途径。2018年4月17日，中华人民共和国教育部发布《网络学习空间建设与应用指南》，明确提出要利用网络学习空间来促进教学方式和学习方式的变革，以期达到加快教育信息化进程、以教育信息化支撑和引领教育现代化、服务教育强国建设的目标。目前，我国三通两平台的建设正持续推进，大量的网络学习空间应运而生，想要做到"一生一空间"并不困难，而实现"生生有特色"却任重而道远。

　　众所周知，我国的基础教育一向重视知识的传授，而对学生创新能力培养不足，当今社会需要大量具备创造力的创新型人才，而问题解决能力正是创造性人才的核心能力之一。这种问题解决能力不是学生解题的单一能力，而是综合应用所学知识解决社会真实、复杂问题的能力。今天，提升学生问题解决能力，成为时代和社会对教育的诉求，然而学生问题解决能力的培养在传统课堂教学中很难开展，即使通过专项培训，效果也很不理想。网络学习空间的教学应用这种"互联网+教育"的新模式为教育的精准扶贫提供了途径，包括学情的精准分析、资源的精准推送、师生精准指导与帮扶以及教与学的精准评估。这就要求我们重新思考基于网络学习空间的教学设计、空间建设与教育应用等一系列新问题，而杨滨的这本书恰是对上述问题的深入探究。

　　相信在基础教育一线辛勤耕耘的教师们看了这本书，将豁然开朗，书中所述的教学案例和网络学习空间教学活动设计模板，将为教师由传统教学设计转向基于网络学习空间的教学设计提供支架，为教师结合自身教学经验开展基于网络学习空间的教学改革提供抓手。同时，这本书也会带给高校教师诸多反思，学生问题解决能力的培养何尝不是高等教育的短板，书中所述空间教学应用原则与要点、空间教学应用策略与方法，对于高校教师开发网络课程，实施翻转课堂教学改革，同样具有指导意义。

德国哲学家雅斯贝尔斯说："教育的本质是一棵树摇动另一棵树，一朵云推动另一朵云，一个灵魂唤醒另一个灵魂。"希望本书能够成为"互联网+教育"中的一棵树、一朵云。

汪基德

2018 年 6 月 1 日

前　言

　　网络时代的来临赋予了教育新的使命，即充分利用互联网信息共享、传播的便捷，实现跨时空的教和学，使学生随时随地展开交流与学习成为可能。因此，本书以学生培养中十分重要但并不外显的能力培养为切入点，聚焦学生问题解决能力的培养研究。问题解决能力是学生21世纪技能的核心能力之一，是高级思维能力的重要组成部分，是一种兼具创造性和操作性的思维方式与智力活动[1]。学生问题解决能力的培养已经成为世界各国教育改革所关注的重点，逐层递进地培养问题解决能力是进一步学习、快速适应社会和管理个人事务的基础。分析美、英、法、日、加拿大等国的课程标准及相关报告，可以发现教育发达国家均十分关注培养本国学生的问题解决能力，强调21世纪的学习者既要有基本学习能力，还要具备运用技术解决问题的能力，培养学习者的问题解决能力已在国际上达成共识[2]。网络为教师变革教学方法和学生变革学习方式提供了广阔的平台，越来越多的教师意识到，有必要引导学生正确使用网络，让网络为学生的学习服务，充分发挥网络的特点，培养学生利用网络资源解决实际问题的能力。如何发挥网络的教学功能，优化教学过程，创新教学模式，培养学生能力等，成为当前教育教学改革关注的热点。

　　首先，培养学生问题解决能力是我国素质教育改革和培养创造性人才的诉求。我国著名科学家钱学森院士生前曾提出"钱学森之问"，所

---

　　① 张俊娟：《问题解决能力培训全案（第二版）》，人民邮电出版社2011年版，第1—5页。

　　② 蔡慧英、顾小清：《21世纪学习者能力测评工具的框架设计研究》，《中小学信息技术教育》2013年第8期。

谓"钱学森之问"就是:"为什么我们的学校总是培养不出杰出人才?"针对"钱学森之问",原教育部部长袁贵仁指出,要加大教学模式和教学方法上的改革,注重对学生实施"学思结合、知行统一、因材施教"的培养,让每个学生找到适合自己的教育。① 创造性人才的培养需要学生能力的不断提升,素质教育的本质在于创新,创新的核心在于思维,思维的产生必须以问题为条件,创新思维总是在问题的发现、解决过程中产生,因此,创造性人才必须要有创新思维,而学生的问题意识和解决问题的能力成为培养学生创新思维的落脚点。因此,当前深入探讨在学科教学中如何培养学生的问题解决能力②,成为中国进一步深化素质教育改革,培养创造性人才的必然诉求。

另外,"三通两平台"建设为创新学生问题解决能力培养方法创设了条件。随着网络技术、Web2.0技术的不断发展,信息时代的教与学的方式正在彻底变革,网络所具有的大数据量、迅捷的信息传递以及交互性强等特点,特别适合开展探究教学,有利于培养学生利用网络等新媒体新技术来解决问题的能力。在全球教育信息化的大背景下,世界各国都很重视基于网络的学习环境的构造,各种网络教与学的平台应运而生。③ 在此背景下,兰州市城关区教育局依托甘肃省数字化教育工程实验室,历时四年,在整理、分析国内外1000多个教师专业发展网络支持平台的基础上,融合教育专家、教研员、校长、教师、开发人员的集体智慧,研发了一体化网络研修平台——"兰州市城关区教育公共服务平台",并在平台上设计和开发了网络学习空间,实现了"三通两平台"建设计划中的"网络学习空间人人通"的教学硬件环境。学习者可以在网络环境下灵活、便捷地获取多种信息,也可以通过网络围绕某一问题展开跨越时空的人—人、人—机交互,极大地拓宽了解决问题的思路和途径。

综上所述,互联网已经深入人类生活的方方面面,正在深刻地影响着人类文明的发展进程,随着"互联网+教育"的不断推进,教与学不

---

① 刘人怀等:《试答"钱学森之问"》,中国高教科技,[EB/OL]. http://www.zggxkj. com.cn/?module=show&id=333.2011-10-17.

② 王文莲、李海:《在物理教学中培养学生问题解决能力的策略》,《山西广播电视大学学报》2010年第9期。

③ 杨宗凯:《学习空间支持下的优质教育资源共享》,《世界教育信息》2015年第8期。

可避免地迎来了一场深刻的变革。就在互联网颠覆传统商业运作模式的同时，教育及从事教育的工作者们被一种虚拟、无形而又无法抗拒的力量拽入一种倒逼模式，即教与学皆因网而变。"互联网+教育"意味着教师的教学和学生的学习必将在网络所构建的教学环境下发生革命性的改变。因此，深入探讨学科教学中培养学生问题解决能力的模式与方法①，已成为中国深化教育教学改革和培养创造性人才的时代命题。

目前，利用网络平台提升学生问题解决能力的理论研究和教学实践案例都较为缺乏。一些地区和学校已经具备网络空间环境，却不知如何应用于教学，更不知在日常的教学中如何利用技术提升学生的问题解决能力。本研究围绕"如何利用技术重构教学模式，有效提升学生的问题解决能力"这一核心问题，首次提出了应用网络学习空间来培养学生问题解决能力的全新路径，弥补了传统教学环境下学生问题解决能力培养的不足，构建了培养学生问题解决能力的网络学习空间教学应用模式。模式的教学环节体现了应用网络学习空间培养学生问题解决子能力的过程，为深入研究网络环境下学生问题解决能力的培养建立了理论框架。它打破了以专项培训为主的学生问题解决能力培养模式，将学生问题解决能力的培养融入学科常规教学之中，探索了学生问题解决能力常态化培养的方法和策略。

本书共分十章，从教学一线出发，通过实验研究，探寻利用网络学习空间来变革培养学生问题解决能力的教与学的方法与策略，对于指导中小学一线教师开展基于网络学习空间的教学设计具有现实意义。研究所构建的网络学习空间教学应用模式，为教师开展基于网络学习空间的教学提供了可借鉴的模板，为进一步开展网络学习空间的常态化教学实践研究奠定了理论基础。

作者

2017 年 7 月于兰州

① 王文莲、李海：《在物理教学中培养学生问题解决能力的策略》，《山西广播电视大学学报》2010 年第 9 期。

目　　录

第一章　学生问题解决能力概述

思维从疑问和惊奇开始。——亚里士多德

一　影响问题解决的要素

影响问题解决的基本因素可分为认知因素和非认知因素。（吴吉惠，2009）认知因素包括智力水平、认知方式、学习能力等，非认知因素是对认知过程起着发动、定向、维持、强化作用的种种心理因素，这些因素构成问题解决的动力系统①。韦克斯勒认为，从简单到复杂的各个智力水平都反映了非智力因素的作用，非智力因素是智慧行为的必要组成部分。非智力因素不能代替各种智力因素的各种基本能力，但对后者起着制约作用②。学生的年龄、智力、学业成绩、教学方式和社会文化环境，影响着问题解决的水平③。匈菲尔德（Schoenfeld，1985）强调数学解题需要考虑四个因素：知识基础、解题策略、自我控制及信念系统，他研究发现认知因素居于关键的地位。一般认为影响问题解决的因素可以归结为以下六个方面④：

---

① 吴吉惠：《课堂教学中学生问题解决能力的培养》，《教育研究与实验》2009年第6期。

② 林崇德、杨治良、黄希庭：《心理学大辞典（下）》，上海教育出版社2003年版，第267页。

③ 傅金芝：《初中学生问题解决能力发展的跨文化研究》，《心理科学》1998年第12期。

④ 问题解决［EB/OL］http：//baike. baidu. com/link？url=uh2c04QYpwKIY947FWPccks-BZIzJmAlDqoBAjCspXJUZA77h-zfsCKJL43mK7KpA#4.

1. 基础知识

具备一定的基础知识是问题解决的前提条件，因此，解决问题之前，学习者必须围绕问题主题补充完善基础知识，并且要培养学生灵活应用知识的能力。

2. 心智技能

问题解决中思维的表征即为心智技能，学生心智技能的水平从一个侧面反映出思维能力的高低。为此，要注重学生心智技能的发展。

3. 动机和情绪

动机和情绪在问题解决中是把双刃剑，既有积极的作用又有消极的方面。并不是所有的动机和情绪都有利于问题的解决，只有中等强度的动机和稳定的情绪状态，才有利于问题的解决。动机和情绪的强度不够，则缺乏动力；过于强烈则会干扰思维而影响问题解决。因此，在教学过程中要注重学生学习动机的激发，引导学生经常带着愉快而平静的心境和情绪去学习。

4. 刺激呈现的模式

一切与问题解决相关的事与物都对问题解决提供了刺激，成为特定的刺激模式。如果某一刺激模式提供了解决问题的线索，就方便找出解决的办法；但也有刺激模式会干扰解决问题，进而增加难度。因此，教学中对刺激物的组织处理（如教具安排等）至关重要。

5. 思维定式

所谓思维定式指连续解决一系列同类型课题所产生的定型化思路。思维定式既可以加速工作的完成，提高效率，也可能因为定式而阻碍工作。

6. 个性特点

个性特点因人而异，但均对解决问题的效率产生一定的影响，教师应发挥学生有利于问题解决的个性特点，纠正不利的个性特点。

根据已有研究提出的影响问题解决的诸多要素，笔者构建了影响问题解决的要素结构（图1.1）。知识因素是形成心智技能的必要条件，而心智技能又是知识发展的保障，这两大因素是其他因素的基础。知识因素中已经掌握的知识至关重要，国外诸多信息加工实验表明某一领域内的专家较之于新手更能成功地解决问题，正是知识要素中的专业知识和内部图示的作用，这是对反对学生问题解决能力培养中知识传授观点的有利抨击。心智技能又可以分为一般技能和特殊技能，需要在问题解决过程中逐步养成。图中反映的问题解决的六要素必须要有中等强度的动机情绪和平静的心境，动机过强则会干扰思维，强度不够则缺乏动力。教学中要给学生提供清晰的刺激物线索，注重发挥学生有利于问题解决的个性特点，将学生思维定向性和灵活性相结合。六个要素互相影响，哪个环节出了问题均会影响问题解决的最终效果。厘清影响问题解决的要素之间的关系，有助于更进一步了解和认识问题解决能力。

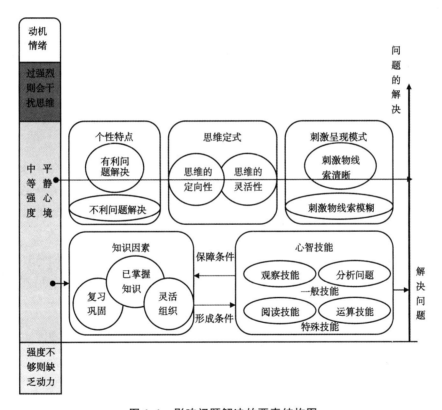

图 1.1　影响问题解决的要素结构图

二　问题解决能力的含义

　　问题解决是人类适应自然的必然产物，问题解决能力是学生 21 世纪的核心能力之一，是一种兼具创造性和操作性的思维方式与智力活动①。

　　欧美学者在 19 世纪初开始关注问题解决能力的界定问题，当时问题解决能力被理解为解决谜题或数学公式的技巧②。J. R. Anderson 将问题解决界定为任何有目的的认知操作序列③。1985 年加涅对问题解决做了界定，他将问题解决能力视为由规则和概念组成的更高层级的适用于某种特定情况的认知技能④。

　　《2003PISA 测试框架：数学、阅读、科学和问题解决的知识与技巧》指导手册中把问题解决能力定义为："个体在真实的、跨学科情境中运用认知过程处理和解决问题的能力，且问题解决方法并非显而易见，所应用的知识范围和覆盖的课程领域并非局限于单一的数学、科学或阅读等学科领域。"⑤

　　PISA2012 测试⑥中明确指出，所谓问题解决能力，指在没有直接明确解决办法的情况下，个人投入认知过程以理解并处理问题情境的能力，还包括处理这些问题情境的意愿，以实现个人潜能，成为具有建设性和反思能力的公民。

　　加涅、Anderson 等给出了问题解决能力的宏观理解，使人们认识到了问题解决能力是一种复杂的有目的的认知技能，但没有给出更加严谨

---

　　① 张俊娟：《问题解决能力培训全案（第二版）》，人民邮电出版社 2011 年版，第 1—5 页。

　　② Garofalo J, Lester F. Metacognition, cognitivemonitoring, and mathematical performance. Journal for Research in Mathematics Education, 1985, 16 (3): 163-76.

　　③ J. R. Anderson. cognitive Psychology and its implications [M]. New York: Freeman, 1980.

　　④ GagneR. The conditions of learning. (4th ed.). New York: Holt, Rhinehart and Winston, 1985: 3-8.

　　⑤ OECD2003. The PISA2003 Assessment Framework-Mathematics, Reading, Science and Problem Solving Knowledge and Skills [EB/OL]. http://www.pisa.oecd.org.

　　⑥ OECD2012. The PISA2012 Assessment Framework-Mathematics, Problem-solving and Financial literacy [EB/OL]. http://www.pisa.oecd.org.

的定义。2003PISA 测试框架中给出了问题解决能力的细化含义，着重强调了学生综合运用阅读、数学、科学领域所获得的知识，解决生活中遇到的真实问题的知识和技能，并把问题解决能力定为学生主动参与社会和经济生活必不可少的、综合性地运用学校教授的知识和技能的能力①。但该定义忽视了学生解决问题能力的复杂性，当学生成功解决问题时所应用的不仅仅是阅读、数学、科学领域所获得的知识，应当是在这三个领域和以外的其他领域的基础上心智技能不断发展的结果。

因此，有必要综合中外学者的研究观点，在充分考虑影响问题解决六要素的前提下，提出全新的学生问题解决能力的含义。

问题解决能力：是指学生在适度的学习动机和良好的心境状态下，灵活利用已有知识、理解问题、辨别问题、提出解决问题的意见或方案、实施方案并能调整改进方案的高层级的心智技能。

表 1.1 反映了问题解决能力的含义中所对应的影响问题解决能力发展的因素。由于该定义系统考虑了影响问题解决的诸多因素，比较全面，可操作性强，因此，本项研究将以该定义为主，开展学生问题解决能力培养研究。

本项研究所关注的学生问题解决能力是指初中高年级学生解决实际问题的能力。学生所需解决的问题均为生活实际问题。

表 1.1　　　　　　　　　　　　学生问题解决能力的定义要素表

定义	定义中反映的影响问题解决的因素
适度的学习动机和良好的心境状态	动机情绪要素：反映出问题解决者动机强度中等、心境平静
灵活利用已有知识	知识要素：认知结构中已经具备的知识
理解问题、辨别问题	刺激呈现的模式要素：所指出的直接提供了适合于问题解决的线索，便于找出解决的方向、途径与方法
提出解决问题的意见或方案	问题表征能力、心智技能要素的综合表现（五阶段）
实施方案并能调整和改进方案	元认知、思维定式要素和个人特征要素的综合表现

① 杨学敬、徐斌艳：《问题解决内涵的重构——来自 PISA 的启示》，《教育科学》2007年第 4 期。

三　问题解决的过程

1. 国外研究

"试误说"是研究问题解决过程的早期代表。桑代克把问题解决的过程总结为刺激与反应的联结过程，认为学习者不断尝试错误、改进方法、再次尝试的过程就是问题解决的过程。

杜威（Dewey，1920）把问题解决视为一种系统化、科学化的运作历程，并构建了问题解决模型，包括感受困难、定位并定义困难、考虑可能解决的方案、衡量各种方案的结果、选择一种方案等五个步骤。

华莱士（G. Wallas，1926）认为问题解决的创造性过程包括四个阶段：准备期、孕育期（沉思、酝酿）、明朗期（灵感、启迪）和验证期①。

格拉斯（Class，1985）把问题解决划分为相互区别又相互联系的四个阶段：形成问题表征、设定计划、重构问题表征、执行计划和检验结果②。

斯滕伯格等（Sternberg，1986；Bransford & Stein，1993；Hayes，1989）提出问题解决的七阶段为：确认问题、定义问题、选择策略、组织信息、分配资源、监控解决过程、评估结果③。

托伦斯（Torrance，1988）研究指出，问题解决的逻辑步骤为：感知问题，对问题做出猜测或假设、评价（修正），表达结果④。

波利亚提出了问题解决的四步骤：（1）理解题目；（2）制订方案；（3）执行方案；（4）回顾⑤。

---

① ［美］A. J. 斯塔科：*Creativity in the Classroom*，刘晓陵、曾守锤译，华东师范大学出版社 2007 年版，第 20 页。

② 问题解决［EB/OL］http://baike. baidu. com/link? url=uh2c04QYpwKIY947FWPccks-BZIzJmAlDqoBAjCspXJUZA77h-zfsCKJL43mK7KpA#4.

③ 黄茂在、陈文典：《问题解决的能力》，［EB/OL］www. phy. ntnu. edu. tw/wdchen/pdI/books/02. pdf.

④ ［美］A. J. 斯塔科：*Cretivity in the Classsroom*，刘晓陵、曾守锤译，华东师范大学出版社 2007 年版，第 21 页。

⑤ ［美］波利亚：《怎样解题》，涂弘、冯承天译，上海科技教育出版社 2007 年版，第 79 页。

　　国际经合组织（OECD）策划的学生基础能力国际研究计划（PISA）将学生问题解决过程分为七个步骤：（1）识别问题；（2）识别信息、条件；（3）提出解决方案；（4）选择解决策略；（5）问题解决；（6）反思问题；（7）交流结果①。

　　加涅认为问题解决包括四个认知过程，分别为形成问题的表征、搜索问题空间、选择一个解决方案、评价。

　　奎尔马斯（Quellmalz，1991）将问题解决描述成一个有意识地使用四种推理策略的基本认知过程。四种推理策略包括分析、比较、推论与解释、评价②。

　　PISA2012测评中将问题解决过程概括为：探索与理解、表征与建模、计划与执行、监控与反思③。

　　梅耶认为，解答应用题的认知过程可以分为表征问题、综合问题、制订和调整解答计划、执行解答计划④。

　　Gick1986年提出的问题解决模型（图1.2），包括3个认知活动的基本顺序：（1）问题表征；（2）寻找办法；（3）实施方案⑤。

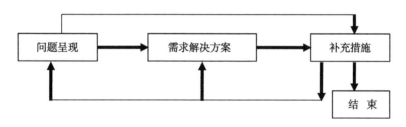

图 1.2　Gick 问题解决模型

　　① 滕梅芳：《评估关键能力　培育生活智慧—DECD/PISA问题解决能力之构想、设计与评估》，《浙江教育学院学报》2010年第1期。

　　② GaryD. Borich&Martin. Tombari：《中小学教育评价》，国家基础教育课程改革"促进教师发展与学生成长的评价研究"项目组译，中国轻工业出版社2004年版，第153页。

　　③ DECD. PISA2012 Assessment and Analytical Framework；Mathematics，Reading，Science，Problem Solving and Financial Literacy［M］. OECD Publishing，2013.

　　④ Mayer，R. E. Educational Psychology：A Cognitive Approach［M］. Boston：Little，Brown，1987.

　　⑤ Gick M. L.，Holyoak K. J. Analogical problem solving［J］. Cognitive Psychology，1980（12）；306-355.

2. 国内研究

国内学者陈琦、刘儒德研究提出，问题解决过程包括四个阶段：理解和表征问题；寻求答案；执行计划或尝试某种解答；评价结果等[①]。

张掌然指出，问题解决包括发现问题、评价问题、选择问题、解决问题四个主要环节[②]。

张苹将问题解决过程分为理解问题、描述问题、制订方案、执行方案、效果评估或反馈五个步骤[③]。

龙毅、刘守生等把学生问题解决过程分为分析、探索阶段——设计方案、建立数学模型——对模型、方案进行评价——验证结果的合理性[④]。

陈丽从数学教学的角度提出，问题解决的过程有发现问题、提出问题、分析问题、解决问题和应用问题[⑤]。

李晓梅指出，问题解决的过程涉及问题识别、问题表征、探索解决问题、反思解决过程[⑥]。

方海宁提出了问题解决的五个阶段：问题意识、提出问题、分析问题、提出方案、解决问题[⑦]。

伍远岳、谢伟琦等将学生问题解决的过程分为理解问题、描述问题、展示问题、解决问题、反思解决方案和交流解决方案[⑧]。

梳理分析上述中外有关问题解决的过程研究，大致可以分为以下几类：

（1）学科教学类。以数学、物理居多，研究者波利亚、梅耶、喻平等均从数学学科的问题解决角度出发提出了解决过程、步骤，为本研

① 陈琦、刘儒德：《当代教育心理学》，北京师范大学出版社 1997 年版，第 156—161 页。
② 张掌然：《问题的哲学研究》，人民出版社 2005 年版，第 242—348 页。
③ 张苹：《大学生问题解决能力培养研究》，《北京城市学院学报》2013 年第 4 期。
④ 龙毅、刘守生：《用 Markov 链测量学生问题解决能力》，《吉首大学学报》1996 年第 9 期。
⑤ 陈丽：《对小学数学"问题解决"课堂教学模式的探讨》，《快乐阅读》1996 年第 6 期。
⑥ 李晓梅：《关于提高小学生问题解决能力的思考》，《课程·教材·教法》2011 年第 12 期。
⑦ 方海宁：《学生问题意识和解决问题能力的培养策略研究》，苏州大学，2008 年。
⑧ 伍远岳：《问题解决能力：内涵、结构及其培养》，《教育研究与实验》2013 年第 4 期。

究设计问题解决教学方案提供了参考。但由于仅为数学、物理等学科的视角，所提出的过程、步骤在其他学科的问题解决中是否适用尚不明确，研究具有一定的局限性。

（2）认知、经验类。加涅、杜威、梅耶从认知心理出发提出了解决问题的过程，但过分强调认知基础和经验的作用，缺失了针对问题解决之后的反思与交流这一重要的环节。张苹、伍远岳、谢伟琦等学者从实践出发提出的问题解决步骤，基本概括了问题解决的一般过程。PISA提出的学生问题解决过程七步骤以及 Bransford & Stein（1993）提出的问题解决七个阶段都较为全面地以不同的描述方式阐释了问题解决的主要过程。

围绕本项研究的主题，需要考虑以学生认知为基础、创新为目标的问题解决过程。因此，本研究以张苹提出的问题解决五步骤为主，整合中外有关问题解决过程的研究共性，提出问题解决的六个阶段（图1.3）。

第一阶段，理解问题。这一阶段主要回答"问题是什么"，也是提出问题的阶段。爱因斯坦曾说过提出问题甚至比解决问题更重要，提出问题决定了后期研究的方向，决定了研究工作是否具有意义和价值。

第二阶段，描述问题。描述问题反映了学生对问题的理解程度，不是简单地说问题，而是清晰地阐明问题是什么，为什么选择该问题，以及决定该问题解决的要素有哪些。

第三阶段，制订问题解决的方案。只有厘清前两阶段的问题才能制订问题解决的方案，该阶段是对问题解决的整体规划。

第四阶段，选择解决方案的策略。策略的选择与解决方案的设计紧密关联，是更好、更快实现方案的方法设计阶段。一个方案的实施或许会有很多策略，教师应该鼓励学生提出不同的策略，加以分析、验证，帮助学生体验不同策略对应于同一种方案的实施效果。

第五阶段，实施问题解决方案。该阶段是问题解决的具体实施阶段，也是学生合作学习、协作学习的具体实施过程。

第六阶段，反思、交流问题。该阶段是吸取国外部分研究成果而提出的，也是国内研究容易忽视的阶段。问题解决之后的反思是经验总结的过程，问题解决之后的交流是对问题解决思路的梳理和方法的阐释过程。

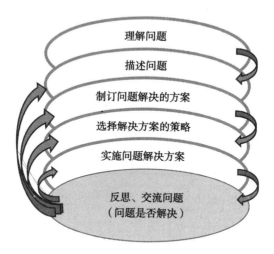

图 1.3　　问题解决的六个阶段

本项研究从问题构成的内在属性出发，充分考虑了良构与劣构问题，借鉴 Sinnott、Jonassen[①] 等学者在劣构问题解决过程中的研究成果，特在第六个阶段设计了反馈环节，因为劣构问题的解决需要根据反馈信息调整方案、策略和思路。根据中外研究凝练提出的问题解决六阶段（图 1.3），既适合于良构问题的解决，也适合于劣构问题的解决，这将为本研究构建培养学生问题解决能力的网络学习空间教学应用模式、设计教学活动方案和学习活动提供实证依据。

四　问题解决能力的构成

1. 问题解决能力的构成分析

国际 PISA2003 评价框架中将学生的问题解决能力分为：理解问题的能力、辨别问题的能力、表述问题的能力、解决问题的能力、问题解决之后的反思能力和问题解决方法的交流能力。

弗布克问题解决能力培训全案中把问题解决能力分为六个方面的能

①　Hong N. S. The Relationship Between Well-structured And Ill-structured Problem Solving In M multimedia Simulation. ［DB/OL］ http：//www.cet.edu/pdf/structure.pdf.（2011.8.7）

力：识别能力、分析能力、问题解决过程中的沟通能力、问题解决过程中的行动能力、方法技巧应用能力以及学习能力[①]。

日本学者本多幸次（2002）认为"问题解决能力"由四种能力构成：（1）发现问题的能力；（2）问题解决方法的预见能力；（3）建立假说、计划、观察和实验的能力；（4）观察、实验、考察问题解决结果的能力；（5）归纳报告的能力[②]。

Benard 指出"问题解决能力"包括做计划的能力，获取资源以自助的能力，批判性、创造性思维技能，提出解决问题方案的能力，具备压力意识和采取适宜问题解决策略的能力[③]。

国内学者张苹根据问题解决的五步骤提出问题解决能力结构为：观察识别能力、表达沟通能力、分析决策能力、行动能力[④]。顾一鹏将学生问题解决能力的构成分为：识别能力、方法技巧运用能力、分析能力、沟通能力、执行能力和学习能力[⑤]。伍远岳、谢伟琦等认为问题解决能力由理解、分析、推理、实践、反思和表达六种要素构成[⑥]。杨淑莲指出问题解决能力由发现问题的能力、做计划的能力、搜集信息的能力、调查研究的能力以及归纳方案的能力等构成[⑦]。

综合分析上述文献，学者张苹、伍远岳等提出的能力其实已经在PISA2003 评价框架之中有关学生的问题解决能力的划分之列。郭新春提出的六方面依然从数学教学出发，其他学科是否适用，还需要进一步验证。弗布克问题解决能力培训全案中对问题解决能力六个方面的划分，可以融入到 PISA2003 评价框架之中。比如其提到的识别能力等同于辨别能力，问题的分析能力需要具备理解、辨别和表述能力，问题解

① 张俊娟：《问题解决能力培训全案（第二版）》，人民邮电出版社 2011 年版，第122—128 页。

② 杨淑莲：《发展学生问题解决能力的 GBS 学习环境的设计开发与实践》，华南师范大学，2004 年。

③ 刘友霞：《高中生问题解决能力发展的实证研究》，华东师范大学，2015 年。

④ 张苹：《大学生问题解决能力培养研究》，《北京城市学院学报》2013 年第 4 期。

⑤ 顾一鹏：《学生问题解决能力培养途径研究》，《江苏经贸职业技术学院学报》2014 年第 3 期。

⑥ 伍远岳：《问题解决能力：内涵、结构及其培养》，《教育研究与室验》2013 年第 4 期。

⑦ 杨淑莲：《发展学生问题解决能力的 GBS 学习环境的设计开发与实践》，华南师范大学，2004 年。

决过程中的沟通能力即交流能力，问题解决过程中的行动能力及方法、技巧应用能力都属于解决问题的能力，所提出的学习能力十分宽泛，应该贯穿于上述所有能力之中。

因此，笔者认为 PISA2003 评价框架中提出的六种能力是对学生解决问题能力的全面、合理的划分，即学生的问题解决能力由理解问题的能力、辨别问题的能力、表述问题的能力、解决问题的能力、问题解决之后的反思能力和问题解决方法的交流能力六种子能力构成（图 1.4）。

梳理问题解决的能力的结构构成将为本项研究构建能够培养学生问题解决能力的网络学习空间教学应用模式提供理论与实证依据。

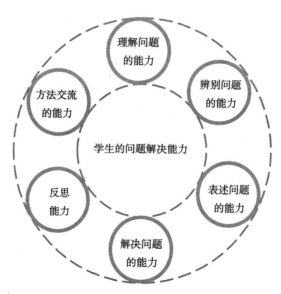

图 1.4　学生问题解决能力的构成结构图

2. 目前已有的针对学生问题解决子能力的培养研究

一些学者（余幼弟，2003；赵瑾，2008；杨艳苏、吴庆麟，2008；王善芹，2011；罗源，2014；陈群，2014）将学生理解问题的能力、辨别问题的能力和表述问题的能力统称为提出问题的能力而展开研究，并提出应用创设问题情境、学习联系生活、综合应用多学科知识等方法能够培养学生提出问题的能力。冈萨雷斯研究提出了培养学生提出问题能力的五步骤：理解问题、提出相关问题、生成一个任务、找数学情境和生成问题①。也有研究者提出培养学生提出问题的能力可以通过创设情境、设计主体活动、激发学习需要来实现，并研究提出了学生问题提出水平的评价框架（李晓梅②，2011；周芳芳③，2014）。斯海霞博士针对学生数学问题提出能力的发展进程展开研究，提出学生数学问题提出能力由自由情境中提出问题的能力、半结构化情境中提出问题的能力和结构化情境中提出问题的能力三个子能力构成，认为通过理解问题、提出相关问题、生成一个任务或问题、找数学情境生成问题等教学环节可以培养学生的数学问题提出能力④。李光国从物理教学出发研究指出学生发现问题能力的培养可以通过"研究性学习"来实现⑤。石云研究指出在化学课教学中开展自主学习促进学生发现问题、生成问题并解决问题⑥。乔春娟、冯宏礼等认为理解问题的能力是具备物理问题解决能力的基础⑦。姜丽华博士强调学校设置"活动课程"来提升学生问题解决能力，进而促进学生创新能力的发展⑧。

通过上述文献分析可见，目前针对学生问题解决子能力培养的研究大多具体到各个学科教学之中，如数学、物理、化学、地理教学等⑨⑩⑪⑫，涉及的需要解决的问题也多为知识丰富领域的问题，研究者和一线教师多针对某某学科的问题解决能力展开研究，较少研究构成学生问题解决能力的各种子能力的培养。有一些研究者将研究问题聚焦在

---

① Gonzales, Nancy A. Problem formulation: Insights from student generated questions [J]. School Science and Mathematics. 1996（96）：3.

② 李晓梅：《关于提高小学生问题解决能力的思考》，《课程·教材·教法》2011 年第 12 期。

③ 周芳芳：《初中生数学问题提出能力的调查与分析》，华东师范大学，2014 年。

④ 斯海霞：《高中生数学问题提出能力》，华东师范大学，2014 年。

⑤ 李光国：《高一物理教学的学生问题解决能力培养研究》，《贵州师范大学》2007 年第 4 期。

⑥ 石云：《中学化学在创新人才培养教学中提高学生自主发现、生成并解决问题的能力研究》，《四川师范大学》2014 年第 5 期。

⑦ 乔春娟、冯宏：《物理教学中培养学生理解能力方法初探》，《陕西师范大学学报》2006 年第 7 期。

⑧ 姜丽华：《论学生创新能力的培养》，华东师范大学，2007 年。

⑨ 冷少华：《小学数学问题解决能力培养的研究》，扬州大学，2013 年。

⑩ 陈和珍：《新课程下小学生数学问题解决能力及其培养》，上海师范大学，2007 年。

⑪ 吴鑫德：《高中生化学问题解决思维策略训练的研究》，西南大学，2006 年。

⑫ 李光国：《高一物理教学的学生问题解决能力研究》，贵州师范大学，2007 年。

学生理解问题、表述问题和提出问题的能力培养上，但没有展开针对各个子能力培养的系统研究。同时，发现当前详细论述学生问题解决子能力培养的研究还比较缺乏。PISA2003 以及诸多研究者虽然为我们提出了学生问题解决能力的结构构成，但没有深入研究构成问题解决各子能力的学生外在行为指标和培养方法。现有针对学生发现问题、提出问题、解决问题能力培养方面的研究只是关注到"创设问题情境""开展研究性学习""生活实践"等部分因素，并没有系统研究如何利用"网络技术"对学生问题解决子能力的形成产生积极的促进作用。

五　影响学生问题解决能力发展的因素

美国加州大学心理系教授梅伊尔（R. E. Mayer）提出学生解决问题的三个要素为：问题内部表征，学生对问题解决过程分析，问题分析技巧①。

匈菲尔德（Schoenfeld，1985）强调数学解题需要考虑四个因素：知识基础、解题策略、自我控制及信念系统，指出认知因素居于关键的地位。

劳森（Lawson）提出影响问题解决的要素有：学生的动机、学生态度、智力负荷、知识组织、是否能够了解问题结构、问题解决技巧②。

认知心理学家西格勒（Siegier）强调"认知发展水平"对学生问题解决能力的影响，他认为：儿童问题解决能力受其头脑中所拥有的"规则"的支配和限制，"规则"的复杂水平随年龄的增长而发展，反映着认知发展的水平。

乔纳森从建构主义学习环境的设计角度提出了问题解决学习中的环境设计要素，其中部分也是影响学生问题解决能力发展的因素，其中包括问题（结构不良）、相关案例、信息资源、认知工具、会话与协作工具、社会背景支持等③。

---

① ［美］R. E. Mayer：《教育心理学》，林青山译，台湾远流出版公司 1994 年版，第 232—244 页。

② Lawson，M. J. Problem solving. In J. 1'. Ke-el eS&R. W atanabe（1：ds.）. lraterraatioraal haradhook of edaca-tioraal research ira the Asia-Pacific region. Dordrecht；London：Klnwer Aeadernie. 2003，511–524.

③ 钟志贤：《面向知识时代的教学设计框架》，中国社会科学出版社 2006 年版，第 22 页。

喻平教授在其博士论文中将影响问题解决的因素归结为七个方面[1]：功能固着、问题表征、反映定式、知识背景、智慧水平、动机强度和认知风格。

心理学博士刘金明[2]在考察多所美国中小学培养学生问题解决能力的教学之后提出，问题意识和科学研究的过程性思路是影响学生问题解决能力提升的主要因素。

刘友霞博士在一项针对高中生问题解决能力发展现状的实证研究中提出四种影响学生问题解决能力发展的因素，包括：知识水平、实践经历、学校教育和个体特征[3]。研究数据显示高中生问题解决能力存在性别差异，即男生在问题解决态度、问题解决方法和策略、问题解决品质等方面均优于女生[4]。这一研究结果印证了 PISA2012 学生解决问题能力测评结果，即学生性别差异对学生问题解决能力有显著影响。上海学生问题解决能力的性别差异在 PISA 测试的 44 个国家（地区）中比较突出[5]。因此，考察个体特征就显得尤为必要。

在分析上述中外诸多研究文献的基础上，笔者结合图 1.1 中影响问题解决的六种要素，利用二维矩阵对各学者研究提出的影响学生问题能力的因素分类梳理，横坐标为各个研究中提出影响因素的群举分类，包括：个体特征（个性特点、社会环境、动机情绪和态度、思维定式）、心智技能（问题解决技巧、认知策略）、问题本身（问题背景、问题环境、问题表征）、教学方式与策略、知识水平（已有知识、图示水平）、智力水平、问题表征能力、问题意识、元认知、科学研究过程性思路、实践经验、学业成绩、学校教育、反思与评价，纵坐标为中外相关学者及其理论观点提出的时间，由此得出中外已有研究所梳理的影响学生问题解决能力发展因素统计表（表 1.2）。

---

[1]　喻平：《数学问题解决认知模式及教学理论研究》，南京师范大学，2002 年。
[2]　刘金明：《论及早培养学生问题解决的能力》，《心理学报》2013 年第 2 期。
[3]　刘友霞：《高中生问题解决能力发展的实证研究》，华东师范大学，2015 年。
[4]　同上。
[5]　财新网：《PISA 解决问题能力测试：上海学霸不如日韩》［EB/OL］. http://datanews. caixin. com12014-04-04/100661590. html1，2014.04.04。

表 1.2　中外研究中提出的影响学生问题解决能力发展因素统计表

研究者	因素归类（年份）	个体特征 个性特点	社会环境	性别	动机情绪和态度	心智技能 思维定式	技巧	策略	问题本身 问题背景环境	问题表征	教学方式策略	问题意识	知识水平 已有知识	图示水平	智力水平	问题表征能力	元认知	科学研究过程性思路	实践经验	学业成绩	学校教育	反思与评价
D. P. AuSubel	1958							*	*				*									
Schoenfeld	1985				*			*					*						*			*
R. E. Mayer	1994						*			*	*							*				
Lawson	2003				*		*			*	*	*	*		*							
Wiggins	1989																		*			*
Siegier	1986							*				*	*	*								
Guilford	1985					*			*				*									*
Duncker	1945					*																
Schwartz	1971									*		*							*			*
Anderson	1990									*	*											
Haugh	1977																					
Woolfolk	1990					*							*									
Reif	1979												*									*
Hinsley	1977														*	*	*					
Swanson	1990													*		*	*					
David H. Jonassen	2007		*		*		*		*		*					*			*			*
Alison Ring	1991																*					

续表

研究者	年份	个体特征				心智技能			问题本身			教学方式策略	问题意识	知识水平		智力水平	问题表征能力	元认知	科学研究过程性思路	实践经验	学业成绩	学校教育	反思与评价
		个性特点	社会环境	性别	动机情绪和态度	思维定式	技巧	策略	问题背景	问题环境	问题表征			已有知识	图示水平								
Lester	1980	*			*		*		*	*				*			*						
吴吉惠	2009				*				*					*						*			
陈国明	2015				*			*	*	*	*			*						*			
林崇德	2003															*							
傅金芝	1998		*					*				*		*		*	*				*		
刘金明	2013												*										
王庆	2011				*			*					*	*			*	*		*			
刘友霞	2015	*		*																		*	
邓铸	2002	*		*						*				*	*		*	*					
张咏梅	2013												*										*
姚晓红	2012										*								*				*
陈慧	2007											*		*			*	*					
刘晓晴	2012							*					*										*
李天娇	2012							*				*	*	*		*	*						
唐国华	2010				*							*		*		*		*		*			
吴鑫德	2006				*																		
郑太年	2013											*											

续表

研究者	年份	个性特点	社会环境	动机情绪和态度	思维定式	技巧	策略	问题背景	问题环境	问题表征	教学方式策略	问题意识	已有知识水平	图示水平	智力水平	问题表征能力	无认知知	科学研究过程性思路	实践经验	学业成绩	学校教育	反思与评价
		个体特征				**心智技能**		**问题本身**			教学方式策略	问题意识	**知识水平**		智力水平	问题表征能力	无认知知	科学研究过程性思路	实践经验	学业成绩	学校教育	反思与评价
曹杰	2013						*				*											
何善亮	2005			*			*			*						*	*					
张维忠	1993												*			*		*				
韩和鸣	1997			*									*			*	*					*
赵普	2011										*	*	*									
张苹	2013			*				*			*		*				*		*			
陈超红	2012			*								*	*			*		*				*
陈和珍	2007					*	*					*	*			*		*	*			
郑君文	1992	*						*														
刘芬	2014													*					*			
李光国	2007	*					*		*		*		*			*						
余幼弟	2003					*	*				*											
孙群若	2015				*	*	*				*		*				*					
总计		5	2	12	4	5	13	5	6	8	11	10	22	4	6	12	12	4	13	1	1	11
		24				18		19			11	10	26		6	12	12	4	13	1	1	11
平均认同度		0.51				0.38		0.40			0.23	0.23	0.55		0.13	0.26	0.26	0.09	0.28	0.02	0.02	0.23

表1.2统计了中外学者提出的影响学生问题解决能力发展因素的平均认同度系数，系数值的大小表明了对各因素关注度的高低。按照平均认同度系数递减排列为：知识水平（0.55）、个体特征（0.51）、问题因素（问题本身）（0.40）、心智技能（0.38）、实践经验（0.28）、元认知（0.26）、问题表征能力（0.26）、教学方式与策略（0.23）、反思评价（0.23）、问题意识（0.23）、智力水平（0.13）、科学研究过程性思路（0.09）、学业成绩（0.02）、学校教育（0.02）。图1.5为影响学

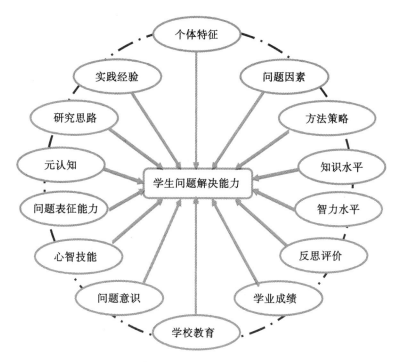

图1.5　影响学生问题解决能力发展的因素结构图

生问题解决能力发展的因素结构图，各因素之间相互关联、相互影响，有益于问题解决的个性特征发展会形成中等强度的动机情绪，并有助于转变不利问题解决的思维定式。问题意识的发展有助于学习者更加高效地分析问题背景、问题环境，使得问题表征更突出。教师教学策略的选择决定了为学生解决问题提供的刺激模式是否会促进问题的解决。问题解决者的智力水平和知识水平决定了所拥有的知识是否能够支持问题的成功解决。科学研究的过程性思路、实践经验和元认知、问题表征能力

以及智力水平等因素的发展都会形成有助于问题解决的心智技能。同时，实践经验与问题意识的逐步发展可以形成有利于问题解决的思维定式，学业成绩的高低和学校教育的状况也会在一定程度上影响学生问题解决能力的发展。

第二章 国内外学生问题解决能力的培养

教育唯一合法的目标就是问题解决。——戴维·乔纳森

一 国外学生问题解决能力的培养

当前，世界各国的综合国力的竞争归根结底是人才和人力资源的竞争。1996 年，国际 21 世纪教育委员会在向联合国教科文组织提交的研究报告中，提出了教育的"四大支柱"为：学会求知（Learning to know）；学会做事（Learning to do）；学会共同生活（Learning to live to-gether）；学会生存与发展（Learning to be）。"四大支柱"又被简称为"四个学会"，它全面阐述了国际社会对人类未来和学习问题的理解①。

从社会实践的角度来看，教学的最终目的是使学生逐步提高问题解决能力，能够独立自主地解决各类问题。目前，问题解决能力的培养已经成为许多国家教育项目的核心内容，逐层递进的问题解决能力是进一步学习、快速适应社会和管理个人事务的基础。分析美、英、法、日、加拿大等国的课程标准，可以发现教育发达国家均涉及培养学生问题解决能力的各个方面。

美国劳工部就业技能委员会在报告中指出，问题解决是工作者们需要具备的基本思维技能（《我们需要学校做什么》，1991），并于 1998年提出了面向 21 世纪的数学课程与评价标准，指出要培养学生应用众

---

① 国际 21 世纪教育委员会：《教育–财富蕴藏其中》，联合国教科文组织总部中文科译，教育科学出版社 1996 年版，第 75—87 页。

多的策略去解决问题，并使各种策略适应新的情况；对在解决问题中的数学思维进行监控和反思①。2002 年在联邦教育部的主持下成立了"21 世纪技能合作组织"，该组织将 21 世纪学生应具备的基本技能进行整合，制定了《21 世纪技能框架》，将"学习与创新技能"作为 21 世纪技能的首套技能，具体包括三方面能力：批判性思维和问题解决能力、交流与合作能力以及创造性和创新能力。2012 年，美国国家研究委员会在《为了生活和工作的教育：发展 21 世纪的可迁移知识和技能》中指出："21 世纪技能就是可以迁移或运用在新情境的知识，这种可迁移的知识既包括某个领域的内容知识，也包括关于如何应用、为何应用和何时应用这一知识去回答问题和解决问题的程序性知识。"② 继 2009 年奥巴马政府颁布美国创新战略，2015 年 10 月美国再次发布美国创新战略（New Strategy for American Innovation），计划利用多种奖励激发美国人民的创造力。

英国早在 1982 年提出的 Cockcroft 报告③中就呼吁教师将"解决问题"的活动植入教学活动之中，并在 2011 年 9 月开始正式实施的新课程方案中再次强调学生自主应用 ICT 的能力以及在应用 ICT 解决相关学科领域问题的能力。

日本从 2002 年起正式实施新课程标准，在小学科学课程标准中明确提出要教会学生有目的地进行观察和实验，培养学生问题解决能力和热爱自然的情感。

韩国在 2009 年课程大纲修订中提出课程要促进学生心理健康发展、提升学生问题解决的能力，强调课程要让学生掌握基础的科学文化知识以及读、写、算等基本技能，当面对问题时能够全面考查、独立思考、自主探究，最终能创造性地加以解决④。

---

① 美国重新修订中小学数学课程标准 [DB/OL]. http：//www. pep. com. cn/peixun/xkpx/peixun_ 1_ 2_ 3_ 1/kcyj_ 1/zjsd/201010/t20101013_ 932072. htm. 2004-7-20.

② National Academy of Sciemcs. f：ducation for Life and Work：Developing Transferable Knwvledge and Skills in the 21st Century [EB/OL]. http：//www. nap. edu/cataloQ/13398. 2014-12-28.

③ The Cockcroft Report, Education in England, [EB/OL]. http://www.educationengland.org.uk/documents/cockcroft/cockcroft1982.html

④ 孙晓雪：《21 世纪韩国基础教育课程改革现状——以 2009 年课程修订为例》，《吉林省教育学院学报（下旬）》2015 年第 8 期。

新加坡教育部特别强调学生问题解决能力的培养，早在 2006 年的中学数学大纲中就规定了 8 项学生能力素养的培养内容，突出了以问题解决为中心，注重数学知识的应用①。

由此可见，21 世纪以来，"问题解决"作为一种新的教学策略已成为全球性教育改革的热点。

二　中国学生问题解决能力的培养

目前，我国基础教育阶段学生问题解决能力培养现状令人堪忧。经济合作与发展组织（OECD）开展的 PISA 2012 测试结果显示，中国上海学生在"阅读""数学"和"科学"三个学科领域的成绩世界排名第一，但在基于计算机的问题解决能力测试方面却没有明显的优势，低于新加坡、韩国和日本的同龄学生成绩，反映出上海学生更加适合解决静态问题，对于互动型问题的解决明显较弱，学生更加擅长获取知识，而缺乏运用知识的能力②。这从一个侧面反映出我国基础教育中对学生问题解决能力的培养，尤其是在信息化环境下解决问题能力的培养远远落后于学科知识的培养。当前高中学生的问题解决能力普遍偏弱，主要表现在发现问题的意识和能力欠缺，问题解决的态度比较被动，未能掌握解决问题的有效途径和方法，问题解决的品质也有待进一步提高③（刘友霞，2015）。

研究数据显示，目前我国基础教育阶段开展培养学生问题解决能力的综合研究还比较缺乏（方海宁，2008）。学生问题解决能力的培养存在严重的偏科现象，主要集中在理科课程当中。例如在数学学科教学中，许多一线教师将问题解决能力的提升与解决数学试题等同起来，认为学生的问题解决能力是通过解答数学题来培养的，通过分析徐玥④、

① 马萍：《以问题解决为核心培养学生数学素养——新加坡数学教育特色分析及启示》，《中学数学杂志》2007 年第 9 期。
② 财新网：《PISA 解决问题能力测试：上海学霸不如日韩》［EB/OL］. http：// datanews. caixin. com12014-04-04/100661590. html1，2014.04.04
③ 刘友霞：《高中生问题解决能力发展的实证研究》，华东师范大学，2015 年。
④ 徐玥：《浅谈教学实践中渐进式问题解决能力的培养》，《中学数学》2014 年第 12 期。

林志勇①、朱德江②、张海华③、杨晓琪④等在具体学科中培养学生问题
解决能力的研究成果，可以发现已有研究中提出的培养学生问题解决能
力的经验和方法均受各自不同学科的较大限制，不宜于跨学科推广应
用。传统教学中容易把"解决问题"与"解答试题"相等同，忽视了
培养学习者解决真实问题的能力，忽视了培养学习者的高级思维技能的
认知发展⑤。

　　同时，还存在学生问题解决能力的培养与学科常规教学相脱节的问
题。目前，我国基础教育中多以专项培训的形式来培养学生问题解决能
力（吴洁慧，2009；张苹，2003；许岳兴，2014），尚未按照学生问题
解决能力的结构构成，在日常教学实践中来设计和实施学生问题解决能
力的培养活动，学生问题解决能力的培养呈现出非常态化的状况。

　　因此，研究能够在常规化教学中应用的学生问题解决能力培养模式
和方法，已然成为我国基础教育阶段培养学生问题解决能力的重要
课题。

　　①　林志勇：《小学数学教学中如何培养学生问题解决的能力》，《小学数学与研究》2013
年第4期。
　　②　朱德江：《运算意义·数量关系·解题策略——发展学生分析问题和解决问题能力的
着力点》，《教学月刊（数学）》2012年第7期。
　　③　张海华：《问题解决能力的培养，重在抓好四能》，《小学数学参考》2015年第8期。
　　④　杨晓琪：《初二数学学优生与学差生问题解决差异的个案研究》，重庆师范大学，
2013年。
　　⑤　胡小勇：《问题化教学设计——信息技术促进教学变革》，华东师范大学，2005年。

第三章　国内外网络学习空间的建设

智力绝不会在已经认识的真理上停止不前，而始终会不断前进，走向尚未被认识的真理。——布鲁诺

一　国内外网络学习空间的分类

国际上诸多教育发达国家均十分重视学习空间的建设，英国 JISC（联合信息系统委员会）2008 年发布了《21 世纪学习空间设计指南》；美国启动了一系列有关教室空间的研究项目，其中以苹果今日 & 明日教室（Apple Classroom of Tomorrow—Today，简称 ACOT 项目）、明尼苏达大学的活动学习教室（Active Learning Classroom，简称 ALC 项目）和美国堪萨斯州（Kansas State）的技术丰富的教室项目（Technology Rich Classrooms，简称 TRC 项目）[①] 最有影响力。澳大利亚在 2009 年发布了《教学法和学习空间——创新变革学习》（Pedagogy and Space，Transforming Learning through Innovation）的研究报告，系统总结了澳大利亚中小学在学习空间改造与应用方面的实践经验。

随着人工智能、移动互联网、富媒体、移动终端、虚拟现实等技术的发展，智慧学习时代的学习场所已经从物理学习空间拓展到网络学习空间，在全球教育信息化的大背景下，世界各国都十分重视基于网络的学习环境的构造。各种网络教与学的平台应运而生，世界各国教育和研

---

① 杨俊锋、黄荣怀、刘斌：《国外学习空间研究述评》，《中国电化教育》2013 年第 6 期。

究机构、政府组织纷纷开始了网络学习空间的建设①。根据网络学习空间的开发建设主体的不同，可将其划分为四类：1. 基于大学学习平台的网络学习空间；2. 各地教育行政部门建设的教学空间；3. 各民营企业建设的以网站为平台的网络学习空间；4. 基于各种通信工具的个人网络学习空间。

（一）基于大学学习平台的网络学习空间

世界各国均有以大学网络学习平台为基础来构建的实例网络学习空间，如：

1. 加拿大 Study Zone

Study Zone（http：//web2. uvcs. uvic. ca/courses/elc/studyzone/）是由加拿大维多利亚大学英语语言中心（ELC）开发的一个非营利性平台，平台主要提供英语语言学习课程和练习题，旨在打造自主学习的开放式教育平台。平台起初是为成年英语语言学习者设计的，但现在平台完全开放，是一个异步学习的平台。

2. 美国 Study Zone（http：//www. oswego. edu/）

该平台是由美国纽约州立大学奥斯维格 Oswego 分校建立的非营利性自主学习空间，目的在于帮助高中学生顺利通过会考。网站提供了数学、英语、化学、历史、物理、生存环境、社会科学等课程，每门课程的检测以习题、活动、游戏等形式为主，学生随时自测，系统实时反馈。

3. 英国开放大学 OpenLearn（http：//www. oswego. edu/）

OpenLearn 平台提供了两个学习环境，即学习空间（LearningSpace）和实验空间（LabSpace）。学习空间主要面向学习者，提供了英国开放大学学术课程团队开发的高质量学习资源。学习者不仅可以通过 Open-Learn 丰富的学习活动来体验学习，还可以通过学习社区来开展社会性学习②。OpenLearn 平台上涵盖了教育、法律、科学、心理、健康、工商管理、语言等 15 个学科的学习资源，在学习空间就提供了 500 多门

---

① 胡永斌、黄如民、刘东英：《网络学习空间的分类：框架与启示》，《中国电化教育》2016 年第 4 期。

② 佘燕云、詹春青：《开放学习的典范——英国开放大学 OpenLearn 评析》，《现代教育技术》2011 年第 3 期。

课程 6000 多小时的学习素材①。OpenLearn 为每个学习者设置了个人学习空间，学习者可以自定义学习空间，如编辑功能模块或者添加自己感兴趣的学习单元等。同时，为学习者提供了一系列学习工具，帮助学习者更加灵活地开展自主学习和协作学习，例如：思维导图工具——Compendium、Cohere；学习日志；学习社区（论坛+俱乐部）；视频会议工具——FlashMeeting（FM）；播客工具——Flashvlog 等。

4. 世界大学城

世界大学城是一座网络虚拟城市。它是运用 Web2.0、Sns、Blog、Tag、Rss，依据六度分隔理论、XML、Ajax 等理论和技术设计，并以网络交互远程教育为核心，综合了远程教学、网络办公、即时通信、商务管理、全民媒体、个性化数字图书馆等功能的一座既虚拟又真实的大学社区平台，是全民终身学习的校园。其目的是要打造全球一体化远程教育互助平台②。

世界大学城网络学习空间，以云技术为支撑体系，以云平台和云空间为构成元素，工作宗旨是为每个机构建立一个资源共建共享型交互式教育学习网络服务平台，为每个人建立一个功能强大的终身学习空间。即，为机构建设平台，为个人构建空间。一个省或一个地区的几百个机构平台，两小时内就能搭建完成并在线开通。个人空间在机构平台下有组织、成建制注册生成，一小时即可生成三万个空间③。

中国诸多省市的大中专院校基于世界大学城开展空间教学，例如：湖南职教新干线（http://www.worlduc.com/e/Default.aspx? eid = 1521）；山东临沭规模化的网络学习空间（http://www.worlduc.com/e/Default.aspx? eid=614221）；湖南铁路科技职业技术学院的"3G 实景课堂"，即教师、专家、学生三方互动的课堂；湖南化工职业技术学院开发的"化工仿真教学平台"；长沙民政职业技术学院推广的《用空间开展 ISAS 教学》④。

---

① 祝智庭、余平：《OER 典型项目的剖析研究》，《电化教育研究》2009 年第 10 期。
② 搜狗百科：世界大学城 [EB/OL]. http://baike.sogou.com/v29373224.htm? from Title=世界大学城，2016.9
③ 张再富：《世界大学城"网络学习空间人人通"问题解答与延伸阅读（上）》，《中国教育信息化》2013 年。
④ 郭玲玲：《"世界大学城"教育资源共享模式探究》，河南师范大学，2014 年。

同时，一些中小学也纷纷利用世界大学城来申请建设本校的教学空间，逐步形成了一批优秀的云空间，汇集了大量优秀教学资料和教学生成性材料，如：福建省泉州市第五中学（http：//www. worlduc. com/e/Default. aspx？ eid = 1338782）、山西省临汾市吉县二中（http：//www. worlduc. com/e/Default. aspx？ eid = 1004109）、山东临沭县第三实验小学（http：//www. worlduc. com/e/Default. aspx？ eid = 614217）、贵州省凯里市湾水镇中心学校（http：//www. worlduc. com/e/default. aspx？ eid = 2501507）、山西隰县第二中学（http：//www. worlduc. com/e/Default. aspx？ eid = 1357268）、福建省泉州市培元中学（http：//www. worlduc. com/e/Default. aspx？ eid = 1338779）等。

5. 数字大学城

数字大学城是一个情景式的学生交互社区，一个充满活力的网络平台①。数字大学城的数字化教学平台（http：//www. nclass. org/sc8/）内设教室功能，专门服务大学、中学、小学、职业技术类学校和各类培训机构的在线教学需求。为教师准备了最先进的网络辅助教学工具，并无缝地与 SNS、微博、百科等 Web 2.0 应用进行了融合，让教师可以轻松愉悦地享受到网络带来的全新教学乐趣。

（二）教育行政部门建设的学习空间

1. 基于国家教育资源公共服务平台建设学习空间

国家教育资源公共服务平台（http：//www. eduyun. cn/）于 2012 年 12 月 28 日正式开通，学校、教师和学生均可实名注册，创建机构和个人学习空间。

国家教育资源公共服务平台在提供资源上传下载服务的基础上，强调以学习空间为核心的资源推送，把不同用户所需要的适当资源送入不同的个人空间，根据教师需求情况将支持课堂教学的优质资源包推送到教师空间，帮助教师备课、上课、进行教学评价。利用学生空间，教师在完成课堂教学后组织学生开展"名师"导学，学生利用自带终端设备通过学生空间申请参加网校选课。平台将根据学生学习风格和知识能力水平逐步通过推送服务以及提供智能导航帮助学生减轻课业负担，提

---

① 360 百科：数字大学城 ［EB/OL］. http：//baike. so. com/doc/1753043 - 1853530. html, 2012. 10。

高学习效率，培养学习兴趣，发展个性特长。以教师的教学空间应用带动学生、家长和学校的应用，在"宽带网络校校通"的基础上，促进"优质资源班班通"和"网络学习空间人人通"。

2. 基于省市级教育资源公共服务平台建设学习空间

目前，全国各省市均逐步建设教育资源公共服务平台，均能支持学校空间、教师空间和学生空间的创建。例如：

（1）四川省教育资源公共服务平台（http：//www.scedu.com.cn/）

四川省教育资源公共服务平台本着"应用驱动、共建共享、深度融合、服务教育"的宗旨，提供"实名空间"服务。"师生实名制网络学习空间"融合了云计算、互联网、移动通信网、IPTV、数字阅读、流媒体等多项技术，具有鲜明的技术整合和应用创新特点。

（2）安徽基础教育资源应用平台（http：//www.ahedu.cn/）

安徽基础教育资源应用平台为教师、学生和家长提供三类不同的空间建设服务。教师利用教师空间方便获取大量的教学资源，促进教学水平的不断提升，并能随时开展家校互动。学生利用学生空间可以开展自主学习，利用移动终端实现泛在学习，同时可以展示自我，交流分享学习资源，并能建立自己的兴趣圈。

（3）吉林教育资源公共服务平台（http：//www.jleduyun.cn/）

吉林教育资源公共服务平台分为基础教育云、职业教育云、高等教育云、教师教育云、终身教育云五大板块。依托该平台可以创建学校空间、教师个人空间、学生个人空间和社区空间。

（4）武汉教育资源公共服务平台（http：//www.wuhaneduyun.cn/portal/）

武汉教育资源公共服务平台作为"智慧教育"的重要载体之一，是整合各类教育信息资源，构建武汉特色的数字化教育资源体系，实现教育资源跨校共享，面向全社会有序开放的一个教育一站式平台。平台设置了教师应用和学生应用功能，将为学生自主学习、教师专业发展、家校互动、市民终身学习提供支持。

（5）沈阳教育资源公共服务平台（http：//yun.syn.cn/）

沈阳教育资源公共服务平台以"开放平台，汇聚服务和资源，促进教育产业健康持续发展"为宗旨，为全市学校、教师、学生和家长提供个人空间，提供各种特色应用，为个性化发展提供优质环境，以期引领教育变革，逐步实现教学过程和信息化技术的深度融合。

（6）青岛市教育资源公共服务平台（www.qdeduyun.cn）

青岛市教育资源公共服务平台由青岛市教育局与青岛伟东科技教育集团联合开发，以网络学习空间人人通为中心，为教师和学生的教学活动服务。平台建成教育基础信息数据库以及各类优质教学资源、教学应用，教师和学生只须登录个人空间，即可使用各类教学资源和教学应用，并开展各类教学活动。

（三）以民营网站为平台的网络学习空间

国内外各民营企业建设的网络学习空间以各种学习网站为主体，为学生提供资源空间与学习空间。例如：

1. 美国 IXL 学习网站（http：//www.ixl.com/reports/）

为学习者提供数学、语言、科学、社会研究四大模块的学习，通过各种技术让学生沉浸在学习的新时代，可以根据学习者在网站学习的过程评估学生学习情况，并生成详细的报告，帮助教师或者家长了解学生学习情况（图 3.1）。

图 3.1   美国 IXL 学习网站

2. 日本"艾琳的挑战"（https：//www. erin. ne. jp/）

该网站是一个学习日语的免费网站，为多国语言学习者提供便利。该网站具有一项特色栏目，即虚拟化身。注册的学习者均可以在这个栏目中按照自己的意愿设置一个自己的卡通形象，这个人物将会成为你在该网站学习时的虚拟化身。你自己在网站里的学习成绩可以决定你的虚拟化身能否获得积分，一旦获得积分就可以在网站的商城当中购买时尚用品来重新打扮他/她，这样对学习者也起到一定的激励作用。并且你的虚拟化身可以在该网站的一个虚拟学习场景中进行游戏，利用在该网站已经学习过的课程与他人进行日语交流（图3.2）。

图 3.2　日本的"艾琳的挑战"在线学习网站

3. 英国 Audio English

（http：//www. audioenglish. net/english-learning/type_ roleplay. htm）

Audio English 提供在线英语学习课程，可以在英语学习中模拟对话，在听的时候会给学员留出时间跟读，既有利于学员理解对话的场景、意境等，也有利于学员学习语法（图3.3）。

4. 4A 网络教学平台（http://www.uecourse.com/hep/user/login.jsp）

"4A 网络教学平台"是国家现代远程教育工程关键技术研究项目"国家现代远程教育支撑系统开发"的前期成果，是我国最早研究开发的网络教学平台，是教师开展网络教学的支撑环境。平台功能完备，可

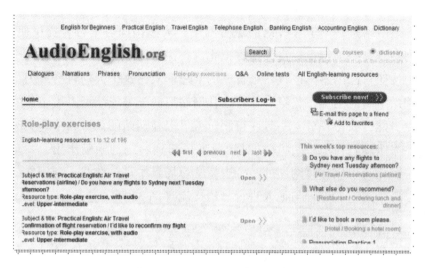

图 3.3 英国 Audio English 在线学习课程网页

以协助教师和学生实现各种类型的教学活动和学习活动。4A 网络教学平台设计理念先进，在高等教育出版社的立体化教材网中得到良好运用，注册用户 9600 多万人，是国内主流网络教学平台之一。

5. 首都图书馆市民学习空间（http：//shoutu. xuexi365. com/）

首都图书馆市民学习空间是为首都市民着力打造的一个自主学习的综合性知识平台，包含大量高等院校的专业课、公开课、讲座、访谈等视频，以及电子图书、电子期刊、电子文档等各类学术资源，并实现资源整合检索。另外还提供了兴趣小组、课程收藏、互动讨论、学习计划等功能。（图 3.4）

6. 数苑教学空间（http：//myzone. sciyard. com/）

"数苑网"是数苑科技信息有限公司创建的数字化、开放性教育门户网站，旨在打造移动学习、全民学习与终身学习的开放教育平台。除提供教育相关的最新资讯外，还提供拥有自主核心技术与知识产权的网络交互平台、应用工具软件、网络教学平台与教学空间服务。（图 3.5）

（四）基于信息通信工具的个人网络学习空间

随着信息技术、网络通信技术的不断发展，互联网已逐渐成为人们获取知识的重要途径。在线教育提供了一种全新的知识传播模式和学习

图 3.4　首都图书馆市民学习空间首页

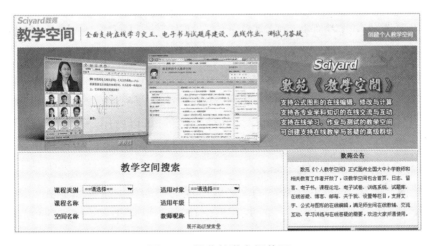

图 3.5　数苑教学空间首页

方式，引发教育领域的重大变革，不仅是教育技术的革新，而且是教育观念、教育体制、教学方式、人才培养过程等方面的深刻变化。社交软件在越来越受到人们青睐的同时，也在逐步与教育深度融合，QQ、微信、微博等一些即时通信工具具有良好的开放性、共享性、交互性，利用这些社交软件建立教师与学生之间的虚拟互动学习空间，帮助学生学习知识，辅助教师教学，成为网络学习空间教学应用的新形式。

1. 基于 QQ 的学习空间

（1）腾讯 QQ 空间

腾讯 QQ 空间（Qzone）为学习者创建个人学习空间提供了平台，是腾讯公司于 2005 年开发出来的一个个性空间，具有博客（blog）的功能，是中国最大的社交网络，是 QQ 用户的网上家园，是腾讯集团的核心平台之一。在 QQ 空间上可以书写日记，上传自己的图片，听音乐、写心情、玩游戏，通过多种方式展现自己①。

（2）腾讯课堂

腾讯课堂是腾讯推出的专业在线教育平台，聚合了优质教育机构和教师的海量课程资源。作为开放式的平台，腾讯课堂能够帮助线下教育机构入驻，共同探索在线教育新模式，这无形中又为在线教育 O2O 增添了几分热度②。

（3）QQ 群/讨论组/群 BBS

QQ 群是腾讯公司推出的多人聊天交流服务，群主在创建群以后，可以邀请朋友或者有共同兴趣爱好的人到一个群里面聊天。腾讯还提供了群空间服务，在群空间中，用户可以使用群 BBS、相册、共享文件等多种方式进行交流③。除上述 QQ 应用以外，还有 QQ 会话、QQ 联通手机。其表层功能是聊天工具，但实质是资源共享空间，群成员思想交流、分享成果、讨论问题的空间。根据需要，可以由用户自定义延伸空间功能。

2. 基于博客的学习空间

博客是继 E-mail、BBS、QQ 之后出现的第四种网络交流方式。国内博客兴起于 2005 年左右，它为人们提供了一个虚拟的信息交流世界，更为终身学习搭建了一个广阔的平台和通道。许多教师也纷纷利用这一

---

① 腾讯客服 [EB/OL]. http：//kf. qq. com/. html，2016. 9。

② 《邦德教育上线直播课程，腾讯课堂启动在线教育 O2O》 [EB/OL]. http：//di-gi. 163. com/14/0618/15/9V1H3CJJ001618JV. html，2014. 6。

③ 搜狗百科：QQ 群 [EB/OL]. http：//baike. sogou. com/v15505. htm？ fromTitle＝QQ 群，2016. 8。

免费网络平台，自发建立了个人空间。这类空间由个人自由建立，主要发表个人工作日志、教学心得、生活感悟等内容①。教师通过博客创建交流平台，来记录个人生活、情感、思想；建立网络人际关系；发表自己的观点，开展学术研讨，体验自我效能感。同时，一些教师还将博客应用到自己的教学之中，设计通过博客与学生的交流活动，基于博客打造师生双向的学习空间。

3. 基于微信的学习空间

微信是腾讯公司推出的提供免费即时通信服务的免费聊天软件。用户可以通过手机、平板、网页快速发送语音、视频、图片和文字。微信有庞大的用户群，可以直接用手机 QQ 登录微信，使用教育资源进行移动学习。通过微信可以与用户实时进行交流，特别适用于互动式的学习。利用微信的互动方式，老师可以针对某个学生和某类学生进行有针对性的教学，可以主动进行消息的精准推送，并可以在后台对用户进行跟踪，查看用户对推送消息的浏览情况。微信平台提供朋友圈功能，是传统教学模式的良好辅助。通过微信平台提供的圈子在网上建立实时交流和分享的平台，可以在微信上建立虚拟班级和虚拟课堂。因此，可以充分利用微信平台强大的分享能力，将网络上的所有教学资源整合起来②。

二 本研究涉及的网络学习空间简介

本项研究将依托甘肃省兰州市城关区教育局与西北师范大学教育信息化研究所合作设计和开发的兰州市城关区教育服务公共平台中的网络"教学空间"，开展教学实验活动。本项研究主要应用该教学空间的教学功能，开展基于网络的教与学的改革研究，教师自身的专业发展不在本研究讨论范围之内。因此，在后续研究中统一称为网络学习空间。

---

① 梁为：《基于虚拟环境的体验式网络学习空间设计与实现》，《中国电化教育》2014 年。

② 《微信公众平台在教育中的应用》 ［EB/OL］. http：//www. fjedu. gov. cn/html/jyyw/jyxxh/2015/01/13/6f037350-1491-4e4f-b875-f40cb6d18354. html，2015. 1. 1。

（一）本研究所依托的网络学习空间简介

兰州市城关区教育服务公共平台的网络"学习空间"，首页如图3.6所示，整体架构如图3.7所示：

图 3.6　兰州市城关区教育服务公共平台——网络"学习空间"首页

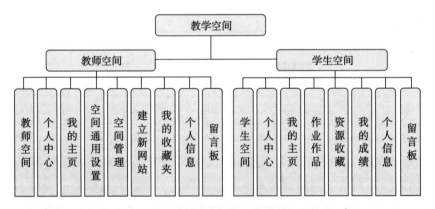

图 3.7　网络学习空间的整体架构图

该空间包括"教师空间"和"学生空间"，教师可以登录教师空间建设新网站，设置主页，通过空间通用设置添加学生，发布任务，呈现学习活动设计，组织开展学习活动。学生应用自己的账号可以登录学生空间，建设自己的主页，上传自己的作品，共享教学中的各种资源。

从"教学空间"主页面（图 3.6）可以看到"用户登录""最新开通的网站"以及"点击排行"最高的网站等功能界面。进入教师空间界面（图 3.8），教师可以通过检索功能查找自己所建设的学习网站。通过网站点击排行模块可以了解到教师所建网站受到的关注度，能够了解到"教学空间"中所有教师的姓名、所在学校、学科与职称信息，点击"进入"便可以访问该教师的个人空间。

图 3.8　"教师空间"界面

学生输入自己的账号和密码可以登录"学生空间"（图 3.9），也可以通过检索功能来查找教师所建的最新学习网站。通过点击"进入"访问学生的个人空间，如图 3.10 所示为"王晓丽"同学的个人空间。

（二）网络学习空间的功能

网络"学习空间"可以真正实现"网络学习空间人人通"，引发教与学方式的彻底变革，故而其功能主要围绕教学展开，可分为教学管理功能、辅助教学功能、多元评价与交流功能以及知识管理、互动、交流与生成的功能。

1. 教学管理功能

网络学习空间的管理模块中实现了对网站页面、网站用户、学习活

图 3.9 "学生空间"界面

图 3.10 "王晓丽"同学的个人空间

动和资源的管理，以及对网站数据的重置与备份。"空间通用设置"模块中，可以实现网站上对班级、学生的添加，以及对建设和协助建设网站的管理，还可对网站的权限进行设置。网络学习空间可以构建教学管理平台。

2. 辅助教学功能

（1）可选择网站采用的应用模式

教师可以自定义应用模式，也可以使用"学习空间"提供的典型应用模式来设计自己的网站。自定义应用模式具有最大的灵活性，教师根据自己的教学需要展开富有个性化的教学设计。

（2）可选择网站模板

为便于教师快速构建自己所需的网站，网络学习空间提供了不同风格的网站模板。类似于使用 PPT 模板，教师只需要选择心仪的与授课内容风格相符的网站模板即可使用，方便快捷。

（3）根据教学需要设置导航

"学习空间"设计了"导航设置"功能，教师可根据本次学习的具体步骤设计网站的导航栏，灵活添加一级栏目和一级栏目下设的二级栏目等。

（4）可邀请多人协助建设网站

教师在"学习空间"中可以邀请其他教师、学科专家甚至学生一起协建教学网站，既有利于教师之间的协同教研，也能使学生深入参与到教学之中。

（5）多元评价与交流功能

教师在网络"学习空间"建设教学专题网站，在实施教学的过程中可以通过学生作品、讨论发帖、学生参与学习活动的表现、不同小组之间的投票等多种方式对学生的学习实施多样化评价，灵活支持师生、生生互评与自评。学生基于网站可以开展组内、组间以及师生之间的互动交流。网络"教学空间"可以构建教与学的交流、互动平台。

（6）知识管理、互动、交流与生成的功能

网络"学习空间"相当于知识超市，能够汇聚和储备知识，实现师生对资源的共建与共享，方便了知识的管理与交流。同时网络"学习空间"中已有知识会不断积累，实现了知识的有效管理，促进了学生基于网络"学习空间"的个别化学习、合作学习和探究学习。随着学生在网络"学习空间"开展学习活动，新知识会不断生成，网络"学习空间"可以记录大量学习过程性资料，成为后续学习的生成性资源。网络"学习空间"还可以构建教学资源平台、学习交流平台、教学互动平台、知识的创造与生成平台。

3. 网络"学习空间"的特点

（1）开放的自主学习环境

"学习空间"为每一位教师创造了自主设计网站的平台，极大地降低了构建学习网站的技术门槛。中小学教师很容易掌握网站的建设方法，就像学习 PPT 一样简单。教师既可以选用平台提供的模板，也可以自己重新设计网站页面和布局。同时，"学习空间"也为学生创设了自主学习环境，学生可利用网络搜集、整理学习资源，加工存储到自己的学习空间，真正实现"我的资源我做主"。

（2）支持多种教学设计

部分教师认为建设学习网站就是给学生一个网络学习课程，提供一些资源。网络"学习空间"打破了教师心中的认识局限，在开放的自主设计环境中任由教师开展各种基于网络"学习空间"的教学设计。

（3）网站模板设计艺术化

网络"学习空间"为教师设计了"幼儿园""小学""中学"三类网站模板，教师可根据不同阶段学生的认知心理选择相适应的图片和主题。幼儿园模板突出幼儿、花朵等清新可爱的元素；小学模板突出儿童、阳光等朝气蓬勃的元素；中学模板突出科技、绿色与地球等科技元素。模板设计简单大方，色彩和谐，艺术化的网站模板为不同教师提供了快速建设网站的便捷服务。

（4）体现建构主义的核心要素

网络"学习空间"为教师的教学和学生的学习创设了情境，便于学生分组协作探究知识，学生之间积极交流与相互学习促进了对知识的意义建构。"学习空间"支持师生共建网站，充分体现了建构主义的核心要素：情境、协作、交流、知识的意义建构。学生在网站所创设的环境和情境中展开师生、生生的交流与互动，积极主动地探究，在教师帮助、同伴互助的学习氛围中合作学习、建构知识，实现有意义的学习。

（5）支持非线性学习

"非线性学习"是自主学习的高级形式，学生在网络"学习空间"里不必按照一定的顺序展开学习与复习，小组学习中学生可进入任何一个小组观摩与评价学习过程。学生可随时随地登录自己的学习空间进入教学过程中任何一个环节，预习或者复习所学知识。这种非线性学习环境为个别化学习提供了便利，学生可根据自身的学习状况，自由选择学习进度和学习内容。

（6）正式学习与非正式学习的完美结合

网络"学习空间"可以将正式学习与非正式学习融入不同的或同一个学习活动中，如项目学习活动中教师可以利用网络"学习空间"在课堂内实施基于平台的教学，同时布置项目任务，让学生在课外积极展开基于平台的学习活动。由于使用的是同一个师生共建的网站，学生对正式学习与非正式学习的不同体验逐渐模糊，强化了学生课内、课外的学习关联。

（7）教学流程设计结构化，实时记录学习过程

教师通过网络"学习空间"设计专题网站，可利用网站导航功能引导学生的学习过程，记录学习环节。例如：基于项目的学习中，教师可将网站的一级目录和教学设计的主要步骤相一致，学生可以清晰地看到整个项目学习活动的流程，为学生展开项目学习提供了支撑。

思考

　　如何评价各地区对教育资源公共服务平台的教学应用？沈阳教育资源公共服务平台设计的"科教风云榜"给予我们什么启示？
　　（注："科教风云榜"是衡量一个区县或一个学校使用教育资源公共服务平台的重要标准，也是学校数字化校园建设考核的重要依据。各学校及所在区县均以榜上有名为荣。）

期待交流，作者冰轩居士　QQ:156486502

第四章　基于网络学习空间培养学生问题解决能力的实证研究设计

一切推理都必须从观察与实验得来。——伽利略

一　研究目标和意义

（一）研究目标

本研究在大量文献综述的基础上，主要梳理学生问题解决能力的构成和影响学生问题解决能力发展的因素，厘清网络学习空间与影响因素及构成问题解决能力的各子能力之间的作用关系，构建培养学生问题解决能力的网络学习空间教学应用模式，通过教学实践来验证模式的作用效果，并逐步修正模式。具体目标为：

1. 分析学生问题解决能力的结构构成和影响学生问题解决能力发展的因素，厘清网络学习空间与影响因素及构成问题解决能力各子能力之间的作用关系。

2. 构建能够培养学生问题解决能力的网络学习空间教学应用模式。

3. 验证和修订网络学习空间教学应用模式，总结模式的应用方法和应用策略。

4. 总结师生应用网络学习空间开展教与学活动的心理特征。

5. 总结网络学习空间在变革教与学活动中的作用，以及应用网络学习空间开展教学活动的原则与方法。

（二）研究意义

本研究是"网络学习空间人人通"的教育实践尝试，通过教学实验为"网络学习空间人人通"在教学一线的落实积累成功的教学经验和教学实践案例，对于改进教师在网络环境下开展教学改革的方式、方法有重要的实践指导意义；通过构建培养学生问题解决能力的网络学习空间教学应用模式，指导教师利用网络平台开展教学改革实践，引导教师反思和积累能够在达成学科教学目标的同时，培养学生问题解决能力的经验和方法，对中学一线教师开展基于网络平台的教学改革具有借鉴价值。研究拟从选定的学科（语文、英语、化学等）入手，探寻能够培养学生问题解决能力的网络学习空间教学应用模式在不同学科迁移应用的方法和策略，总结在网络学习平台支持下开展自主、合作、探究学习活动的设计和评价方法，具有实践推广应用价值。

二　研究思路

本研究的范式为设计研究范式，研究分六个步骤开展（图4.1）：

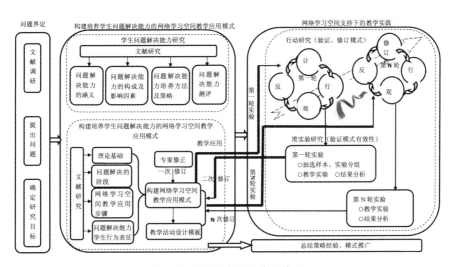

图 4.1　研究过程设计思路图

第一步，通过文献综述，剖析学生问题解决能力的含义、结构以及影响问题解决能力发展的因素；

第二步，探寻学生问题解决能力的综合测评方法；

第三步，文献梳理国内外相关研究成果，从现有学生问题解决能力培养和相关研究存在的问题入手，分析网络学习空间能够产生的作用，探寻构建网络学习空间教学应用模式的理论基础和实证依据；

第四步，应用演绎法构建能够培养学生问题解决能力的网络学习空间教学应用模式，并基于该模式设计教学活动模板；

第五步，将网络学习空间教学应用模式和教学活动设计模板应用于具体学科教学，开展行动研究和准实验研究；

第六步，经过专家咨询和多轮行动研究，结合准实验研究来收集数据、分析效果，根据分析结果验证所构建模式的有效性，并修正模式，完善教学活动设计模板，最后总结模式的教学应用方法和应用策略，为进一步开展后续模式的推广应用研究奠定基础。

三　研究阶段

根据上述研究思路，整体研究过程分为三个阶段实施，即选题开题阶段、研究实施阶段和总结反思阶段，具体实施步骤如图4.2所示。

四　研究内容

（一）构建培养学生问题解决能力的网络学习空间教学应用模式

本研究拟构建能够培养学生问题解决能力的网络学习空间教学应用模式。研究以建构主义理论、发现学习理论、实用教育理论、奥苏贝尔教学理论等为模式构建理论基础，以影响问题解决能力发展的因素、学生问题能力的结构构成网络学习空间与各影响因素之间的作用关系以及问题解决的阶段等为模式，构建理论与实证依据。

1. 梳理构建网络学习空间教学应用模式的理论依据

学生问题解决能力的提升是一个复杂而长期的过程，问题解决能力的发展也是逐步渐进的，因此，本研究将在大量文献梳理的基础上，总结提炼影响学生问题解决能力发展的因素，剖析学生问题解决能力的结

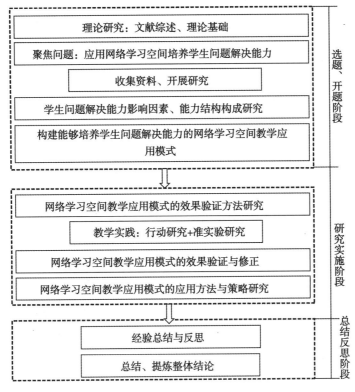

图4.2　研究阶段示意图

构构成，探寻能够支撑学生问题解决能力提升的理论基础，并根据网络学习空间具备的功能，研究提出网络学习空间对各个影响因素可能产生的积极作用，为构建能够培养学生问题解决能力的网络学习空间教学应用模式提供理论依据。

2. 探寻构建网络学习空间教学应用模式的实证依据

通过文献综述，针对已有研究存在的问题，本项研究将结合以下几个方面综合分析，探寻构建模式的实证依据：（1）问题解决能力的结构构成。剖析构成问题解决能力的子能力，通过对子能力的解读，分析出学生具备这些能力的外在行为表现，为设计相应的教学步骤提供依据。（2）综合问题解决的六阶段和网络学习空间对培养学生问题解决子能力的作用，提出应用网络学习空间培养学生问题解决能力的教学步骤。将上述研究横向整合，综合考虑、系统分析，为构建能够培养学生问题解决能力的网络学习空间教学应用模式提供实证依据。

3. 构建培养学生问题解决能力的网络学习空间教学应用模式

本研究将采用理论演绎法构建网络学习空间教学应用模式，在教学理论和学习理论的指导下，基于一定的理论基础和实践需要推导出网络学习空间教学应用模式，然后在教学实践中开展行动研究，穿插准实验研究，逐步验证和修正，不断完善模式。

（二）验证和修订网络学习空间教学应用模式

1. 验证网络学习空间教学应用模式实践效果研究

本研究将采用行动研究和准实验研究，验证所构建的网络学习空间教学应用模式对于培养学生的问题解决能力是否有效，需要在教学实践的前后对学生问题解决能力进行科学的测试与评价。

由于学生问题解决的过程是一种兼具创造性和操作性的思维方式与智力活动，而且构成问题解决的不同能力在实践中是综合表现的，因此，本研究将探究评价学生问题解决能力的质、量结合的 Q-C-Q 综合测评体系（Evaluation system of Quantitative evaluation Combining with Qualitative evaluation）。质性评价通过教师反思分析、师生访谈和学生作品分析来实现；量化评价采用 PISA 测试、学生调查问卷、学生课堂学习活动和教学空间学习活动观察等方法来获得数据（图 4.3）。将量化数据与质性分析结合起来，综合测评学生问题解决能力的发展。

（1）学生问题解决能力测试

研究拟通过对中外学生问题解决能力测试方法的综述，来选择适合本研究的学生问题解决能力测试方法，并在样本学校做试验性测试，根据测试成绩分析所选测试题的信度，以保证测试题测评学生问题解决能力的科学有效。

（2）学生的问题解决能力发展调查问卷

设计针对学生问题解决能力发展的态度、体验和建议等维度的调查问卷，结合实验研究，对实验班和对照班学生进行前期、中期、后期的系统调查，通过对比数据分析学生问题解决能力的发展。

（3）学生学习活动观察

本研究过程中所关注的学生学习活动主要包括：学生课堂学习活动和学生在网络学习空间的学习活动，需要设计开发相应的课堂观察量表

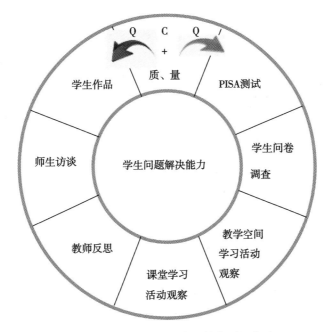

图 4.3　学生问题解决能力综合测评方法

和网络学习空间观察量表，以便研究者跟踪记录学生的学习活动。量表中的观察要素必须清晰明了，并突出体现学生问题解决能力的外在表征。

（4）学生作品分析

学生作品形式多样，根据不同的学习方式可以是项目学习成果、问题学习的解决结果，甚至是某一任务学习的创造作品。因此可以根据需要设计不同的分析量表，具有不同的分析维度。例如，对于项目学习成果，需要从项目作品的完成过程、项目作品的形式以及项目作品质量三个方面展开针对学生作品的分析，对比实验前后学生作品的变化，以探寻学生作品中对学生问题解决能力发展的表征。

（5）师生访谈

设计、实施针对样本学校的学生和教师的访谈，了解目前学生问题解决能力培养的现状、存在的问题和困难，以及开展学习活动后的师生想法和建议。本项研究需要根据问题解决能力的构成指标设计《学生访谈提纲》，根据网络学习空间教学应用模式的应用步骤设计《教师访谈提纲》，以获取教师和学生对问题解决能力培养的认识，探寻影响学生问题解决能力发展的隐性要素，了解参与实验者深层认识和思想的变化，获取实验教师应用网络学习空间教学应用模式开展教学的真实感受和建议。

（6）教师反思分析

研究中需要帮助和引导参与实验或观摩实验的教师学会反思实验教学过程和效果，因此拟设计实验教师反思表和观摩教师反思表，为教师发展提供反思支架。一方面促进教师更快地适应网络学习空间教学，另一方面促使教师积极思考，积累应用网络学习空间教学应用模式开展教学实践的经验。

2. 网络学习空间教学应用模式的验证与修正

研究首先采用专家咨询的方法对所构建的能够培养学生问题解决能力的网络学习空间教学应用模式进行初次修订，然后开展教学实验研究，并根据所构建的 Q-C-Q 综合测评体系，在多轮迭代的行动研究和准实验研究中，验证网络学习空间教学应用模式对于培养学生问题解决能力的有效性，并对网络学习空间教学应用模式进行逐次修订。

（三）总结网络学习空间教学应用模式的应用方法和应用策略

在开展多轮迭代教学实验的同时，总结教师应用网络学习空间教学应用模式实施教学的实践经验，设计方便教师开展网络空间教学的教学活动设计模板，以指导教师使用该模式开展教学活动。分析提出模式的应用方法和应用策略，实现在学科教学中培养学生问题解决能力的常态化，以实现模式的推广应用价值。

五　研究方法

（一）文献研究法

文献研究法主要指搜集、鉴别、整理文献，并通过对文献的研究形成对事实的科学认识的方法①。本研究中利用文献研究法梳理影响问题

---

① 文献研究法 ［DB/OL］ http：//baike. baidu. com/link？ url＝tEpH2okuCsMmcsfyiUfKh2k-SzZlRhGQmB2h26f2n9GavpvdzYd2LGk6dCgG4JsE＿ NC5S-8VYyBKeyRUqtVSKz＿，2013-10-22。

解决能力发展的因素、学生问题解决能力的含义及其构成结构等方面的资料，为构建能够培养学生问题解决能力的网络学习空间教学应用模式提供实证依据。

（二）调查研究法

本项研究采用问卷调查和学生问题解决能力测试并辅以师生访谈和课内外学生学习活动观察，来调查学生问题解决能力的发展。选择适宜的调查问卷和测评工具对学生进行测评，结合访谈法来验证实验假设，分析、提炼实验结果。

（三）演绎法

本研究所构建的能够培养学生问题解决能力的网络学习空间教学应用模式由演绎法得来，属于理论演绎（图 4.4）。研究以建构主义学习理论、情境学习理论和杜威的实用主义教育理论为理论基础，分析学者普遍认同的问题解决能力的结构构成，探寻问题解决能力的发展规律，分析学生学习过程中各种子能力的行为表现。接着反向思维，如果要使学生出现上述学习行为，教师应该采用怎样的教学步骤？教师提炼的教学步骤应该反映出能够培养学生问题解决能力各子能力的学习行为，最终演绎推导出能够培养学生问题解决能力的网络学习空间教学应用模式。

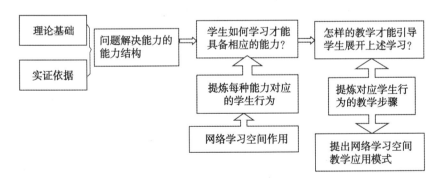

图 4.4　演绎法构建能够培养学生问题解决能力的
网络学习空间教学应用模式

（四）行动研究法

库尔勒·勒温（Lewin，K.）指出行动研究是将科学研究者与实际工作者之智慧与能力结合起来以解决某一问题的一种方法，并提出了计划、行动、观察和反思——重新计划、行动、观察和反思的横向模式。本研究将采用库尔勒·勒温提出的四步循环模式。具体的研究步骤如下：

第一轮行动研究

1. 通过教师访谈，与一线教师合作分析学生问题解决能力培养中存在的问题，结合学科目标设计相应的网络学习空间教学活动实施方案（同时考虑学生问题解决能力各子能力的培养）。

2. 协助一线教师建设网络学习空间学习网站，开展培养学生问题解决能力的教学。

3. 观察教师的教和学生的学习行为（多元评价），发现问题。

4. 根据课堂和网络空间观察、教师反思分析以及学生问题解决能力测评数据来反思教学活动中存在的问题，总结经验，修订教学活动设计模板，准备开展下一轮教学活动。

下一轮行动研究……（迭代研究过程，同上）

（五）实验研究法

本研究采用准实验研究方法。准实验研究是指运用原始群体，在较为自然的情况下进行实验处理的研究方法①。威廉·维尔斯曼指出，作为研究者"当考虑到准实验研究的效度问题时，应该对它的缺陷有清楚的认识，并对实验组间的对等性进行确定"②，如此便可尽量规避准实验研究的不足，得出使人信服的结论。

本实验的开展是贯穿于行动研究之中的，每一轮行动研究的同时都要开展实验研究，同步搜集信息，验证教学改革的效果，进而修正模式。

---

① 准实验研究·智库·百科［BD/BL］http：//wiki. mbalib. com/wiki/% E5% 87% 86% E5% AE%9E%E9%AA%8C%E7%A0%94%E7%A9%B6。

② ［美］威廉·维尔斯曼：《教育研究方法导论》，教育科学出版社 2001 年版，第 233 页。

六　研究过程——迭代设计

　　本研究将所构建的网络学习空间教学应用模式置于一线教学实践中，设计活动模板，并在实际教学中应用模式，开展教学活动。经过行动研究结合准实验研究收集数据、分析效果，根据分析结果修正模式，验证模式的有效性。行动研究结合准实验研究可以开展多次，体现了研究过程的迭代设计，研究过程如图 4.5 所示。研究设计多轮迭代研究活

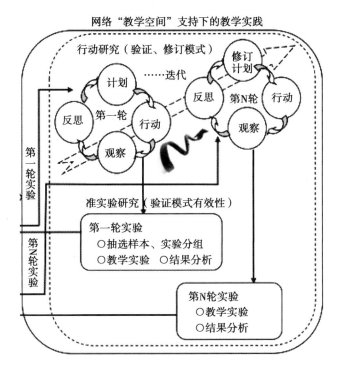

图 4.5　网络学习空间教学应用模式
实验过程示意图（截图于图 4.1）

动，每一轮研究均以行动研究为主穿插准实验研究，通过对每一轮行动研究和准实验研究的应用测评，并对测评结果进行分析，总结经验，改进教学活动设计，分析实验数据，修正网络学习空间教学应用模式，总结教学活动设计经验。每一轮教学实验均涉及语文、英语、化学三门课程。

七 准实验设计

（一）选取样本学校

本研究以"落实英特尔©未来教育理念促进区域教师协同发展"试点项目——兰州市城关区子项目应用型课题研究为依托，选择 Intel 项目学校"兰州市甲中学"和"兰州市乙中学"作为本项研究的样本学校（以下简称甲校和乙校），开展应用网络学习空间教学应用模式培养学生问题解决能力的教学研究。甲、乙校具有多年开展教学改革的经验，其师生对传统教学环境下的研究性学习方式比较熟悉，能够满足本项研究的实施条件。

（二）选择样本校实验班级

为了提高准实验研究的内在效度，必须确定实验组间的对等性，即选择学生问题解决能力初始水平相差不大的实验班与对照班（威廉·维尔斯曼，2001）。因此，笔者选择甲校，八年级 4 个班、九年级 4 个班；乙校，选择九年级 4 个班，进行学生问题解决能力前测（乙校八年级部分班级没有参加过项目学习等活动，不具备实验条件，故而只选择九年级参与实验）。前测采用全班整群抽样，12 个班共计 520 名学生全体参与测试，测试工具为 PISA2003 学生问题解决能力测试卷。

1. 甲校——实验班级与对照班级的选择

表 4.1 为甲校参加 PISA 测试的八个班级的学生平均成绩（百分制）。

表 4.1　　　　　　甲校样本班级学生 PISA 测试成绩均值表

年级/班级	八年级 1 班	八年级 2 班	八年级 3 班	八年级 4 班	九年级 1 班	九年级 3 班	九年级 7 班	九年级 8 班
平均分	30	39	45	35	36	31	41	47

根据 PISA 测试中对不同题目的水平等级赋予的分值，简化计分方法，计总分 47 分（笔者注：因为同一题目部分分数和满分得分情况存

在差异，因此题目总分均按照不同等级水平的满分得分统计）。为便于统计计算，转换为百分制，对应学生问题解决能力水平见表4.2。

表 4.2　　　　　　　　　PISA 问题解决能力水平等级表

等级	问题解决能力水平	测试得分	转换百分制
三级水平	善于思考和交流的问题解决者	40—47 分	85—100 分
二级水平	善于推理和做出决策的问题解决者	20—39 分	43—84 分
一级水平	基本的问题解决者	5—19 分	11—42 分
低于一级	低水平的问题解决者	4 分以下	10 分以下

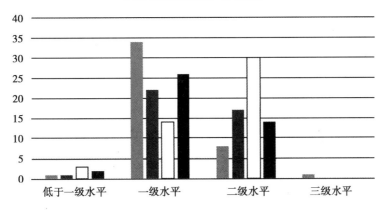

图 4.6　甲校八年级学生问题解决能力水平对比图（前测）

为提高准实验研究的效度，需要在每个年级选择 PISA 前测平均分相近的班级预设为实验班和对照班。问题解决能力测试成绩显示，甲校，八年级 2 班和八年级 4 班，学生平均分相差最小，九年级 1 班和九年级 3 班，学生平均分相差最小（表 4.2）。同时，分析 PISA 前测的 8 个班级中学生问题解决能力的水平等级分布可以发现，甲校，八年级 2 班与八年级 4 班学生问题解决能力水平等级分布相近（图 4.6），九年级 1 班与九年级 3 班学生问题解决能力水平等级分布相近（图 4.7）。因此，综合考虑班级的 PISA 前测平均成绩和学生问题解决能力水平分布，在甲校，拟定八年级 2 班为实验班、4 班为对照班，选择九年级 1

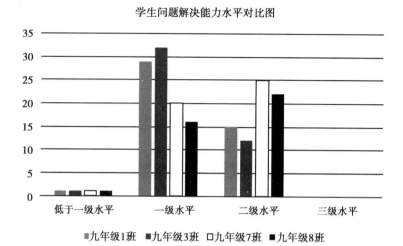

学生问题解决能力水平对比图

■九年级1班 ■九年级3班 □九年级7班 ■九年级8班

图 4.7   甲校九年级学生问题解决能力水平对比图 (前测)

班为实验班、3 班为对照班。

接下来对拟定的八年级 2 班（实验班）、4 班（对照班）；九年级 1 班（实验班）、3 班（对照班）的学生问题解决能力测试（前测）得分做差异性检测，验证两个年级所选择实验班和对照班学生的问题解决能力是否存在显著性差异。对两个年级选出的实验班和对照班学生的 PISA 前测成绩，分别应用 SPSS19.0 数据统计两个独立样本 T 检验，验证所选择的实验班与对照班学生问题解决能力测试得分差异性是否显著。

（1）甲校，八年级 2 班（实验班）、4 班（对照班）学生问题解决能力测试得分差异性分析。

从表 4.3 可以看出，八年级 2 班的测试得分均值略高于八年级 4 班，然后分析两个班级的得分差异是否具有统计的显著性。根据假设方差相等的 Levene 检验（表 4.4），F 值为 0.669，P（Sig.）值为 0.416，P>0.05，不能拒绝原假设，表明样本总体方差相等。接着分析假设方差相等时 T 检验的结果，P（Sig.）值为 0.273，P>0.05，不能拒绝原假设，即所选择的实验班级和对照班级学生的问题解决能力不存在显著性差异。

从样本 T 检验的置信区间看（-3.036—10.584），区间跨零，也反映出实验班级和对照班级的学生问题解决能力无显著性差异。

表4.3 八年级实验班、对照班独立样本 T 检验统计量

班级	N	均值	标准差	均值的标准误
2 班	40	38.750	16.481	2.606
4 班	42	34.976	14.482	2.235

表4.4 八年级实验班、对照班独立样本 T 检验

	方差方程的 Levene 检验		均值方程的 t 检验					差分的95% 置信区间	
	F	Sig.	t	df	Sig.（双侧）	均值差值	标准误差值	下限	上限
假设方差相等	0.669	0.416	1.103	80	0.273	3.772	3.422	-3.036	10.584
假设方差不相等			1.099	77.555	0.275	3.772	3.433	-3.061	10.609

（2）甲校，九年级1班（实验班）、3班（对照班）的学生问题解决能力测试得分差异性分析。

从表4.5可以看出，九年级1班的测试得分均值略高于九年级3班，下面分析两个班级的得分差异是否具有统计显著性。根据假设方差相等的 Levene 检验（表4.6），F 值为0.016，P（Sig.）值为0.900，P>0.05，故不能拒绝原假设，表明样本总体方差相等。接着分析假设方差相等时 T 检验的结果，P（Sig.）值为0.108，P>0.05，不能拒绝原假设，即所选择的实验班级和对照班级学生的问题解决能力不存在显著性差异。

从样本 T 检验的置信区间看（-1.120—11.165），区间跨零，也反映出实验班级和对照班级的学生问题解决能力无显著性差异。

表4.5 九年级实验班、对照班独立样本 T 检验统计量

班级	N	均值	标准差	均值的标准误
1 班	45	36.178	15.109	2.252
3 班	45	31.156	14.197	2.116

表 4.6 　　　　　　　　九年级实验班、对照班独立样本 T 检验

	方差方程的 Levene 检验		均值方程的 t 检验					差分的 95% 置信区间	
	F	Sig.	t	df	Sig.（双侧）	均值差值	标准误差值	下限	上限
假设方差相等	0.016	0.900	1.625	88	0.108	5.022	3.091	−1.120	11.164
假设方差不相等			1.625	87.661	0.108	5.022	3.091	−1.120	11.165

综合分析上述数据，在甲校，八年级、九年级所拟定的实验班和对照班之间学生的问题解决能力总体差异不显著。因此，选择八年级 2 班为实验班、4 班为对照班，选择九年级 1 班为实验班、3 班为对照班是科学有效的。充分考虑实验组间的对等性可以提高准实验研究的效度，保证准实验研究的有效开展。

2. 乙校——实验班级与对照班级的选择

表 4.7 为乙校参加 PISA 测试的九年级四个班级的学生平均成绩（百分制）。

表 4.7 　　　　　　　　　实验样本 PISA 测试成绩均值表

年级/班级	九年级 1 班	九年级 2 班	九年级 3 班	九年级 4 班
平均分	31	36	30	42

根据 PISA 测试中对不同题目的水平等级赋予的分值，为便于统计计算，转换为百分制，对应学生问题解决能力水平如图 4.8 所示。

需要在九年级选择 PISA 前测成绩平均分相近的班级，拟定为实验班和对照班。学生问题解决能力测试成绩显示，九年级 1 班学生和九年级 3 班学生的平均分相差最小（表 4.7）。同时，分析 PISA 前测的 4 个班级中学生问题解决能力的水平等级分布可以发现，九年级 1 班与九年级 3 班学生问题解决能力水平等级分布相近（图 4.8）。

因此，综合考虑前测班级的平均成绩和学生问题解决能力水平分布情况，在乙校，拟定九年级 1 班为实验班、3 班为对照班。

接下来，对九年级 1 班（实验班）、九年级 3 班（对照班）学生问题解决能力测试的得分做差异性检测，验证所选择实验班和对照班的学

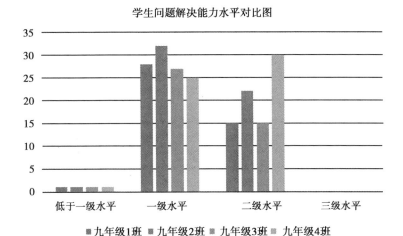

图 4.8　乙校九年级学生问题解决能力水平对比图（前测）

生在问题解决能力上是否存在显著性差异。对选出的实验班和对照班学生的 PISA 前测成绩分别应用 SPSS19.0 数据统计两个独立样本 T 检验，验证所选择的实验班与对照班学生问题解决能力测试得分差异性是否显著。

从表 4.8 可以看出，九年级 1 班的测试得分均值略高于九年级 3 班，下面分析两个班级的差异是否具有统计显著性。根据假设方差相等的 Levene 检验（表 4.9），F 值为 1.139，P（Sig.）值为 0.289，P > 0.05，不能拒绝原假设，表明样本总体方差相等。接着分析假设方差相等时 T 检验的结果，P（Sig.）值为 0.750，P>0.05，不能拒绝原假设，即实验班级和对照班级学生的问题解决能力不存在显著性差异。

从样本 T 检验的置信区间看（-4.396—6.082），区间跨零，也反映出实验班和对照班学生间问题解决能力无显著性差异。

表 4.8　　　　　九年级实验班、对照班独立样本 T 检验统计量

班级	N	均值	标准差	均值的标准误
1 班	42	30.643	11.391	1.758
3 班	40	29.800	12.443	1.967

表 4.9　　　　　　　　九年级实验班、对照班独立样本 T 检验

	方差方程的 Levene 检验		均值方程的 t 检验					差分的 95% 置信区间	
	F	Sig.	t	df	Sig.（双侧）	均值差值	标准误差值	下限	上限
假设方差相等	1.139	0.289	0.320	80	0.750	0.843	2.632	-4.396	6.082
假设方差不相等			0.319	78.519	0.750	0.843	2.639	-4.409	6.095

　　因此综合上述数据分析，乙校，九年级所选实验班和对照班之间的学生问题解决能力总体差异不显著，选择九年级 1 班为实验班、3 班为对照班是科学有效的。充分考虑实验组间的对等性可以提高准实验研究的效度，保证准实验研究的有效开展。

　　综上所述，本研究在两个样本学校中共选择实验班级 3 个，对照班级 3 个，合计 6 个班级（表 4.10）。

表 4.10　　　　　　　　样本学校中班级抽样统计表

样本学校	年级	实验班级	对照班级	样本学生
甲校	八年级	2 班	4 班	全班学生
	九年级	1 班	3 班	全班学生
乙校	九年级	1 班	3 班	全班学生

八　研究时间及活动安排

　　本项研究用时一年半，根据实验需要开展多轮实验教学活动，以验证网络学习空间教学应用模式的有效性，并对模式进行多次修订（表 4.11）。

表 4.11　　　　　　　　研究时间及活动安排表

时　间	研究活动
2014 年 3 月—2015 年 7 月	PISA 测试，选取样本班级，确定实验班级和对照班级，选择相关实验课程
	开展第一轮行动研究并穿插准实验研究
	总结教学活动经验，修订教学活动设计并形成设计模板，验证网络学习空间教学应用模式的有效性，并对模式进行修订
	……迭代 开展第 N 轮行动研究并穿插准实验研究
	总结教学活动经验，修订教学活动设计模板，进一步验证网络学习空间教学应用模式的有效性，并对模式进行 N 次修订，提出网络学习空间教学应用模式应用于教学的方法与策略

从 2014 年 3 月初开始，笔者进入样本学校开展第一轮教学实践研究。第一轮教学实践分为三个阶段开展：

第一阶段为实验前预备阶段，主要对样本学校的八年级、九年级学生进行整体观察与测验。通过大面积的 PISA 测试，结合课堂观察，选取样本班级，确定实验班级和对照班级，选择英语、语文、化学三门已经开展过项目学习的课程实施实验教学。

第二阶段为第一轮教学实践具体实施阶段，主要对实验班级实施网络学习空间支持下的问题解决能力培养教学（选用相适宜的学习方式），对照班则在传统教学环境下采用相同的学习方式开展教学活动，但不予实验干预（不具备网络学习空间支持），引导教师开展行动研究并穿插准实验研究活动。

第三阶段为第一轮教学实践的总结阶段，主要分析行动研究中学生和教师的变化，总结基于网络学习空间开展教学活动设计的经验，修订教学活动设计并形成教学活动设计模板，实验验证网络学习空间教学应用模式的有效性，并对模式进行第二次修订。（首次修订为专家修订）

每一轮教学实验中，英语、语文、化学三门课程均需要在日常教学中设计多项应用网络学习空间的教学活动，即研究者与学科教师一起在一个学期的教学实验中持续不断地将网络学习空间教学应用模式应用于学科教学中，使其融入到常规教学设计之中，确保足够的实验教学时间，以切实提升学生的问题解决能力。每一轮教学实验结束，笔者将选取学期末最后一次项目活动开展测评与观察研究，以获取数据，分析实验效果。经过多轮教学实验之后，总结提出应用网络学习空间教学应用模式开展教学活动的教学应用方法与策略。

第五章 构建培养学生问题解决能力的 网络学习空间教学应用模式

人法地，地法天，天法道，道法自然。——老子

本研究的目的之一是构建能够培养学生问题解决能力的网络学习空间教学应用模式，为了构建模式有必要梳理以下思路（图5.1）：

首先，通过文献研究，梳理构建培养学生问题解决能力的网络学习空间教学应用模式的理论依据，分析相关理论对构成学生问题解决能力各个子能力和影响学生问题解决能力发展因素的支撑关系，探究网络学习空间对影响学生问题解决能力发展因素的积极作用。其次，考虑构建培养学生问题解决能力的网络学习空间教学应用模式的实证依据，分析目前传统教学环境下培养学生问题解决能力存在的问题以及网络学习空间支持学生问题解决能力发展的优势所在。深入思考如何设计、应用网络学习空间才能发挥其应有的教学功能，才能够对影响学生问题解决能力发展的诸多因素产生积极的作用，进而促进学生问题解决能力的发展。因而，可以根据网络学习空间的教学应用来设计、提出应用网络学习空间开展教学活动的步骤。同时，在梳理学生问题解决能力的结构构成基础上，根据学生的问题解决各个子能力形成的学生行为表征，推导形成学生相关行为的具体教学活动。最后，结合问题解决的六个阶段来构建能够培养学生问题解决能力的网络学习空间教学应用模式。

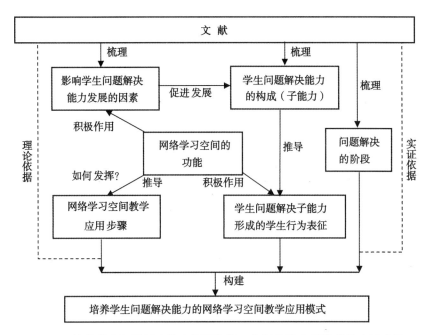

图 5.1 培养学生问题解决能力的网络学习空间教学应用模式构建思路图

一 构建培养学生问题解决能力的网络学习空间教学应用模式的理论依据

（一）理论基础

1. 建构主义学习理论

建构主义学习理论为本研究中网络学习空间的教学应用指明了方向，要求师生共同构建教学空间时要充分考虑情境、协作、交流和意义建构四要素，灵活设计、有效组织教师和学生利用网络学习空间展开积极的交流与协作，实现成果交流与共享，让学生从整体上尝试进行问题解决，促使学习者共同进步。

2. 杜威的实用教育理论

杜威的课程观指导本研究在网络学习空间的教学应用设计时既要注重学科课程知识的积累，又要将教育与生活、社会紧密联系，合理设计活动课程。要在教学活动中合理设计与学生生活相关的自主、合作和探究学习主题，以帮助学生从做中学，促进学生的能力发展，并利用"教学空间"的记录等功能，及时保存教与学的过程性资源，注重积累经验。实用教育理论将指导本研究从具体学科出发，探寻便于推广的能够培养学生问题解决能力的网络学习空间教学应用模式。

3. 布鲁纳的发现学习理论

发现学习理论为本研究提供了变革教学策略的依据，指导研究者在教学设计中引导教师合理设计教学内容，为学生的发现学习创设条件。明确教师的主要任务不是传递知识，而是设计知识的刺激呈现模式，使其能激发学生学习兴趣，引导学生主动探究、发现知识。布鲁纳的发现学习程序为本研究提出培养学生问题解决能力的网络学习空间教学应用模式步骤以及教学活动设计提供了理论基础。

4. 情境学习理论

该理论指导教学活动设计时应做到：

（1）学习任务应该是劣构的，并尽可能反映实际生活。

（2）在项目学习中采用多元动态评价策略。

（3）引导学生充分参与项目活动，积极思考和充分表达自己的认识。

（4）教师要为学生搭建"脚手架"，并适度干预学习活动。

5. 问题连续体理论

问题连续体理论为培养学生的问题解决能力提供了渐进式的发展策略，能够指导本项研究选择应用不同层级的问题类型来设计合理的学习活动，培养学生问题解决能力的某一项子能力。同时，该理论为分析PISA问题解决能力测试题目类型提供了依据，有助于判断学生测试题目不同类型的作答情况。

6. 奥苏贝尔教学理论

奥苏贝尔的"意义学习"理论、先行组织者策略以及动机理论，为本研究提出教师应用网络学习空间开展教学的策略奠定了理论基础，提示本研究在利用网络学习空间的教学设计中要着重考虑以下几点：

（1）求知的欲望和探究的心理倾向是学生主动学习的源泉，教师要注重激发学生的内部动机，如任务驱动等。只有当学生的学习来源于自身的求知需要，学习才会持久。

（2）教师要满足学生追求成功的情绪体验，通过尊重、肯定、赞许与鼓励来激发学生的外部动机，利用网络学习空间对学生在学习过程中的表现给予及时的反馈与评价，引导学生展开基于网络学习空间的互评活动，使学生充分感受到伙伴或家长的认可与赞许。

（3）教师应该根据学习目标和任务的不同，灵活选择接受学习或发现学习，帮助学生认知结构的形成。

（4）教师在教学之前，可以为学生提供有利于新旧知识链接的先学材料，可以利用多媒体形式（声音、文本、图像）来呈现不同的学习材料，以最大程度地帮助学生同化新知。

（5）教师要为学生搭建"脚手架"，并适度干预学习活动。

问题解决能力的提升是一个复杂而长期的过程，问题解决能力的发展也是一个逐步渐进的过程。目前学者们普遍关注的问题解决能力培养的过程要素为：提供情境+问题表征；提供问题解决策略；训练思维能力；选用适宜的教学方法（研究性学习等）开展实践活动等。同时，结合理论基础的论述，可以找出构建能够培养学生问题解决能力的网络学习空间教学应用模式的理论支撑（表5.1）。

表5.1　　　　设计与应用网络学习空间培养学生问题
解决能力的理论支撑

理论支撑	教学活动设计	培养学生问题解决能力的网络学习空间设计与应用	培养学生问题解决子能力
建构主义学习理论	教学活动设计中注意学生之间的协作、交流活动的开展	**设计：空间设计问题情境、提供问题支架** 应用：提供资源平台、创设问题情境；提供交流平台，实现学生的知识交流与意义建构	理解问题的能力
杜威的实用教育理论	将教育与生活、社会紧密联系，合理设计活动课程	**设计：空间联系课堂内外，促进家校协同学习** 应用：提供师生交流的平台和空间，实现现实与虚拟世界的联结，设计实际问题，引发学生思考，方便学生经验交流、快速学习学科知识	解决问题的能力问题解决方法的交流能力
布鲁纳的发现学习理论	发现学习的程序为教学活动步骤设计提供了依据	**设计：空间呈现与问题相关的学习材料，引导学生自主发现问题，空间提供相应技术工具**，辅助学生理解和表述问题 应用：提供交流平台，促使学生开展基于真实问题情境的发现学习	辨别问题的能力表述问题的能力

续表

理论支撑	教学活动设计	培养学生问题解决能力的网络学习空间设计与应用	培养学生问题解决子能力
情境学习理论	合理设计活动让全体学习者参与其中,设计学习者与专家和同伴的交流,帮助学习者在共同体中学习	**设计**:空间基于实际生活来创设学习情境。空间提供相应技术工具,帮助教师为学生搭建"脚手架"。 应用:为学习者提供交流平台,促进学习共同体的形成。空间提供评价量规,辅助学习者开展多元评价。	问题解决方法的交流能力
问题连续体理论	为学生提供不同层次的问题,逐步提升学生的问题解决能力	**设计**:空间为学生提供不同层次有梯度的学习材料 **应用**:提供问题资源库,方便有不同需要的学生选用	理解问题的能力
奥苏贝尔教学理论("意义学习"理论、先行组织者策略以及动机理论)	将接受学习与发现学习有机结合,促进学生认知结构的形成,采用尊重、肯定、赞许与鼓励来激发学生外部动机	**设计**:课前利用空间呈现声音、文本、图像等多媒体素材,为学习者提供关于新知识的概要;学生空间讨论、协作实现意义学习;学生空间展示成果、教师空间点评、小组互评激发学生学习动机。 应用:提供资源平台,呈现学习资料;提供交流平台,学生共享资源与成果;提供互动平台,学生互相评价	解决问题的能力问题解决之后的反思能力

(注:表中粗体字为构建网络学习空间教学应用模式时重点考虑的空间应用设计)

(二) 网络学习空间与六种学生问题解决子能力的作用关系

根据第 1 章中所总结的学生问题解决能力的结构构成 (图 1.4),本研究将从问题解决能力的结构构成角度来考查学生问题解决能力的发展规律。六种子能力整体构成了学生的问题解决能力发展链状环,勾画出培养学生问题解决能力的六个节点 (图 1.4)。一方面反映了问题解决能力形成的过程,另一方面反映这六个子能力缺一不可,缺少了哪个子能力均会打断环状链条,无法形成完整的问题解决能力。对六种问题解决子能力的梳理,呈现出问题解决能力的发展规律为:理解问题、辨别问题、表述问题、解决问题、反思问题以及交流问题解决方法,环环相扣、层层推进、互为基础、互为补充的递进式发展规律。

表 5.2 显示了学生具备每一种问题解决子能力时所表现出的学习行为表征,即学生问题解决子能力的具体行为指标。

子能力 1:理解问题的能力

理解问题的能力是问题解决能力发展的首要环节,问题解决者首先要能够理解与问题相关的文本、图表、公式或者表格等信息。理解能力的具体表现为：一方面能从大量信息中进行推论、分析各个信息之间的关系和联系。另一方面能理解相关概念，并利用背景知识来理解信息。要求学生能够从资料中发现问题，能主动探寻与问题有关的资料和知识（问题意识的形成），这正是学习者新旧知识联系、认知结构发展的重要途径。

子能力2：辨别问题的能力

在理解问题的基础上，学生要能够分析出问题中存在的变量，剖析变量之间的相关性；根据变量提出假设，并根据背景信息进行批判性的评价。该能力属于在已有知识基础上心智技能的发展，学生要能够筛选、评价已获得的信息，简单分析构成问题的要素，提出问题假设，合作探究相关资料（归类、识别问题）。

子能力3：表述问题的能力

理解、辨别是表述问题的基础，这三个子能力构成了问题的提出。要思考如何利用表格、图示、符号或者文字对问题进行表述，以及怎样采用不同的表述方式表达同一问题。要求学生能够应用思维导图等工具呈现对问题的理解，在小组内清晰表述解决问题的思路。表述问题能力的培养能够激发学生学习的动机，帮助学生保持学习的热情，从组间或组内的交流中获得自信心。

子能力4：解决问题的能力

解决问题的核心是系统设计和诊断问题解决的方法，因此解决问题的能力需要策略和方法，策略精明、方法得当才能事半功倍。要求学生集体讨论、选择和使用问题解决方法并能对问题解决的效果进行评述。

子能力5：问题解决之后的反思能力

反思是问题解决能力提升的重要环节，是对问题解决效果的分析和评价。学生具备反思能力，应该能够阐述问题解决的方法，评价所用方法的优劣，或提供更好的方法建议，并与学习伙伴一起修订解决方案，修改学习活动设计，验证新方法。反思能力会强化学生思维定式的积极一面，有利于知识的迁移，进而促进学生对同类问题的解决。

子能力6：问题解决方法的交流能力

这是建立在反思基础上的提高和升华，具备该能力的学生能够选择适宜的媒介和表达方式，陈述问题解决的方法，总结解决类似问题的经验。学生可利用学习空间阐释思想，表述本组问题的解决方法，总结成功经验，分析不足，讨论思考该问题的解决方法是否能迁移使用。

　　学生问题解决能力中六种子能力的发展并不是整齐划一的，其发展进度、快慢因人而异，是一种交融递进的过程（图 5.2）。学生解决一个问题的前提是要能够从诸多信息中发现问题，提出质疑，检索相关的信息（此时学生理解问题的能力得到发展）；之后学生要能够筛选、评价已经获得的信息，分析出所面临问题的影响因素并提出问题假设，确定探究方向，查找相关资料（学生辨别问题的能力得到发展）；接着学生应该学习应用各种图表将自己的所思所想以最简洁易懂的方式表述出来，使同伴快速理解自己的思路和想法（学生表述问题的能力得到发展）；然后学生要能够选择适宜的方法和策略，制订问题解决方案并实施方案（学生解决问题的能力得到发展）；紧接着学生要能够通过互评来反思问题解决的效果和问题解决方法并修改学习活动设计，修订方案（学生问题解决之后的反思能力得到发展）；最后，学生要能够通过有效的方法总结问题解决的经验并展开积极的交流，在交流中进一步反思自己的问题解决过程，弥补不足（学生问题解决方法的交流能力得到发展）。这六种子能力的发展并无明显的界限，往往是在一种能力发展的同时，另外一种子能力或多种子能力也在不断地形成。在问题解决能力培养的中、后期，会出现多种子能力同步发展的状况，但子能力的发展顺序依然不变。

表 5.2　　学生问题解决能力的构成及形成各子能力的学生行为指标

问题解决能力的构成	含义描述	学生行为指标
理解问题的能力	**理解**已有信息，并从中获得**推论**；将不同来源信息建立关联；证明对**概念的理解**；利用背景知识来**理解信息**	**发现问题**：能够从资料中**发现问题**，引发质疑，能主动探寻与问题有关的**信息**
辨别问题的能力	**辨别**问题的**变量**及**变量之间**的**关系**；**评价背景信息**	**描述问题**：筛选、评价已获得的信息，简单分析构成**问题的要素**，提出**问题假设**，**合作探究**相关资料

续表

问题解决能力的构成	含义描述	学生行为指标
表述问题的能力	应用表格、图示、符号或者文字表述问题；应用不同的表述方式	**用技术说明问题：**能够应用思维导图以及图表形式呈现对问题的理解，在小组内清晰表述解决问题的思路
解决问题的能力	做出**决策**，提出**问题解决方法**	**选方法、定策略、解决问题：**集体讨论、选择和使用问题解决方法，**制订方案，实施方案**并评述解决效果
问题解决之后的反思能力	**阐明和评价**问题解决的方法；修订方案，进一步验证方法	**发帖、互评：**组内、组间**发帖、互评**问题解决效果；**反思问题解决方法**；修改学习活动设计；验证方法
问题解决方法的交流能力	**选择**适宜的媒介和表达方式，**陈述**问题解决的成果、方法，总结解决类似问题的经验	**说经验、谈方法：**利用网络学习空间**阐释思想**，表述本组**问题解决方法**，总结成功经验，**分析不足**，讨论思考该问题解决方法是否能**迁移使用**

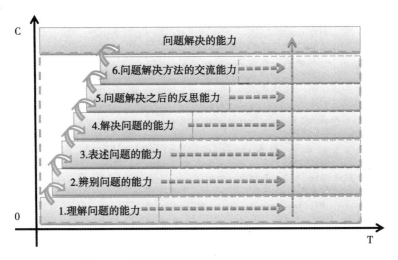

图 5.2　学生问题解决能力递进式发展示意图

　　同时，为了构建旨在培养学生问题解决能力的网络学习空间教学应用模式，有必要细致分析网络学习空间对构成学生问题解决能力的各子能力的作用关系。笔者针对已有培养学生问题解决子能力的研究，结合网络学习空间的教学功能，分析提出网络学习空间对学生问题解决子能力产生的积极影响作用，如表 5.3 所示，分析网络学习空间对构成学生问题解决能力各子能力的作用关系，为设计和应用网络学习空间培养学生问题解决能力提供了理论依据。

表 5.3　网络学习空间对学生问题解决子能力培养的支持作用

问题解决能力的构成	学生行为指标	如何激发（培养策略）	网络学习空间的支持作用
理解问题的能力	**发现问题：**能够从资料中**发现问题，引发质疑，**能主动探寻与问题有关的信息	1. 教师提供与问题相关的丰富资料，**创设问题情境** 2. 设计能够把问题的思考引入学生最近发展区的问题**支架**	提供资源平台，支持知识储备： 提供大量资源（教师和学生共同建设资源库），**创设问题情境**，引发学生质疑，促使学生发现问题、理解问题
辨别问题的能力	**描述问题：**能够筛选、评价已获得的信息，简单分析构成**问题的要素，提出问题假设，合作探究相关资料**	提供"试误"的机会，让学生大胆**描述自己对问题的理解**	提供交流平台，支持知识交流： 提供研讨平台，创设开放民主的讨论氛围，开展小组研讨，有利于对**所提出问题的聚焦和凝练**
表述问题的能力	**用技术说明问题：**能够应用思维导图**以及图表**形式呈现对问题的理解，在小组内清晰表述解决问题的思路	1. 提供思维导图、鱼骨图以及各种简易图表表征问题的实例 2. 鼓励学生应用图表表征问题、**说明思路**	提供交流平台，支持知识的储备与交流： 1. 方便教师为学生提供软件资源（软件库） 2. 方便课外做图表，课内展示、**说明问题**
解决问题的能力	**选方法、定策略、解决问题：**集体讨论、**选择和使用问题解决方法，**评述解决效果	1. 教师提供实时指导、监控问题解决过程 2. 为学生提供课内外**集体讨论**的机会	提供互动平台，支持知识互动、生成与创造： 1. 使得小组协作**解决问题的过程可视化**（创设协同进化的环境） 2. 为学生提供课外协作研讨、课内交流的平台 3. **积累教学生成性资源**
问题解决之后的反思能力	**发帖、互评：**组内、组间发帖、互评问题解决效果；反思**问题解决方法；修改学习活动设计；**验证新方法。	1. 教师对学生的发帖和互评进行**课堂点评** 2. 让学生展示本组修订后的问题解决方案并**阐明思路**	提供互评平台，支持师生反思与互动： 1. **记录师生评价的过程，**方便课堂内回看 2. 提供丰富的教学评价形式

问题解决能力的构成	学生行为指标	如何激发（培养策略）	网络学习空间的支持作用
问题解决方法的交流能力	**说经验、谈方法：**利用网络学习空间阐释思想，表述本组问题解决方法，总结成功经验，分析不足，讨论思考该问题的解决方法是否能迁移使用	1. 为学生介绍相关的软件（PPT等） 2. 鼓励学生应用不同的形式展示本组问题解决的成果 3. 引导学生总结本组问题解决的经验 4. 通过不同**媒介再现本组解决问题的过程**	**提供演示、交流平台**，支持知识互动、生成与创造： 1. 为学生提供演示平台 2. 为学生提供交流经验的平台 3. **记录网络研讨的过程**，积累教学生成性资源

网络学习空间支持学生问题解决子能力培养的作用：

1. 利用网络学习空间提供资源平台，支持教师利用丰富的资源创设问题情境，设计便于理解问题的呈现模式，有利于提升学生理解问题的能力。

2. 利用网络学习空间提供交流平台，支持知识交流，为师生提供研讨平台，创设开放民主的讨论氛围，开展小组研讨问题，在讨论交流中辨识问题，聚焦和凝练对问题的理解，有利于学生辨别问题能力的培养。

3. 利用网络学习空间提供资源、交流平台，支持知识的储备与交流。方便教师为学生提供软件资源（软件库），方便学生利用工具呈现自己对问题的理解。例如：学生利用幻灯片工具（PPT）、思维导图工具（Mind Manager）、鱼骨图工具（EXCEL、MINTAB）等课外做图表，课内展示、说明问题，有助于学生表述问题能力的提升。

4. 利用网络学习空间提供互动平台，支持学习过程性资源的记录。方便教师提供实时指导，监控问题解决过程，为学生提供课外协作研讨、课内交流的平台，使得小组协作解决问题的过程可视化（创设协同进化的环境），有利于学生解决问题能力的培养。

5. 利用网络学习空间 提供互评空间，支持师生反思与互动。记录师生评价的过程，方便课内回看，支持多元评价，方便教师对学生的发帖和互评进行课堂点评，方便学生修订问题解决方案并阐明思路，有利于学生解决问题之后反思能力的培养。

6. 利用网络学习空间提供演示、交流平台，支持知识互动、生成与创造。方便教师为学生介绍相关的软件（PPT 等），通过不同媒介再现本组解决问题的过程，支持学生应用不同的形式展示本组问题解决的成果，引导学生总结本组问题解决的经验并实时记录网络研讨的过程，积累教学生成性资源，有利于提升学生问题解决方法的交流能力。

（三）网络学习空间与影响学生问题解决能力发展因素的作用关系

本研究将所有影响学生问题解决能力发展的因素纳入研究范畴，整体考察网络学习空间与这些影响因素的作用关系，探寻网络学习空间对各影响因素可能产生的积极作用，为构建网络学习空间的应用模式提供理论依据。表 5.4 为网络学习空间与影响学生问题解决能力发展因素的作用关系分析表。表中对比了"传统教学环境"与"网络'学习空间'环境"分别对影响学生问题解决能力发展因素可能产生的作用。如表中粗体字所示，网络学习空间的应用可以对影响学生问题解决能力发展的11 种因素产生积极的作用。这 11 种影响因素的发展能够促进学生问题解决子能力的逐步形成，进而整体提升学生的问题解决能力。

1. 知识水平

已有知识是学生解决某一问题的基础，知识水平的高低也会影响学生问题解决能力的发展。无论是知识贫乏类问题还是知识丰富类问题的解决都需要一定的知识基础。传统教学环境中学生知识的获取主要通过学校的学科教学，源于教师和教科书，知识来源有限。网络学习空间最基本的功能就是提供学习资源，借助 Internet 能够为学生提供任何知识、任何时间、任何场所的检索服务。教师可以将解决某一类问题的相关资料上传至网络空间，解决某一问题的同组学生也可以将自己拥有的知识上传至网络空间。丰富的网络资源、多学科教师以及学生之间的便捷交流，将有利于学生知识水平的逐步提升。

2. 个体特征

个体特征包括性别、社会文化环境、家庭环境等，是影响学生问题解决能力发展的基本因素之一。传统教学环境中，学生之间的交流多集中在学校，交流形式以面对面为主。由于学生之间的家庭环境差异，例如父母学历水平、家庭藏书量、家庭信息化条件等因素的影响，致使学生之间问题解决能力强弱不等。同时，学生进入初高中以后性别意识也将逐渐加强，成为影响男女生面对面积极交流学习的潜在影响因素。利用网络学习空间可以开展家校协同教学，不同家庭环境中的诸多资源可以实现共建、共享。例如：知识丰富的家长能够通过网络平台为孩子的同学们提供更多帮助。另一方面，基于网络学习空间的学习是学生线上、线下的混合式学习，能够弱化性别角色干扰，增强学生主体意识，促进男女生间的学习交流，有利于男女生问题解决能力的均衡发展。

3. 问题因素

问题本身的因素包括问题背景、问题环境和问题表征，网络学习空间可提供丰富的资源，创设问题环境，支持更加清晰的问题表征，便于学生理解和辨别问题。

4. 心智技能

心智技能又称为智慧技能或智力技能。它是一种借助于内部语言在人脑中进行的认知活动方式，如默读、心算、写作、观察和分析等技能。心智技能包括一般技能如：观察的技能、分析问题的技能；特殊技能如：阅读的技能和运算技能等。心智技能的形成需要经历准备—物质或物质化活动—有声语言—无声的"外部"语言—内部语言五个阶段①。其中第三个阶段有声语言阶段，学生使智力活动不再直接依赖实物，而是运用出声言语对智力活动作精确的练习。传统教学环境下，并不是每个学生都有发言的机会，造成第三阶段的缺失，不利于学生心智技能的发展。网络学习空间教学环境为每一位学生提供了发言交流的平台，支持学生将自己的思考大胆地放到空间里，欢迎同伴提出问题、交流问题，故而有利于学生心智技能的逐步发展。

5. 实践经验

已有研究表明，学生的实践经历是影响学生问题解决能力的因素之一。学生在经历某一问题解决的过程中，其知识水平、元认知、研究思路、问题意识、问题表征能力等都会得到不同程度的发展。然而每个学生的实践经历是一个过程性资源，无法立即形成，可以通过自身实践积累或仿学他人经历来获取。传统教学环境对于学生解决问题的实践过程

---

① 心智技能．[DB/OL] http：//baike. sogou. com/v450509. htm? fromTitle = % E5% BF% 83% E6% 99% BA% E6% 8A% 80% E8% 83% BD，2015. 8. 9。

无法记录，尤其是对问题解决者在解决问题过程中的心路历程。网络学习空间能够记录问题解决的过程和问题解决者的心路历程，并为个体间交流、分享实践经验与问题解决经历提供平台。每个同学都可以成为空间班干部或者在学习小组里组织活动或发起讨论，平台记录下每一届学生问题解决的过程性资料，成为下一届学生快速形成实践经验的宝贵资源。

6. 元认知

元认知是认知高级活动的状态（姜英杰，2007；连榕，2010），由美国心理学家 Flavel 于 1976 年提出。其实，元认知就是主体将自己正在进行的认知作为意识对象，不断地对其进行积极、自觉的监视、控制和调节①。

学生问题解决中的元认知是学生对于自身问题解决的监控和反思，既有元认知知识的积累又有元认知经验的总结，是问题解决能力的重要影响因素。形成良好的自我监控、调节和反思能力，有利于学生深入理解问题、总结经验能力的逐步提升。传统教学环境受时间和空间的限制较大，对于学生课内外的学习活动均难以监控，不利于自身认知过程的调节，其元认知的发展势必受到影响。而网络学习空间却能够支持教学过程性资料的积累，能使学生问题解决的过程可视化，有利于学生在任何地点、任何时间开展反思活动，有利于学生元认知的发展，进而促进学生问题解决能力的提升。

7. 问题表征能力

认知心理学家一般将信息在头脑中的呈现方式统称为表征。问题表征是问题解决者在头脑中以某种理解来呈现问题，使问题的任务领域转化为问题空间的过程，是问题解决者对一个问题所达到的全部认知状态（H. A. Simon，1972）。

表征是问题解决过程中非常重要的一个环节，可以运用绘制图表、模型和列表等方法来表征问题。学生图式知识的多少决定问题表征的程度，而问题表征的程度又决定策略选择的优劣，进而决定能否正确解决

---

① 潘氏清海—释福念（PHAN THI THANH HAI）:《禅定对元认知知识、元认知体验、元认知调节作用的中越比较》，福建师范大学，2015年。

问题[1]。因此，问题表征能力是影响学生问题解决能力发展的重要因素。问题情境（呈现方式、环境、结构）、问题信息的理解、问题解决者的知识（原有认知图示）等都会对问题的表征产生影响。在传统教学环境下对学生的问题表征能力的锻炼只能在课堂中进行，由于教学时数有限、班级学生数量过多等客观原因，大多数学生在课堂上没有机会应用图示来表征自己对问题的理解。而网络学习空间教学环境为师生提供了课内外灵活交流互动的平台，当教师将精心设计的某一类问题的支架公布于教学空间时，全班学生都可以利用自己的课内外时间，查阅相关资料，将自己对问题的理解以图示的形式表征在空间中，同时可以在课堂内外登录空间看到其他同学对同一个问题的不同表征，从而引发深入的思考。网络学习空间的跨时空教学功能强化了学生对问题的理解，问题表征能力逐步加强，学生辨别问题的能力、表述问题的能力均得到了提升。

8. 教师教学方法与策略

教师的教学策略会影响学生问题解决能力的发展。前述研究发现学生的问题解决能力由六种子能力构成，每种子能力的培养均需要采取适宜的教学策略。传统教学环境下教师的教学策略比较单一，由于实施效果难以快速反馈，所以教师对采取的教学策略的监控与评价不足，无法根据学生的学习状况及时调整策略。网络学习空间教学环境不仅为学生提供了交流沟通平台，也为教师提供了研讨平台。围绕某一学习任务，会有多位教师参与空间讨论，方便教师之间展开研讨交流，引发教师对于不同教学策略的应用反思。同时，网络学习空间可以及时反馈学生的学习情况，便于教师根据学生的需求和教学内容需要调整教学策略。

9. 反思评价

网络学习空间能够记录学生发帖、讨论等问题解决的全过程，保存阶段性成果，支持学生自定步调复习、反思和交流，同时，支持教师、家长开展基于网络学习空间的多元评价。

---

① 李祯：《问题解决的心理机制及其教学意义》，《教师教育研究》2005 年第 9 期。

10. 问题意识

"问题意识"是一种思维的问题性心理品质①，是学生发现问题进而能够解决问题的首要条件。在学生问题意识的培养方面，姚本先教授指出要营造优良的教学氛围，精心设计教学情境；王真东指出强化学生的"好奇心"，培养学生"质疑"的思维方式，发挥学生想象力，能够培养学生的问题意识②。由此可见，学生问题意识培养的要素包括：教学氛围、问题情境、提问技能以及质疑思维。传统教学环境中，教师和学生主要以面对面的课堂教与学为主，教师可以创设一定的问题情境，营造问题解决的教学氛围。但这种问题情境的创设多为单向性的，学生只能在课堂里被动地接受，无法主动融入产生问题的相关情境之中，教学氛围呈现一边倒的倾向。多数学生会在课堂接受教师所提出的"问题"，缺乏提问技巧和对权威的质疑。学生通过空间敢于提出各种疑问，质疑的品质逐步提升。学生之间可以互相提问，也能随时看到问答记录，便于学生反思逐步提高提问的技巧。因此，在网络学习空间教学环境中学生的问题意识会逐步加强。

11. 智力水平

智力是以思维力为核心的观察力、记忆力、思维力、想象力和注意力五个基本因素的有机结合③。人的智力水平是呈正态分布的，智力水平超常和智力水平很低的人占少数，而绝大多数人的智力属中等水平。认知心理学领域大量研究表明教育和教学对智力的发展起着主导作用，社会、家庭与学校教育环境以及社会实践都是学生智力发展的影响因素。学生在接受知识经验的同时，心理能力也在同步发展。传统教学环境下，学生通过知识的不断积累，在一段时间内可以逐步提升智力水平，但缺乏社会、家庭的共同作用和相应的社会实践。网络学习空间有利于联通家、校和社会，方便学生联系社会实践展开学习，通过空间的建设、研讨方案、反思学习等活动，在问题解决过程中解决一系列遇到的问题，来促进学生智力水平的发展。但这仍需要一定的时间，短时期

---

① 姚本先：《问题意识与创新精神》，《中国教育报》2001 年第 21 期。

② 王真东：《关于学生问题意识培养的思考》，《中国教育学刊》2001 年第 6 期。

③ 智力．［DB/OL］http：//baike. sogou. com/v217524. htm? fromTitle = % E6% 99% BA% E5%8A%9B，2015.9.7。

内网络学习空间对学生的智力水平无直接影响。

12. 科学研究过程性思路

严谨、科学的研究过程是顺利解决问题的保障条件，帮助学生形成规范的研究思路是逐步培养学生问题解决能力的手段之一。传统教学环境下开展研究性学习活动和基于网络学习空间教学环境开展研究性学习活动，都能培养学生的科学研究过程性思路，但网络学习空间教学环境有利于实时记录学生的研究过程，可以帮助学生回顾、梳理改进问题解决的过程、步骤和方法，因此更有利于学生科学研究过程性思路的形成。

13. 学业成绩

网络学习空间支持学生掌握学科知识的同时培养问题解决能力。相比传统教学环境中重知识传授的学科教学而言，网络学习空间提供协作学习平台，支持学习者之间合作、探究学习，促进学生实现有意义学习，有利于学生学业的提升。但目前学生学业成绩的评价以考试为主，因此，网络学习空间对于学生考试成绩无直接影响。

14. 学校教育

网络学习空间是一种教学平台，可以创设一种新的学习环境，变革教师和学生的教与学环境，但对于学校教育而言，无直接作用。

分析网络学习空间对上述影响因素可能产生的积极作用，能够为网络学习空间教学应用模式的构建和相关活动的设计提供依据。通过后续教学中的实证研究，可以验证网络学习空间对影响问题解决能力发展因素产生的作用效果。

表 5.4　　　　网络学习空间与影响学生问题解决能力
发展因素的作用关系分析表

影响学生问题解决能力发展的因素	不同的教学环境对相关因素产生的影响	
	传统教学环境	网络学习空间支持下的教学环境
知识水平	知识源有限、学习资源有限、知识面窄	提供丰富的学习资源，支持多学科教师以及学生之间的便捷交流和资源共建、共享，有利于学生知识量的积累和对知识点的理解与认识

续表

影响学生问题解决能力发展的因素	不同的教学环境对相关因素产生的影响	
	传统教学环境	网络学习空间支持下的教学环境
个性特征（性别、社会文化环境、家庭环境，如：父母学历、藏书、信息化条件等）	对于学生家庭环境的差异无直接作用学生性别意识较强，影响了学生之间的问题交流	实现教学资源的交流与共享；基于网络空间的家校协同教学能够弱化家庭环境对学生问题解决能力造成的负面影响；弱化性别角色干扰，增强学生主体意识，促进男女生间的学习交流，有利于男女生问题解决能力的均衡发展
问题因素（问题本身）	呈现问题背景知识有限	可提供丰富的资源，创设问题环境，支持更加清晰的问题表征，便于学生理解和辨别问题
心智技能	不是每个学生都有发言的机会，造成第三阶段的缺失，不利于学生心智技能的发展	为每一位学生提供了发言交流的平台，支持学生将自己的思考大胆地放到空间里，欢迎同伴提出问题、交流问题，故而有利于学生心智技能的逐步发展
实践经验	难以记录学习个体的实践经验与问题解决的经历，不利于共享与交流	能够记录问题解决的过程和问题解决者的心路历程，并为个体间交流、分享实践经验与问题解决经历提供了平台，每个同学都可以成为空间班干部或者在学习小组组织活动和讨论问题，有利于共享高效的实践经历，提升问题解决能力
元认知（过程性自我监控与反思）	受时间和空间的限制较大（学生课内外学习过程较难监控，不利于自身认知过程的调节）	支持教学过程性资料的积累，有利于学生监控自主学习过程，并在任何地点、任何时间开展反思活动，方便学生阐释自己问题解决的过程，并分析和调节自身的认识加工过程
问题表征能力	无显著影响	提供丰富的问题情境，有利于开展协作学习，促进问题表征能力的提升
教师教学方式与策略	比较单一	支持师生互动，教师可以根据学生在空间的学习反馈，灵活调整教学策略，综合应用多种教学方法
反思评价	反思与评价活动较为单一，以课堂提问、作业和考试评价为主	记录问题解决的全过程，支持学生自定步调复习、反思和交流，支持教师、家长开展多元评价
问题意识	无显著影响	能够提供更多的学习资源，创设更丰富的问题情境，便于提升学生的问题意识
科学研究过程性思路（研究思路）	可逐步培养	实时记录学生的研究过程，可帮助学生回顾、梳理问题解决过程、步骤和方法
智力水平	通过知识的不断积累来提高智力，需要较长时间	有利于家校联通，链接社会实践；通过空间建设、研讨、反思等活动中一系列问题的解决来促进学生智力水平的提升，但仍然需要一定的时间

影响学生问题解决能力发展的因素	不同的教学环境对相关因素产生的影响	
	传统教学环境	网络学习空间支持下的教学环境
学业成绩	知识学习为主，能较快提高学生学业成绩	网络学习空间提供协作学习平台，支持学习者之间合作、探究学习，促进学生实现有意义的学习，有利于学生学业成绩的提升，但提升并不明显
学校教育	无直接影响	无直接影响

上述教学理论支持下的教学活动设计和网络学习空间的设计与应用（表5.1），以及对网络学习空间与六种学生问题解决子能力和影响学生问题解决能力发展因素的作用关系分析，为构建能够培养学生问题解决能力的网络学习空间教学应用模式提供了理论依据。

二　构建培养学生问题解决能力的网络学习空间教学应用模式的实证依据

（一）传统教学环境下培养学生问题解决能力存在的问题

1. 固化的学习环境

传统教学环境以教室为主要交流场所，其学习空间以物理空间为主，开展合作、探究学习的涉及面相对较窄，只能是部分学生（小组内）、一位教师（某门课程活动的组织者）开展固定场所的教与学活动。小组之间、家校之间、教师之间很难形成有效的交流反馈渠道和教与学的共同体，这种学习空间的固化环境严重制约着新课改所倡导的自主、合作与探究学习的开展，不利于培养学生的问题解决能力。

2. 时间和空间的限制

传统教学环境下培养学生的问题解决能力受到了学习时间和空间的极大制约。例如在传统教学环境下组织学生开展研究性学习，经常要求在有限的时间内完成问题解决的任务。显然，课堂40分钟很难完成学习活动，只能将一些任务布置为课外完成。但这种课外任务的完成过程教师无法监控，仅凭中小学生的学习兴趣很难保证课外的学习质量。同时，学生之间的合作受到空间的影响，大部分时间局限在校内，偶尔有一两次课外活动开展研究性学习。因此，时间和空间成为制约传统环境下培养学生问题解决能力的巨大瓶颈。

3. 有限的学习资源

培养学生问题解决能力需要从引导学生理解、辨别问题开始，需要从真实生活、真实问题入手来认识和解决一些问题。因此，学习过程需要大量的资源。然而，传统环境下的学生获取资源的途径十分有限，主要以教师提供为主，学习过程中能够获取的学习资源也十分匮乏（徐耀华，2011；杨椿，2013；王勃然、王立婷，2014）。同时，教师能够给予学生的学习资源也极其有限，学生往往是被动地接受学习资料，不能充分发挥主动性，势必影响学习效果，无形中削弱了学生在寻找学习资料过程中对理解问题、辨别问题能力的培养。

4. 评价过程

教师在传统教学环境下组织学生开展合作、探究学习时，学生在学习经验交流和反思评价环节存在诸多问题。例如：传统教学环境下开展基于项目的学习，学生以小组为单位开展学习活动，却无法灵活交流、共享资源、商讨成果、及时评价，教师对学生的评价也被局限在课堂内，这极大地影响了学生开展自主、合作、探究学习的积极性和发现问题、解决问题的兴趣。

同时，传统教学环境下开展的评价活动属于"一过性"[①] 评价。所谓"一过性"评价，就是指在传统教学环境下特定的教师、教室乃至某一问题情景都会成为展开评价活动的诱因。随着学生离开学校，这些诱因也不复存在，评价活动便很快消失。"一过性"评价会使学生之间的评价流于形式，无法真正触发学生对学习过程的反思和对解决问题的思考，更无法开展针对评价活动本身的评价。

5. 缺乏过程性资料的积累

传统教学环境下，只能大致记录一些师生开展学习活动的成果，例如项目简报、活动图片等，无法记录每个学生参与学习的过程，学生很难回顾自身的学习历程，教师也很难跟踪指导学生的合作、探究学习的

---

① 注："一过性"是一个来自医学界的名词，特指某一临床症状在某种诱因的作用下短时间内一次或数次出现。随着诱因消除，这种症状便很快消失。

过程。因此，不利于学习过程中生成性资源的积累和经验的总结与推广。

（二） 网络学习空间支持学生问题解决能力发展的优势

网络学习空间支持下的教与学克服了传统教学环境下的教学中存在的诸多限制，网络学习空间支持学生问题解决能力发展的优势主要集中体现在四个方面（表 5.5），即：

1. 空间设计

网络学习空间支持下的培养学生问题解决能力教学，需要通过网络学习空间构建虚实结合、联通校内外的教学空间。所谓虚实结合，就是指以网络学习空间为基础，整合学校的各种软、硬件资源，包括通用技术实验室、信息技术实验室、学科实验室等。所谓校内外联通是指学习过程中需要社会、家庭等各个方面的支持。传统教学环境下培养学生问题解决能力的教学，受到校内物理环境的诸多局限，以具体学科的实验室居多，不便于开展校内外软硬件资源的整合利用。

2. 技术支持

网络学习空间教学环境下培养学生问题解决能力，可以得到信息技术、通信技术以及各种通用技术的综合技术支持，构建"网络'学习空间'+"的技术环境。比如：网络学习空间+手机、网络学习空间+平板电脑等移动学习环境，实现正式学习与非正式学习的整合。而传统教学环境下培养学生问题解决能力也需要信息技术等相应技术的支持，但主要以普通多媒体教室结合多媒体设备（投影、电子白板等）为主，新技术、新媒体的整合应用较少。

3. 支持服务

网络学习空间支持下的培养学生问题解决能力教学，能为学生提供各种软硬件的支持，如开源硬件、开源软件等，提供海量的数字资源和协作学习平台，能够以全天候开放、共享的精神为学生的学习提供各种支持与服务。而传统教学环境下培养学生问题解决能力的教学，只能够提供校内教学中常见的媒体和资源。

4. 任务设计

网络学习空间教学环境下培养学生问题解决能力，其任务设计更具有开放性，需要学生根据真实的问题展开学习活动，目的是引导学生创造、发明，多样化地解决问题。而传统教学环境下培养学生问题解决能力，由于实施条件的限制，其问题任务更加具体，虽然也可以围绕真实问题展开学习活动，但学生最终提交的作品相似度较高，任务完成的形式比较单一。比较而言，网络学习空间支持下的培养学生问题解决能力的教学，其任务设计和实现更具有挑战性。

表 5.5　　网络学习空间和传统教学环境下教与学的特征差异对比表

环境 差异	网络学习空间支持下的教与学	传统教学环境下的教与学
空间设计	虚实结合（校、内外）	物理空间（校内）
技术支持	综合技术支持	多媒体技术支持
支持服务	开源硬件、开源软件	多媒体教学硬件、软件
任务设计	真实问题，开放、多样	真实问题，具体、单一

（三）构建网络学习空间教学应用模式的实证依据

针对上述已有研究中发现的诸多问题，本研究将综合以下几个方面来构建旨在培养学生问题解决能力的网络学习空间教学应用模式，构建模式的实证依据主要有：

1. 问题解决的六个阶段

根据中外研究成果，笔者提出了既适合于良构问题的解决也适合于劣构问题解决的问题解决六阶段（图 1.3）。六阶段系统反映了问题解决的过程，为设计应用网络学习空间培养学生问题解决能力的教学活动提供了依据。

2. 应用网络学习空间培养学生问题解决能力的作用分析

网络学习空间作为资源平台可以提供知识与资源的汇聚与存储；作为交流平台可以促进知识的交流与共享；作为教与学的互动平台可以促进知识的创造与生成。在表 5.4 中笔者分析了网络学习空间对于影响学生问题解决能力发展的十一种因素能够产生积极的作用，而这十一种影响因素又分别能够促进学生的六种问题解决子能力的不断发展。因此，有必要探讨教学中如何应用网络学习空间才能发挥其上述教学功能，促进学生问题解决能力的整体提升。图 5.3 显示了应用网络学习空间培养

学生问题解决能力的作用关系。由图可见，合理设计网络学习空间在教

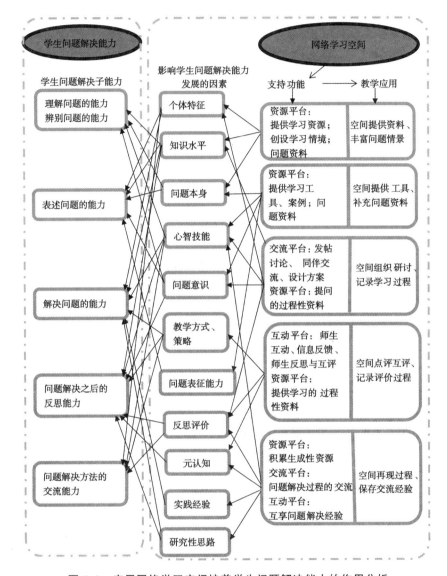

图 5.3 应用网络学习空间培养学生问题解决能力的作用分析

学中的应用方式，有利于充分发挥网络学习空间的多种教学功能，能够
对影响学生问题解决能力发展的因素产生积极的作用，进而促进学生的
六种问题解决子能力的不断发展。网络学习空间的不同功能，可以通过
以下网络学习空间的教学应用来实现：

（1）空间提供资料、丰富问题情景

利用网络学习空间创设资源平台，提供丰富的教学资源，一定程度上消除了家庭环境、性别等个体差异对学生问题解决能力造成的影响，同时增加了学生知识量，并通过大量资料，丰富了问题情景，有助于对影响学生问题解决能力的"个体特征""知识水平"和"问题本身"等因素产生积极的作用。

（2）空间提供工具、补充问题资料

网络学习空间为学生提供相应工具软件，如思维导图等，并提供相应的案例，帮助学生学会利用工具表征问题，有利于学生心智技能与问题意识的逐步发展，并有利于提升学生表征问题的能力。

（3）空间组织讨论、记录学习过程

利用网络学习空间创建交流平台，组织课内外的师生交流与互动，如小组内的发帖与回帖等，同时记录学习的整个过程，有利于学习后期的反思与评价，有助于对影响学生问题解决能力的"个体特征""问题意识""心智技能"和"反思评价"等因素产生积极的作用。

（4）空间点评互评、记录评价过程

利用网络学习空间创建师生互动平台，积极开展组内、组间、课内、课外的学生互评和教师针对学习过程的点评，有利于教师及时调整教学方法和策略。同时记录评价的过程，对评价本身的评价会有助于学生元认知的发展。

（5）空间再现过程、保存交流经验

利用网络学习空间保存学习过程性资料，通过这些资料再现学习过程，并将经验交流的过程再度保存，为进一步学习积累生成性资源，有助于对学生反思能力、元认知、心智技能、实践经验、研究性思路等影响学生问题解决能力发展的诸多因素产生积极的作用。

3. 培养学生问题解决能力的网络学习空间教学应用模式步骤

在明晰了学生问题解决能力的结构构成的基础上，笔者剖析了学生在各种问题解决子能力形成过程中的多种外在行为表征，需要进一步思考：怎样的教学活动才能促使学生产生上述行为呢？为了让学生在学习过程中能够产生有益于问题解决子能力发展的行为，教师应该针对学生问题解决子能力所对应的学生行为设计相应的网络学习空间教学应用步骤，利用网络学习空间促进学生问题解决子能力的培养。

因此，笔者首先对构成学生问题解决能力的六种子能力对应的学生行为抽取关键词，并对这些关键词的教学意义进行分析，结合网络学习空间对学生问题解决子能力培养的支持作用（表5.3）和图5.3分析中所总结的能够发挥网络学习空间各种功能的网络学习空间的教学应用，推导出对应的能够培养学生问题解决各子能力的网络学习空间教学应用步骤（表5.6）。

（1）理解问题的能力所对应的学生行为表现为：能够从资料中发现问题，主动探寻与问题有关的资料和知识。其中，发现问题、探寻资料和知识是学生形成理解问题的能力的关键行为。日本学者本多幸次（2002）[①] 指出，培养学生发现问题的能力需要在大量信息中进行推论，分析各个信息之间的关系和联系，并利用背景知识来理解信息。教师应该根据莱夫（Jean Lave）和萨奇曼（Lucy Suchman）等提出的情境学习理论，为学生提供大量的资料、信息，创设问题情景，有利于学生主动探寻、发现问题。

因此，从理解问题的能力所对应的学生行为表现可推导出网络学习空间的关键应用步骤是："空间提供资料、创设问题情景"。网络学习空间教学应用的第一步迈入了问题解决的第一个阶段：理解问题阶段。

（2）辨别问题的能力所对应的学生行为表现为：能够筛选、评价已获得的信息，简单分析构成问题的要素，提出问题假设，合作探究学习。该能力属于在已有知识基础上心智技能的发展。其中，筛选、评价和提出问题是学生辨别问题能力的关键行为。布鲁纳提出的发现学习程序明确指出，教师的主要任务不是传递知识，而是设计知识的刺激呈现模式，使其能激发学生的学习兴趣，引导学生主动探究、发现知识。教师应该根据奥苏贝尔的先行组织者策略为学生提供"脚手架"，并适度干预学习活动。

因此，从辨别问题的能力所对应的学生行为表现可推导出网络学习空间的关键应用步骤是："空间储备资料、提供问题支架"。这同样也是问题解决的第一个阶段：理解问题阶段。

（3）表述问题的能力所对应的学生行为表现为：能够应用思维导图等工具呈现对问题的理解，在组内清晰表述解决问题的思路。理解、辨别

---

① 杨淑莲：《发展学生问题解决能力的 GBS 学习环境的设计开发与实践》，华南师范大学，2004 年。

问题是表述问题的基础，这三个子能力构成了问题的提出。表述问题要思考如何利用表格、图示、符号或者文字，以及怎样采用不同的表述方式表达同一问题。梅伊尔（R. E. Mayer）[1] 教授指出，教学中一方面应为学生提供表述问题的方法指导，另一方面要为学生提供表述问题的空间，帮助学生保持学习的热情，从交流中获得自信心。根据奥苏贝尔的"学习动机"理论，通过表述问题，学生的内部动机得到了增强。

因此，从表述问题的能力所对应的学生行为表现可推导出网络学习空间的关键应用步骤是："空间提供工具、辅助表征问题"。此时网络学习空间的教学应用迈入了问题解决的第二个阶段：描述问题的阶段。

（4）解决问题的能力所对应的学生行为表现为：集体讨论、选择和使用问题解决方法，能对问题解决的效果进行评述。波利亚认为解决问题的核心是系统设计和诊断问题解决的方法，因此解决问题的能力需要策略和方法[2]。策略精明、方法得当才能事半功倍。教师需要引导学生研讨问题、制订解决方案并实施方案。

因此，从解决问题的能力所对应的学生行为表现推导出网络学习空间的关键应用步骤是："空间组织研讨、设计和实施方案"。网络学习空间教学应用进行到了问题解决的第三、第四、第五个阶段：制订问题解决的方案阶段、选择解决方案策略的阶段、实施问题解决方案的阶段。

（5）问题解决之后的反思能力对应的学生行为表现为：互评问题解决效果，反思问题解决方法，修改学习活动设计，验证新方法。反思是问题解决能力提升的重要环节，是对问题解决效果的分析和评价。反思能力会强化学生思维定式的积极一面，有利于知识的迁移，进而促进学生对同类问题的解决。根据奥苏贝尔的"学习动机"理论，教师应该利用网络学习空间对学生在学习过程中的表现给予及时的反馈与评价，引导学生展开基于网络学习空间的互评活动，使学生充分感受到伙伴或家长的认可与赞许，获得学习的外部动机。

因此，从解决问题之后的反思能力所对应的学生行为表现可推导出

① R. E. Mayer：《教育心理学》，林青山译，台湾远流出版公司1994年版，第232—244页。
② ［美］波利亚：《怎样解题》，涂弘、冯承天译，上海科技教育出版社2007年版，第79页。

网络学习空间的关键应用步骤是："空间组织互评、展示反思方案"。网络学习空间教学应用进入到问题解决的第六个阶段：反思、交流问题阶段。

（6）问题解决方法的交流能力对应的学生行为表现为：阐释思想，表述本组问题解决方法，总结成功经验，分析不足，讨论思考该问题解决方法是否能迁移使用。其中，阐释思想、表述方法和总结经验是学生形成问题解决方法的交流能力的关键行为。

因此，从问题解决方法的交流能力所对应的学生行为表现可以推导出网络学习空间的关键应用步骤是："空间演示过程、总结交流经验"。这也是问题解决的第六个阶段即：反思、交流问题阶段。

笔者在对已有学生问题解决六种子能力所对应的学生行为表现分析的基础上，结合问题解决的六个阶段和网络学习空间的支持作用与应用分析，总结提出了培养学生问题解决能力的网络学习空间教学应用步骤，为构建培养学生问题解决能力的网络学习空间教学应用模式提供了依据（表5.6）。

表 5.6　　　　　培养学生问题解决子能力的网络学习空间

教学应用步骤分析表

问题解决能力的结构构成	学生行为表现	网络学习空间的作用与应用	问题解决的六阶段	网络学习空间教学应用步骤	
理解问题的能力	发现问题：能够从资料中发现问题，主动探寻与问题有关的资料和知识	作用：提供资源平台，支持教师创设问题情景，设计问题支架 应用：空间提供资料、丰富问题背景	理解问题	空间提供资料、创设问题情景	空间创设情景、提供问题支架
辨别问题的能力	描绘问题：能够筛选、评价已获得的信息，简单分析构成问题的要素，提出问题假设，合作探究学习	作用：提供交流平台，支持知识交流，提供研讨平台，创设开放民主的讨论氛围，开展小组研讨问题，聚焦和凝练对问题的理解 应用：空间组织研讨、记录学习过程		空间储备资料、提供问题支架	

续表

问题解决能力的结构构成	学生行为表现	网络学习空间的作用与应用	问题解决的六阶段	网络学习空间教学应用步骤
表述问题的能力	用技术说问题：能够应用思维导图等工具呈现对问题的理解，在组内清晰表述解决问题的思路	作用：提供资源、交流平台，支持知识储备与交流。方便教师为学生提供软件资源，方便学生课外做图表，课内展示、说明问题 应用：空间提供工具、补充问题资料；空间组织研讨、记录学习过程	描述问题	空间提供工具、辅助表征问题
解决问题的能力	选方法、定策略、解决问题：集体讨论、选择和使用问题解决方法，能对问题解决的效果进行评述	作用：提供交流平台，支持学习过程性资源的记录。方便教师提供实时指导、监控问题解决过程，为学生提供课外协作研讨、课内交流的平台，使得小组协作解决问题的过程可视化 应用：空间组织研讨、记录学习过程	制订问题解决的方案 选择解决方案的策略 实施问题解决方案	空间组织研讨、设计实施方案
问题解决之后的反思能力	发帖、互评：互评问题解决效果；反思问题解决方法；修改学习活动设计；验证新方法	作用：提供互动平台，支持师生反思与互动。记录师生评价过程，方便课内回看，支持多元评价，方便教师对学生的发帖和互评进行课堂点评，方便学生修订问题解决方案并阐明思路 应用：空间点评互评、记录评价过程		空间组织互评、展示反思方案
问题解决方法的交流能力	说经验、谈方法：阐释思想，表述本组问题解决方法，总结成功经验，分析不足，讨论思考该问题解决方法是否能迁移使用	作用：提供演示、交流平台，支持知识互动、生成与创造。方便教师为学生介绍相关的软件，方便学生总结本组问题解决经验、再现本组解决问题的过程，展示问题解决成果，实时记录网络研讨过程，积累教学生成性资源 应用：空间再现过程、保存交流过程	反思、交流问题	空间演示过程、总结交流经验

　　基于上述研究，笔者综合问题解决的六个阶段和网络学习空间促进学生问题解决能力提升的作用关系，提出能够培养学生问题解决能力的网络学习空间 DPSC 教学应用步骤（DPSC 即 Develop Problem Solving Capability，"培养问题解决能力"的首字母）（图 5.4），其中蕴含了对学生问题解决能力的六种子能力的培养过程。具体包括五个步骤：

　　步骤一：空间创设情景、提供问题支架

　　网络学习空间的应用在理解问题的能力与辨别问题的能力的培养中所发挥的作用基本相同，均为提供学习资料、创设问题情景、提供问题支架，故而将两种子能力的培养合二为一。统一为："空间创设情景、提供问题支架"。建构主义学习理论指导本研究在师生共同构建学习空间时要充分考虑情境、协作、交流和意义建构四要素，在网络学习空间环境下实施教学。教师在初步建设空间时要利用网络学习空间的资源平台功能，利用多种资源在空间中创设问题情景，仔细分析学科教学目标，结合能力培养目标设计问题支架。帮助学生感知问题，聚焦和凝练对问题的理解，提高学生理解问题与辨别问题的能力。

　　步骤二：空间提供工具、辅助表征问题

　　布鲁纳的发现学习理论指导本研究利用空间的资源平台为学生提供思维导图、鱼骨图以及各种简易图表，以及利用工具表征问题的实例和相关软件，鼓励引导学生发现问题，并学会应用工具表征问题，能够在网络学习空间所提供的平台中阐明思路，提升学生表述问题的能力。

　　步骤三：空间组织研讨、设计实施方案

　　奥苏贝尔的"意义学习"理论指导本研究将接受学习与发现学习有机结合，促进学生认知结构的形成；奥苏贝尔的"动机"理论指导教师采用尊重、肯定、赞许与鼓励来激发学生外部动机。根据不同问题解决的需要，教师需要做好教学活动设计，指导学生选择相应的学习方式开展学习活动（如：基于项目的学习、基于问题的学习、基于任务的学习等）。教师利用网络学习空间构建交流平台，组织学生开展研讨活动，同时对学生的学习活动提供实时指导，监控学生问题解决的过程，为学生提供课内外集体讨论的机会。利用空间记录学习过程性资源，引导学生将学习的过程性资料及时上传网络学习空间，鼓励学生开展组内、组间研讨，设计问题解决方案。利用网络学习空间为学生创设趋同进化学习环境，提供课内外协作研讨、交流的平台，协助学生选方法、定策略、实施方案，最终解决问题。培养学生解决问题的能力。

步骤四：空间组织互评、展示反思方案

利用网络学习空间的记录功能和构建交互平台的优势，教师对学生的发帖和互评进行课堂点评，让学生展示本组修订后的问题解决方案并阐明思路（包括空间反思报告、组内互评、组间互评以及教师课内外评价反馈等），促进学生问题解决之后反思能力的提升。

步骤五：空间演示过程、总结交流经验

利用网络学习空间构建交流、互动平台，组织学生演示本组学习过程，交流心得体会和经验。为学生介绍相关的软件（PPT等），鼓励学生以不同的形式展示本组问题解决的成果，引导学生总结本组问题解决的经验，通过适宜的媒介再现本组解决问题的过程，着重培养学生对问题解决方法的交流能力。

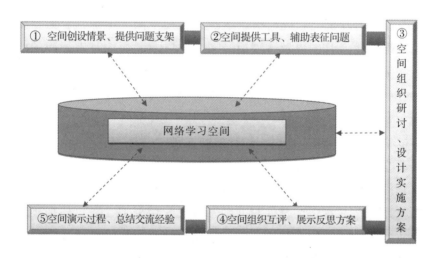

图 5.4　网络学习空间 DPSC 教学应用步骤

将上述三项横向整合，综合考虑、系统分析，能够为构建培养学生问题解决能力的网络学习空间教学应用模式提供实证依据。

三　构建培养学生问题解决能力的网络学习空间教学应用模式

（一）网络学习空间教学应用模式的构建过程

指导思想：本研究将采用理论演绎法，即在教学理论和学习理论的指导下，基于一定的理论基础和实践需要推导出培养学生问题解决能力的网络学习空间教学应用模式，然后在教学实践中开展多轮教学实验，逐步验证和修正，不断完善模式。具体设计步骤如下：

1. 梳理出学生问题解决能力的构成和影响学生问题解决能力发展的因素

研究通过文献梳理出了构成学生问题解决能力的六种子能力和影响学生问题解决能力发展的十一种因素，剖析了网络学习空间对于子能力和影响因素的作用关系，为构建网络学习空间教学应用模式探寻了理论依据。

2. 设计培养学生问题解决能力的网络学习空间教学应用步骤

根据问题解决的过程、学生问题解决能力的结构构成和影响学生问题解决能力发展的因素，分析出学生在六种问题解决子能力的发展中应具备的行为表征，结合网络学习空间对影响学生问题解决能力的十一种因素的积极作用，反思教师的教学，推导出教师教学中应用网络学习空间培养学生问题解决能力的应用步骤，即网络学习空间 DPSC 应用步骤。

3. 构建能够培养学生问题解决能力的网络学习空间教学应用模式

充分考虑网络学习空间对影响学生问题解决能力发展因素的积极作用，结合网络学习空间 DPSC 教学应用步骤和问题解决的六个阶段，即在上述理论依据和实证依据的基础上构建网络学习空间 DPSC 教学应用模式。

4. 网络学习空间 DPSC 教学应用模式的修正

本研究将采用专家访谈和教学实验两种方法对上述模式展开修正。专家访谈采用电话访谈和 E-mail 咨询相结合的方式；教学实验采用行动研究，穿插准实验研究，将所构建的网络学习空间 DPSC 教学应用模式应用于教学实践，根据具体科目设计学生学习活动，在具体的教学实践中通过对学生问题解决能力的行为表现的观察，包括学生网络学习空间行为观察等质性描述和学生问题解决能力测试等量化数据等多个方面来验证模式的有效性，最后根据行动研究结果进一步修正和完善网络学习空间 DPSC 教学应用模式。

（二）网络学习空间 DPSC 教学应用模式的构建

1. 基于网络学习空间 DPSC 教学应用步骤的师生教学行为分析

结合文献研究中提出的问题解决六阶段（图 1.3）、构成问题解决能力的结构（图 1.4）、影响学生问题解决能力发展的因素（图 1.5）、学生问题解决能力的构成描述与学生行为指标（表 5.2），来系统思考怎样的教学才能引发学生问题解决子能力形成中具体的学习行为，而这些行为恰恰是形成学生问题解决能力所必需的。进而结合网络学习空间对培养学生问题解决子能力的支持作用（表 5.3），思考如何应用网络学习空间开展教学活动，才能产生有利于学生问题解决子能力发展的学习行为，如何设计与应用网络学习空间才能发挥其教学功能，对影响学生问题解决能力的因素产生积极的作用，进而促进学生问题解决子能力的发展。因此，能够充分利用网络学习空间，培养学生问题解决子能力的教学应用步骤，必然是促进学生问题解决子能力提升的教学实施步骤。根据上述思路，笔者总结提出了网络学习空间 DPSC 教学应用步骤（图 5.4），网络学习空间 DPSC 教学应用的每一个步骤均能对影响学生问题解决能力发展的十一种因素产生积极的作用（图 5.3），而这十一种因素又会促进构成学生问题解决能力的六种子能力不断发展，最终促进学生问题解决能力的整体提升。

上述网络学习空间 DPSC 教学应用的每一个步骤都是针对问题解决的六阶段和学生问题解决能力的相应行为表现提出的，是构建网络学习空间 DPSC 教学应用模式的主要结构。结合相关理论基础，对网络学习空间的应用支撑（表 5.1），对基于网络学习空间 DPSC 应用步骤的师生教与学的行为，分析如下（注：◆代表教师行为；△代表学生行为）：

（1）空间设计情景、提供问题支架

◆空间提供材料、创设问题情境。

◆结合课程目标，设计问题支架。

△登录空间、查看资料。

△感知、理解、辨别、提出问题。

（2）空间提供工具、辅助表征问题

◆空间创建网站。

◆提供学习资源与学习工具。

△利用工具表述问题。

△空间组内研讨问题。

（3）空间组织研讨、设计实施方案

◆选定学习方式、提供案例。

◆协助设计方案。

◆监控学生空间活动。

△熟悉学习方式。

△空间组内研讨、设计方案。

△实施方案、解决问题。

（4）空间组织互评、展示反思方案

◆监控、点评学习活动。

◆组织学生互评。

◆提供工具，展示成果。

△空间展示成果、阐明解决方案。

△小组反思评价、重构解决方案。

（5）空间演示过程、总结交流经验

◆引导学生再现学习过程。

◆组织空间研讨、互评。

◆课内外经验交流。

△空间呈现学习过程、陈述思路和方法。

△研讨、互评；经验交流。

2. 构建培养学生问题解决能力的网络学习空间 DPSC 教学应用模式

参照钟志贤提出的可将教学模式视为一种教学程序、相对稳定的教学步骤，教师可以依据教学模式开展教学活动，提升教学效果。[①] 本研究亦将网络学习空间的教学应用模式视为一种相对稳定的教学应用程序，构建的教学应用模式能够反映网络学习空间培养学生问题解决能力的教学应用步骤，可以为教师呈现在实际教学中培养学生问题解决能力的网络学习空间的稳定应用方法和过程。因此，网络学习空间教学应用模式主要由能够培养学生问题解决能力的关键的教学应用步骤构成，结合构建网络学习空间教学应用模式的理论基础（表5.1），总结提出培养学生问题解决能力的网络学习空间 DPSC 教学应用模式的五个主要环节：

（1）空间创设情景、提供问题支架
（2）空间提供工具、辅助表征问题
（3）空间组织研讨、设计实施方案
（4）空间组织互评、展示反思方案
（5）空间演示过程、总结交流经验

这五个网络学习空间教学应用环节反映了培养学生问题解决能力教学的基本过程和学生问题解决能力发展的基本规律。每个应用环节都在相应的理论基础支撑下，针对学生问题解决能力的六个子能力而展开教学活动，具体包括：

环节（1）以建构主义学习理论为基础，应用网络学习空间提供大量资料、创设学习情景，让学生在情境中协作学习，为学生设计问题支架，优化刺激呈现的模式。教师利用奥苏贝尔的先行组织者策略，课前利用网络学习空间呈现声音、文本、图像等多媒体素材为学习者提供关于新知识的概要，帮助学生理解问题，使学生逐步形成问题意识。该环节主要培养学生理解问题的能力和辨别问题的能力。

环节（2）以布鲁纳的发现学习理论为基础，应用网络学习空间呈现与问题相关的学习材料，引导学生自主发现问题，通过网络学习空间提供相应的技术工具和使用指南，辅助学生理解和表述问题。该环节主要培养学生表述问题的能力。

环节（3）以杜威的实用教育理论为基础，指导教师应用网络学习

---

① 钟志贤：《信息化教学模式》，北京师范大学出版社 2006 年版，第 77—128 页。

空间联系课堂内外，促进家校协同学习，组织学生开展网络研讨，从解决问题方案的设计、研讨到实施方案直至解决问题，帮助学生掌握系统的问题解决方法和过程。该环节主要培养学生解决问题的能力。

环节（4）根据奥苏贝尔的动机理论，教师要利用网络学习空间对学生在学习过程中的表现给予及时的反馈与评价，引导学生展开基于网络学习空间的互评活动，使学生充分感受到伙伴或家长的认可与赞许，采用尊重、肯定、赞许与鼓励来激发学生外部动机。要合理设计任务或引导学生发现问题，引发学生求知的欲望和探究的心理倾向，激发学生的内部动机。利用网络学习空间的教学功能，支持学生展开课堂内外的积极研讨和反思活动。该环节主要培养学生问题解决之后的反思能力。

环节（5）根据奥苏贝尔的意义学习理论，教师帮助学生利用网络学习空间和不同的新技术、新媒体来展现自己解决问题的过程和经验，这种思考、总结、交流知识的过程是学生将新知识与自己的认知结构联系起来的过程，也正是有意义学习的过程。因此，该环节主要培养学生对问题解决方法的交流能力。

在实际教学中，学生问题解决能力的发展并不是孤立的，六种子能是交融递进逐步发展的，而我们研究中所关注的只是每个教学过程中主要培养的子能力，因而在实际教学中应将五个环节视为一个整体，来综合考虑在培养学生的问题解决能力过程中网络学习空间的应用方法和策略。

本研究所构建的网络学习空间 DPSC 教学应用模式详见图 5.5。

3. 网络学习空间 DPSC 教学应用模式的验证与修正

本研究采用专家函询和教学实践来修正和校验模式。首先针对初步构建的网络学习空间 DPSC 教学应用模式进行专家函询，主要采用电话、QQ 交谈和 E-mail 等方式与多位专家展开交流，通过对专家意见的汇总和吸收意见来初步修订模式。

（1）选定专家

本研究分别从教育学、心理学、教育技术学领域各选取 3 位专家，并在中小学选取在新课程改革方面具有教学实践经验的学科教师 6 人，共计 15 人。

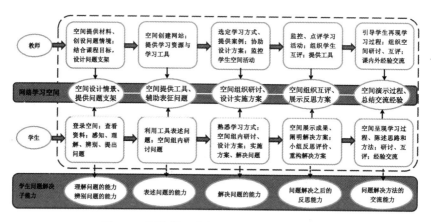

图 5.5　网络学习空间 DPSC 教学应用模式

（2）设计与实施访谈

笔者基于模式的核心——网络学习空间 DPSC 教学应用步骤及其描述设计了访谈工具，用以收集专家意见，主要征询网络学习空间 DPSC 教学应用步骤及其描述的合理性，希望专家从自身专业的角度出发提出改进意见。

（3）专家反馈意见

15 位专家对本研究所构建的网络学习空间 DPSC 教学应用模式均比较认可，认为该模式能够清晰地展示网络教学环境下培养学生问题解决能力的教学过程，体现对构成问题解决能力各子能力的培养，有利于教师围绕培养学生问题解决能力这个核心目标展开学科教学。同时，专家们提出了宝贵的修改意见，指出因为该模式是基于网络学习空间环境下设计实施的，网络学习空间本身并不能引发教与学的变革，只有网络学习空间的合理应用才能促进教学改革，故而建议删除步骤描述中的"空间"两个字，意为强调不是网络学习空间能干什么，而是网络学习空间的应用能提升学生的问题解决能力。同时要求对每个步骤中的师生活动进行凝练，要聚焦构成学生问题解决能力的六种子能力的培养。笔者整理、借鉴专家反馈建议，对模式的教学步骤及其描述做如下修订：

修订步骤一：将"空间创设情景、提供问题支架"修改为"选材料—创情景、提支架-引问题"。该步骤的主要任务是教师围绕学科教学目标和能力培养目标，收集整理大量的学习资料，为学生尽可能地创设丰富的问题情景，设计能够引导学生发现问题的问题支架，引发学生对某一类问题的兴趣。而空间设计是下一环节的教学任务，故而删除。修改后的步骤一凸显了本环节的主要内容，目标清晰可见。

修订步骤二："空间提供工具、辅助表征问题"，修改为"建网站-提工具、说问题-表思路"，体现了师生共建网站的思路。一方面通过网站的资源平台功能为学生提供相关工具，例如：思维导图、鱼骨图等，使学生学会应用工具来表征问题。另一方面，要求学生利用网站表述自己发现的问题，表述自己对问题的理解和思路。步骤二的修订进一步强化了对学生表述问题能力的培养。

修订步骤三："空间组织研讨、设计实施方案"，修改为"选方式-定方案、解问题-控过程"。修改后的步骤三，一方面反映教师应根据所需课程教学内容的需要和所解决问题的不同，指导学生选择相宜的研究性学习方式，比如基于问题的学习、基于项目的学习、基于任务的学习等，同时，教师选定学习方式后要为学生提供相关研究性学习的案例，帮助学生熟悉不同学习方式的关键环节，指导学生选择适宜的学习策略，顺利开展研究性学习活动。另一方面教师要协助学生设计问题解决方案、开展课内外研讨，实施方案并解决问题。

其中将教师活动"协助设计方案"改为"提供策略指导"，弱化了教师参与学生方案制订的过程，强调了教师给予学生学习方式与策略的指导，尽量使学生学会学习。

将教师活动"监控学生空间活动"改为"参与学生空间研讨"，进一步强调了教师在教学步骤三中的辅助地位，为学生解决问题子能力的发展给足了空间。同时强调教师对学生问题解决过程的监控，要能够及时给予学生反馈，帮扶学生朝着问题解决的正确方向发展。

修订步骤四："空间组织互评、展示反思方案"，修改为"展成果-互评价、重反思-改方案"。网络学习空间可以很好地支持成果展示，突破时空的限制，方便师生课堂内外互相观摩与评价。学生反思行为的最直接表现就是修订方案。同时，明确指出教师应该提供方便学生展示成果的技术工具，可提供多样化的工具，以便于学生根据需要灵活选择。因此，修订后的步骤四能够凸显出成果、互评、反思、新方案四个要素。

　　修订步骤五：将"空间演示过程、总结交流经验"修改为"演过程-说方法、谈问题-通经验"。要求教师引导学生演示本组问题解决的过程（体现学生对问题解决过程的自主监控），表述本组解决问题的方法，互谈问题解决过程中遇到的新问题，总结经验，互通有无，进一步明确了步骤五应该完成的任务。

　　受访专家指出，每个教学步骤对应问题解决能力中某一子能力的培养只是相对而言，并不是严格划分的，模型步骤描述中需要提炼出主要培养的能力，如：第一步应该培养理解与辨别问题的能力，同时也有反思能力锻炼，但不是第一步骤的主要任务。第五步主要培养学生交流问题解决方法的能力，虽然也有其他能力的发展，但主要以交流问题的能力为主，每个教学步骤的描述应尽量聚焦，以便于后期的教学实施。同时指出，随着教学的不断深入，教师的干预行为应该逐步减少，而学生自主学习行为应该逐步增加，建议在模型修订中体现上述思想（模式中增加了子能力交融发展标示——）。同时，受访专家对步骤中教师和学生的具体活动描述也做了细致的推敲，指出将教师利用网络学习空间开展活动和学生利用网络学习空间开展活动的单项箭头，改为双箭头，以突出网络学习空间的应用与师生开展教与学活动的双向交互关系。

　　根据专家反馈意见，对网络学习空间 DPSC 教学应用模式修订如图5.6 所示（注：加下划线为修订内容）。

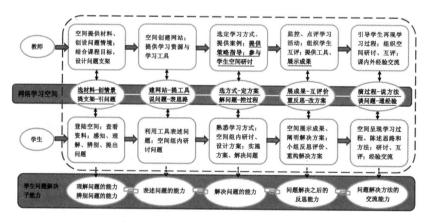

图 5.6　网络学习空间 DPSC 教学应用模式（专家修订）

模式修改后的具体教学步骤描述：

（注：◆代表教师行为；△代表学生行为；粗字体即为改动部分）

（1）**选材料—创情景、提支架—引问题**

◆空间提供材料、创设问题情境。

◆结合课程目标、设计问题支架。

△登录空间、查看资料。

△感知、理解、辨别、提出问题。

（2）**建网站—提工具、说问题—表思路**

◆空间创建网站。

◆提供学习资源与学习工具。

△利用工具表述问题。

△空间组内研讨问题。

（3）**选方式—定方案、解问题—控过程**

◆选定学习方式、提供案例。

◆为学生提供学习案例。

◆**为学生提供策略指导。**

◆**参与学生空间研讨。**

△熟悉学习方式。

△空间组内研讨、设计方案。

△实施方案、解决问题。

（4）**展成果—互评价、重反思—改方案**

◆监控、点评学习活动。

◆组织学生互评。

◆**提供工具，展示成果。**

△学生空间展示成果。

△学生空间阐明解决方案。

△小组反思评价。

△重构解决方案。

（5）**演过程—说方法、谈问题—通经验**

◆引导学生再现学习过程。

◆组织空间研讨、互评。

◆课内外经验交流。

△空间呈现学习过程、陈述思路和方法。

△研讨、互评，经验交流。

4. 网络学习空间 DPSC 教学应用模式的教学应用三要素

欲将网络学习空间 DPSC 教学应用模式应用于教学实践，需要把握该模式教学应用的三要素：培养目标、应用程序和实施策略（表 5.7）。模式中构建的每一个教学实施程序（步骤）都是针对一个或几个培养目标展开的，模式实施策略着重考虑教与学中教师和学生的活动设计以及网络学习空间的设计应用。

（1）选材料—创情景、提支架—引问题——培养学生理解问题的能力和辨别问题的能力

教师根据学科教学目标，结合问题解决能力培养目标，在网络学习空间中创建学习所需的资源网站，收集上传大量学习资料，为学生创设问题情景，并有意识地提供一些便于学生理解的问题支架。学生登录空间后一边学习资料、一边发现问题，并在小组内提出问题，展开讨论。这个过程主要培养学生理解问题的能力和辨别问题的能力，逐步培养问题意识。

（2）建网站—提工具、说问题—表思路——培养学生表述问题的能力

教师邀请学生在网络学习空间里共同建设学习网站，学生小组内讨论问题，并能应用工具阐明本组所要研究的问题。网络学习空间为学生提供了随时交流的平台，学生在网络上查找资料，在空间展开研讨，学生表述问题的能力在网络研讨中逐步培养。

（3）选方式—定方案、解问题—控过程——培养学生解决问题的能力

教师给予每组学生学习方法的指导，根据学习内容选择适宜的研究性学习方式，协助每个小组根据《网络学习空间学习计划表》制订出学习活动实施方案。学生组内协商分工，明确各自任务、查阅相关资料、组间（内）空间研讨，完成任务、整理成果，以多种方式呈现成果。学生会遇到一系列相关的问题，每个学生遇到的困难不尽相同，都可以通过网络学习空间来共享资源，互助解决问题。学生甚至可以引入

第三方的援助，例如学生家长参与到问题解决中来，协助学生克服困难，完成任务。在方案的具体实施过程中，学生的问题解决能力将逐步发展。

（4）展成果—互评价、重反思—改方案——培养学生问题解决之后的反思能力

学生在网络学习空间中分组展示成果，小组内、小组间展开反思与互评，并重构各组解决方案。网络学习空间为学生提供了自评与互评的平台，教师适时给予监控与点评，学生自评与互评的过程正是反思能力的形成过程。

（5）演过程—说方法、谈问题—通经验——培养学生问题解决方法的交流能力

教师引导学生学会利用工具，包括网络学习空间等平台再现本组问题解决的过程，同时能阐述本组问题解决的方法，利用空间展开交流，在教师和学习伙伴的评述中反思，总结本组问题解决的经验，体会其他小组问题解决的长处。网络学习空间为学生反思方法、交流经验提供了便利的条件，学生可以利用大量的课余时间在学校或家庭中登录网络学习空间开展交流，逐步提升问题解决方法的交流能力。

表 5.7　　　　网络学习空间 DPSC 教学应用模式教学应用三要素

培养目标		应用程序（步骤）	实施策略		
学科目标	能力目标		教师教学策略	学生学习策略	网络学习空间教学应用策略
三维目标	理解问题的能力	选材料–创情景、提支架–引问题	*空间创建资源网站 *综合双目标设计活动目标 *提供适宜的问题支架	*学习材料、发现问题 *思考讨论、提出问题	同一门课，不同教师共建资源网站
	辨别问题的能力				
	表述问题的能力	建网站–提工具、说问题–表思路	*邀请学生共建专题学习网站 *为学生介绍技术工具（思维可视化工具等）	*交流研讨，应用工具表述问题	师生共建学习网站

续表

培养目标		应用程序（步骤）	实施策略		
学科目标	能力目标		教师教学策略	学生学习策略	网络学习空间教学应用策略
三维目标	解决问题的能力	选方式-定方案、解问题-控过程	* 提供学生解决问题的相关研究性学习方式与策略 * 提供方法指导，协助制订方案 * 提出成果呈现要求	* 组内研讨问题解决方案 * 组内协商分工，明确各自任务 * 查阅相关资料 * 组间（内）空间研讨，实施方案	根据所选学习方式设计网站结构；各小组及时整理、保存空间学习的过程性资料
	问题解决之后的反思能力	展成果-互评价、重反思-改方案	* 教师实时点评 * 总结提升经验	* 分组展示成果，并阐明实施思路 * 学生自评与互评 * 修订方案 * 撰写学习心得	课外线上讨论（发帖等）、课内分析（课堂登录空间分析）
	问题解决方法的交流能力	演过程-说方法、谈问题-通经验	* 教师反思自身教学设计 * 帮助学生总结经验	* 再现问题解决过程	课外线上讨论（发帖等）、课内分析（课堂登录空间分析）

（三）网络学习空间 DPSC 教学应用模式的特点

本研究构建的网络学习空间 DPSC 教学应用模式较之其他培养问题解决能力的教学模式而言，充分发挥了网络平台的功能，弥补了传统教学环境下培养学生问题解决能力教学中存在的弊端，强调对学生问题解决能力中各种子能力的培养。利用网络学习空间教学应用模式开展的研究性学习，将日常学科教学与学生问题解决能力的培养紧密结合。同时，网络学习空间教学应用模式中的主要步骤反映了学生问题解决能力的培养规律。具体而言，网络学习空间 DPSC 教学应用模式主要具备以下特点：

1. 双目标性

网络学习空间 DPSC 教学应用模式在达成学科目标的同时，凸显学生问题解决能力的培养目标，具有双目标性。突破了传统教学环境中培训学生问题解决能力与具体学科相脱节的局限，达到将学生认知与能力发展同步提升的高级层次。在模式的演绎形成中综合考虑了影响学生问题解决能力发展的因素、问题解决能力的结构构成、学生形成相应子能力的行为表征以及网络学习空间 DPSC 教学应用步骤等多方面因素。该模式能够促使学生问题解决能力的培养融入到具体学科教学之中，有利于实现学生问题解决能力培养的常态化。

2. 技术性

网络学习空间 DPSC 教学应用模式以网络学习空间为技术基础，充分发挥了技术的作用来优化教学过程，有了这个平台，犹如为培养学生问题解决能力教学插上了翅膀。网络学习空间 DPSC 教学设计更加灵活，创设的学习情境更加生动，学生具有更多的学习自主性，学习活动的设计与实施更加方便，学习过程中生成性资料更多，学习成果、学习经验的交流超越时空限制。基于该模式的教与学，沐浴在"云服务"的阳光下，共享教育资源，为创新教学方法创设了广阔的天地。

3. 常规性

网络学习空间 DPSC 教学应用模式的演绎形成过程遵循了教学模式构建的普遍规律，跳出了专项设计培训课程培养学生问题解决能力的思路。因此，模式的设计适宜于初中日常教学应用，例如数学、语文、英语、化学等课程均可尝试在常规教学活动中应用该模式开展培养学生问题解决能力的学科教学，这也正是构建网络学习空间 DPSC 教学应用模式的意义所在。然而，如果要使该模式能够常态化应用于学科教学，本研究需要进一步考虑模式在日常教学中跨学科应用的策略和方法，充分挖掘模式应用的适宜性。显然，该模式适合于真实问题的解决，基于项目、基于任务的学习，尤其是针对劣构问题解决的学习。

四　基于网络学习空间 DPSC 教学应用模式的教学活动设计

根据专家反馈意见初步修正模式之后，需要进一步在教学实践中来验证和完善旨在培养学生问题解决能力的网络学习空间 DPSC 教学应用模式。该模式在教学中的应用需要通过相应的教学活动和学习活动来体现。中国思想家们普遍推崇"知行合一"，朱熹提出"论先后，当以致知为先；论轻重，当以力行为重"，意为教学中应以"认知"为先，"实践"

为重，所谓"行"就是"活动"，是人类生存与发展的基本形式。① 因此，本研究将根据已经构建的网络学习空间 DPSC 教学应用模式，在教学实践中指导不同学科教师设计教与学的具体活动，使学习者通过学习活动达成目标，教与学的活动步骤体现了网络学习空间的教学应用步骤。

（一） 基于网络学习空间 DPSC 教学应用模式的教学活动设计要素

教与学的活动设计是应用网络学习空间教学应用模式实施教学活动的重要一环。杨开城教授在《教学设计——一种技术学的视角》一书中将学习活动分为学习目标、活动任务、交互过程、学习成果、学习资源和工具、活动规则等六个要素②。吴亚婕博士在其博士论文《网络环境下大学生批判性思维培养研究》一文中，分析了大量学者和一系列项目成果中关于学习活动要素的观点，并以北京师范大学远程教育中心对学习活动要素的界定为基础，修订提出了教学活动四要素③：活动目的、活动时间、活动步骤、活动评价。在其研究的基础之上，笔者考虑到基于网络学习空间的教学活动，既有师生教与学的双向活动，又有网络学习空间的师生共建的因素，因此，提出了基于网络学习空间 DPSC 应用模式的教与学活动五要素，即活动目标、活动时间、活动步骤、活动评价、网络学习空间设计。

1. 活动目标

活动目标是基于网络学习空间培养学生问题解决能力的普遍性的、统一性的、终极性的宗旨，具体到某一学科就需要通过活动目标求得最终体现。要将课程活动目标与培养学生问题解决能力的目标统一起来，并将目标内涵的精神贯穿于各个具体目标之中。

2. 活动时间

活动时间是指学生完成一次网络学习空间学习所需要的时间。学生问题解决能力的提升需要一个过程，而且需要多次学习才能初显成效，因此网络学习空间教学活动时间设计不能太短，也不能太长，一个学期

---

① 活动理论 ［EB/OL］. http：//baike. baidu. com/view/2935299. htm？ fr = Aladdin，2015 - 11-28。

② 杨开城：《教学设计——一种技术学的视角》，电子工业出版社 2010 年版，第 67 页。

③ 吴亚婕：《网络环境下大学生批判性思维培养研究》，北京师范大学，2013 年。

开展 2—3 次活动为宜，每次活动的时间为 4—6 周为宜。

3. 活动步骤

活动步骤是指学生在网络学习空间中为完成某一项学习任务所要开展的工作环节，也正是所构建的网络学习空间 DPSC 应用模式中的教学应用步骤。具体活动步骤设计要考虑所选定的研究性学习方式，基于问题的学习、基于项目的学习等在具体的活动步骤设计方面会有一定的差异。

4. 活动评价

活动评价要辐射到两个方面：一方面是学生基于网络学习空间开展学习活动的评价与改进，以期能够更好完成学科教学目标，同时促进学生问题解决能力的提升；另一方面是对所构建模式的教学活动的设计评价与改进，通过教学实践与反思对已构建的教学应用模式和教学活动不断进行修正。

5. 网络学习空间的设计

本研究依托兰州市城关区教育局的网络学习空间平台，开展空间应用模式的教学实验活动。因此，网络学习空间是开展本研究的基础，也是师生开展基于网络学习空间教与学活动的平台，师生共建网络学习空间成为活动设计的重要要素之一。网络学习空间中学习网站的设计要充分考虑研究性学习方式的活动步骤，反映培养学生问题解决能力的实施步骤，为师生交流创造平台，合理设计师生讨论、发布成果、评价反思、交流经验等活动，充分发挥网络学习空间不受时空限制的特点，以便于培养每个学生的创造能力和问题解决能力。

（二）基于网络学习空间 DPSC 教学应用模式的教学活动设计

1. 活动目标设计

设计基于网络学习空间 DPSC 教学应用模式的教与学的活动目标，必须明确实施的结果和意义，要与学生的学习实践相联系，以真实的学习情境激发学生主动学习的积极性。活动目标中蕴含着具体的学习目标，因此，活动目标设计要将培养学生问题解决能力的目标与具体课程目标相结合，要求教师设计学习目标的同时必须融入学生问题解决能力的培养要素，要将培养学生理解问题、辨别问题、表述问题、解决问题、反思问题以及交流问题解决方法的能力设计到具体的学习活动中，在达成课程目标的同时培养上述问题解决能力的六种子能力，以达到培养学生问题解决能力的总目的。

2. 活动时间设计

DPSC 教学活动时间要根据活动目标来设计，一个目标可以由一个学习活动（也可以是多个学习活动）来完成，或者通过一个学习活动的完成来实现多个活动目标。活动时间不能太长也不能太短，太长学生容易拖沓，太短完成不了任务。主要分为两个方面的活动时间，一方面是课外登录网络学习空间的活动时间，另一方面是课内学习交流、展示的时间。教师要根据学习活动的复杂程度，合理安排这两方面的时间。课外活动以"日"为单位，例如项目准备阶段可设计为 1—2 天。课内活动以"分钟"为单位，如课堂学生的活动时间设计为 35 分钟，要为教师总结留出 10 分钟时间。根据不同的课程，教师可根据上述原则灵活设计互动时间。

3. 活动步骤设计

（1）活动步骤与学生行为

DPSC 教学活动步骤的设计是教学设计的核心也是难点，活动步骤与活动目标相一致，是达成活动目标的具体过程。网络学习空间 DPSC 教学活动步骤对应学生问题解决能力中不同子能力的培养过程，同时内含具体课程的学科教学目标。因此，教师在 DPSC 教学活动步骤设计中要应用行为动词重点描述可观测的学生学习行为，如发现、探寻、提出等。同时，每一个基于网络学习空间 DPSC 教学应用模式的教学活动步骤和相应的学生行为表征都有相应的理论基础来支撑（详见表 5.8）。

表 5.8   DPSC 教学活动步骤与学生行为描述

DPSC 教学活动步骤	步骤描述	重点观测的学生行为	理论基础
选材料-创情景、提支架-引问题	教师在空间创建网站，并上传大量学习材料、创设问题情境。结合课程目标，设计问题支架，帮助学生感知、理解、辨别、提出问题	能主动探寻与问题有关的资料和知识，列出所发现的问题	建构主义学习理论、杜威的实用教育理论
建网站-提工具、说问题-表思路	师生共同建设专题网站、制定分组策略、选择技术工具、引导学生利用工具表述问题。	筛选、评价已获得的信息，简单分析构成问题的要素，阐述问题假设，合作探究相关资料 应用思维导图以及图表形式呈现对问题的理解，在小组内清晰表述解决问题的思路	奥苏贝尔先行组织者策略

续表

DPSC 教学活动步骤	步骤描述	重点观测的学生行为	理论基础
选方式-定方案、解问题-控过程	师生网络研讨，选定研究性学习方式，为学生提供学习策略指导 协助学生设计方案，参与学生空间研讨、实施方案，监控学生的空间研讨、解决问题的过程	集体讨论、选择和使用问题解决方法，完成既定目标	奥苏贝尔意义学习理论 布鲁纳的发现学习理论
展成果-互评价、重反思-改方案	学生展示成果、阐明解决方案，教师监控，点评学习活动，小组自评与互评，重构解决方案	展示成果；组内（间）互评问题解决效果；反思问题解决方法、阐明思路；修改学习活动设计	奥苏贝尔动机理论、布鲁纳的发现学习理论
演过程-说方法、谈问题-通经验	引导学生使用工具再现学习过程、空间陈述思路和方法 师生空间研讨、互评 课内外经验交流	利用网络学习空间阐明思想，表述本组问题解决方法及过程，总结成功经验，分析、说明不足	奥苏贝尔动机理论

（2）DPSC 教学活动设计指导

教师在教学活动中要设计合理的支架，帮助学生展开学习，应用一定的策略，辅导学生快速进入学习状态，可以通过适时的提问、正确引导讨论、合理的角色分配来完成。

①DPSC 教学活动中的提问要围绕培养学生问题解决能力这一核心任务展开，在具体的教学步骤中隐含着对学生问题解决能力各个子能力的培养过程。教师在适合的时间通过提问的手段引导学生展开思考，同时加入提示，针对每组学生开展学习活动的不同情况给予提示，使学生更加容易开展学习，降低认知难度。

②DPSC 教学活动角色分配。乔纳森·H. 特纳研究指出，角色用来反映社会、个体之间的互动行为和关系[①]。小组成员之间明确的角色分配有利于提高协作对话的质量[②]（胡勇，李美凤，2012）。Pena-Shaff. j. b 和

---

① ［美］乔纳森·H. 特纳：《社会学的理论结构》，邱泽奇、张茂元译，华夏出版社 2006 年版，第 162 页。

② 胡勇、李美凤：《基于协作脚本角色设计及其对协作学习网络影响初探》，《电化教育研究》2012 年第 1 期。

尼科尔斯将角色分为促进者、观察者、评价者、组织者和呈现者[①]。我国学者赵建华将角色分为提案者、反对者、监督者和概括者[②]。

　　由于本项研究中的学生问题解决能力由理解、辨别、表述、解决、反思、交流问题六种子能力构成，问题解决能力的结构构成也体现了学生问题解决能力的发展过程。学生在交流讨论时要能够对比、判断、阐述、呈现作品，反思和交流心得、经验。学生查找大量资料，通过对比理解并凝练问题；表述问题解决方案；小组合作完成任务，解决问题；反思并阐明小组解决问题的思路；交流经验和心得。因此，本研究建议参与网络学习空间 DPSC 教学应用实践的教师在活动设计中要注重引导学生创设以下四种角色：

　　a. 讨论发起者。负责组织小组成员开展讨论活动，通过发起话题、提供建议来促使学生展开积极的讨论，同时负责在讨论结束时做总结。可以是教师和组内一位同学共同担任该角色。

　　b. 督促者。每组要配置一个督促人的角色，负责监控小组成员参与活动的情况，及时向教师反馈活动开展的情况和存在的困难。

　　c. 发言者。这是一个小组中所占比例最大的角色，每个发言人需要陈述清楚自己的观点并随时收集资料和信息来支撑自己或伙伴的观点。

　　d. 纠察员。负责分析比较小组成员的观点和意见，提出疑问，要求成员给予论证，可将讨论引向深入。组内所有同学均可担任该角色。

　　开展 DPSC 教学活动时，建议以 4—6 人为一个小组分配角色，每种角色随着学习项目的变化可以调整，最好使每个学生均有机会体验不同的角色。为防止部分学生在小组讨论中出现躲避和潜水，督促者必须关注每一位成员的行为，并予以及时提醒。在小组角色分配时需要对每种角色的责任和行为做详细的介绍，要求讨论发起者首次提出问题时，每位小组成员均要作为发言者给予回答，多次回答时不能与前面的回答简单重复。要明确告知学生每个角色的表现将纳入学生成绩评定，可将学生讨论成绩占总成绩的 30%，以刺激学生开展积极有效的讨论活动。

　　③DPSC 教学活动讨论引导。讨论引导是促使学生展开组内（间）

---

　　① Pena-Shaff, J. B. , Nichols, C. . Analyzing student interactions and meaning construction in computer bulletin board discussions ［J］. Computer Education 2004（42）：243-265.

　　② 赵建华：《计算机支持的协作学习》，上海教育出版社 2006 年版，第 256 页。

讨论的引擎，教师须规范学生的讨论活动。为防止讨论成为一种形式，教师需要根据以下流程来设计和引导讨论：

a. 讨论发起者根据教师提供的问题支架，提出讨论议题，组织本组成员展开讨论，研讨设立解决某一问题的项目和执行计划。

b. 组内每个同学均可以纠察员的身份质疑其他同学提出的观点和问题。

c. 每个发言者须为自己的观点提供支撑证据。（b、c 反复进行）

d. 讨论发起者描述不同意见。

e. 发言者、纠察员各自陈述讨论思考后的意见。

f. 收集资料支撑观点，展开互评。

g. 互找共同点，协商统一观点。

h. 讨论发起者总结小组意见。

（3）DPSC 教学活动评价设计

米勒·林和格兰隆德（2009）研究认为，[1] 通过评价来回答"这个人表现如何？"的问题，既有测量形式的量化描述，又有非测量的质性描述。威金斯（1998）认为，评价不能只停留在对学生表现的了解层面，更应该通过评价改进学生的表现。对 DPSC 教学活动的评价可通过成果评价与过程评价两个方面来进行。本研究参照 Goldfinch 量规设计小组内学生互评表，来辅助完成学生活动评价[2]。

表 5.9　　　　　　　　　　小组成员互评表（第 * 组）

小组学生	A				B				C				D			
评分人	A	B	C	D	A	B	C	D	A	B	C	D	A	B	C	D
搜集资料提出问题	20	20	15	15	15	20	10	15	15	20	20	25	10	15	20	20
空间研讨制订方案	15	-10	15	10	15	15	15	15	10	15	15	10	15	15	0	15
完成任务呈现成果	15	15	20	0	20	15	20	20	15	10	10	10	20	10	10	10
展示成果空间互评	10	15	20	10	15	15	10	10	10	15	10	10	15	15	15	20

① 李坤崇：《教学评估——多种评价工具的设计及应用》，华东师范大学出版社 2011 年版，第 34—69 页。

② 王陆主编：《虚拟学习社区原理与应用》，高等教育出版社 2004 年版，第 45 页。

续表

小组学生	A				B				C				D			
修订方案 交流经验	20	10	15	15	10	20	20	15	15	15	15	10	10	10	10	15
得　分	80	50	85	50	75	90	75	75	50	70	70	70	70	65	55	80
平均得分	66.3				78.8				65				67.5			
备　注	评分标准：组内贡献突出，得 20 分；组内贡献良好，得 15 分；组内贡献较少，得 10 分；组内没有贡献，得 0 分；影响了小组任务完成，扣 10 分（-10）。															

说明：以表 5.9 为例说明小组成员互评表的设计和应用。

　　A、B、C、D 代表第一组四位同学分别在五个 DPSC 教学活动环节中展开自评和互评的数据汇总。不同分值代表学生在活动中的表现等级。从表中数据可以得出该小组每人均要打分，包括评价自己在学习中的表现。学生在 DPSC 教学活动中的主要学习行为表征为五个方面，即"收集资料、提出问题""空间研讨、制订方案""完成任务、呈现成果""展示成果、空间互评""修订方案、交流经验"。对学生的表现评价分为五个维度，分别为：在小组活动中做出突出贡献（20 分）、在小组活动中贡献良好（15 分）、小组内贡献较少（10 分）、小组内没有贡献（0 分）、影响了小组任务的完成（-10 分）。

　　假设教师给予第一组学生的学习成果评分 80 分，如表 5.9 所示，将作为学生总评成绩的 50%，纳入学生成绩评定，另外 50% 由学生自评和互评分值来决定。所以，表 5.9 中学生 A 的最终得分为：80 * 0.5+66.3 * 0.5 = 73.2；学生 B 的最终得分为：80 * 0.5+78.8 * 0.5 = 79.4；学生 C 的最终得分为 80 * 0.5+65 * 0.5 = 72.5；学生 D 的最终得分为：80 * 0.5+67.5 * 0.5 = 73.8。可见，同一个小组内的互评、自评将直接影响学生的最终成绩评定。这种评价方式有效地将小组问题解决成绩与学生自我表现相结合。开展教学活动伊始，教师就应该让学生明白学习活动的评价方式，有利于学生明白自己在小组学习中该干什么，怎样参与学习，能够一定程度地消除学生之间的推诿、依靠心理。

　　4. 基于网络学习空间 DPSC 教学应用模式的教学活动设计特点

　　网络学习空间 DPSC 教学应用模式的教学设计特点鲜明，与传统教学环境下的教学设计有着诸多不同（表 5.10）。

（1）设计的自主性

传统教学设计中学习活动实施方案的设计主体是教师，教师提前为学生设计好实施方案，然后组织学生实施方案、开展学习活动。而网络学习空间 DPSC 教学设计的特点之一就是自主性，学生成为活动实施方案的设计主体。学生根据教师提供的学习材料和问题支架，分小组自主凝练主题、理解和辨别问题，向组内学习伙伴陈述自己发现的问题、协作设计实施方案。这有利于充分调动每一位学生的学习积极性，使学生真正成为学习的主人。

（2）"活动群"设计理念

传统的教学设计中，教师设置一个活动，全班不同小组实施同一个活动，而网络学习空间 DPSC 教学设计可以实施单项活动，也可以很方便地实施"多项活动"设计，让不同小组自主设计、实施不同活动，可以在同一个主题下开放式设计多个活动，不同小组内部可以产生组内专家，相同活动的小组之间可以联合攻关某一问题。

（3）时空的无限拓展

网络学习空间 DPSC 教学设计可以极大地延伸学生学习时间、拓展学习场所，将校内学习延伸到校外，将课内学习拓展至课外，真正实现"家校协同学习"。

（4）学习方式的混合设计

传统教学环境下开展研究性学习，教师需要设计引导学生实施基于项目的学习或基于问题的学习等不同的学习方式，不同方式有各自不同的应用步骤。而网络学习空间 DPSC 教学设计可以实现研究性学习方式的混合应用。针对某一个学科知识内容，网络学习空间 DPSC 教学设计可以综合应用基于项目的学习或基于问题的学习等不同的学习方式来完成不同阶段的学习任务。

（5）评价主体多元化

传统的教学设计的评价以教师为主，教师处于支配与主控地位，网络学习空间 DPSC 教学设计充分发挥教师和学生的双重作用，实现评价主体的多元化。利用网络学习空间的便利，学生展开组内互评和组间点评，教师全程协助学生的评价过程，并对学生评价本身展开点评。评价主体多元化激发了学生主动思考的积极性，促使教师反思评价本身的问题，能够将教学评价引向深入。

表 5.10　　网络学习空间 DPSC 教学设计与传统教学设计对比表

环境 特点	网络学习空间 DPSC 教学设计	传统教学环境下的教学设计
实施方案设计主体	学生	教师
活动形式	活动群（不同小组不同项目）、单个活动	单个活动（不同小组同一项目）
学习场所	校内、校外	校内
学习时间	课内、课外（校内、校外）	课内、课外（校内）
评价主体	教师、学生	教师

（三）　基于网络学习空间 DPSC 教学应用模式的教学活动设计模板

本节是笔者根据上述基于网络学习空间 DPSC 教学应用模式的教学活动设计思路，结合样本学校教师的传统环境下的教学设计方案，改造设计而成的网络学习空间 DPSC 教学活动设计模板（表 5.11）。该模板将在接下来的多轮行动研究中指导教师设计教学活动，并根据行动研究的反馈意见，多次修订改进活动设计方案，总结形成适合多学科应用的网络学习空间 DPSC 教学活动设计模板。

1. 设计网络学习空间 DPSC 教学活动设计模板的意义

网络学习空间 DPSC 教学应用的教学活动设计模板是根据所构建的网络学习空间 DPSC 教学应用模式设计而来的，整个教学活动的设计步骤与教学应用模式的步骤相一致。该模板为教师从传统教学设计转向网络学习空间教学设计提供了良好的支架，将网络学习空间的作用与具体学习方式的特点凸显出来，将学科教学目标与学生问题解决能力的培养紧密结合，有效提升教师网络环境下的教学设计能力。

2. 网络学习空间 DPSC 教学活动设计模板的特点

该模板将培养学生问题解决能力的教学步骤、网络学习空间的应用设计以及子能力培养设计意图综合考虑，保留了传统教学设计方案的要素，可以指导教师基于传统的教学设计方案来逐步修改成为网络学习空间的 DPSC 教学活动设计方案。开放式的设计适合多学科套用，为教师开展网络环境下的教学设计提供了支架，因此网络学习空间 DPSC 教学应用的教学活动设计模板具备教学实用性、灵活性、多样性和开放性的特点。

3. 网络学习空间 DPSC 教学活动设计模板的结构

在第一轮行动研究开展之前，试测准备阶段，为方便实验教师快速熟悉网络学习空间 DPSC 教学应用模式开展教学活动设计，笔者与实验教师一起针对教师日常的教学活动设计方案进行了多轮改进。在英语、语文、化学三门课程中，教师的教学活动设计方案共修订 V1-V3 三个版本，抽取活动设计方案的核心要素设计形成了网络学习空间 DPSC 教学活动设计模板，主要包括：活动目的、适用环境、DPSC 教学流程、授课主题、授课年级、教学目标、教学重点、教学难点、教学方式、活动时间、教学媒体、学案设计（选用）、实施过程、成果要求以及角色分配建议等（表 5.11）。

表 5.11　　　　　网络学习空间 DPSC 教学活动设计模板

《 **** 》（以项目学习为例：项目名称）
【活动目的】掌握学科知识的同时培养学生问题解决能力
【适用环境】网络学习空间教学环境
【DPSC 教学流程】

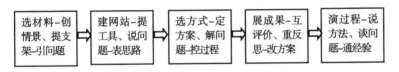

【授课主题】《 **** 》
【授课年级】
【教学目标】
1. 知识与能力（培养学生的问题解决能力）
2. 过程与方法
3. 情感态度价值观
【教学重点】
【教学难点】
【教学方式】基于项目的学习
【活动时间】 * 周
【教学媒体】网络教室、投影仪、多媒体计算机
【学案设计】（选用）

【实施过程】

活动环节	教师活动	学生活动	学习空间的应用	设计意图
一、选材料-创情景、提支架-引问题				
二、建网站-提工具、说问题-表思路				
三、选方式-定方案、解问题-控过程				
四、展成果-互评价、重反思-改方案				
五、演过程-说方法、谈问题-通经验				

【成果要求】
【角色分配】建议教师在活动设计中注重引导学生小组分配以下角色:
(1) 讨论发起者。负责组织小组成员开展讨论活动,通过发起话题、提供建议来促使学生展开积极的讨论,同时负责在讨论结束时做总结。可以是教师和组内1位同学共同担任该角色。
(2) 督促者。每组要配置一个督促人的角色,负责监控小组成员参与活动的情况,及时向教师反馈活动开展的情况和存在的困难。
(3) 发言者。这是一个小组中所占比例最大的角色,每个发言人需要陈述清楚自己的观点并随时收集资料和信息来支撑自己或伙伴的观点。
(4) 纠察员。负责分析比较小组成员的观点和意见,提出疑问,要求成员给予论证,可将讨论引向深入。组内所有同学均可担任该角色。

4. 网络学习空间 DPSC 教学活动设计模板使用说明

由于网络学习空间教学环境下开展 DPSC 教学活动是网络环境下实施教学以提高学生问题解决能力为根本目的的综合设计过程,因此,教师必须理解上述诸多要素综合考虑的方法。学会应用该模板,能够将普通的教学活动设计升级为基于网络学习空间的 DPSC 教学活动设计,因此,有必要对模板的重点环节的撰写要点及要求做简单的介绍。表5.12 呈现了模板中七个主要环节的撰写策略,同时还描述了该环节的教学作用,为教师开展基于网络学习空间 DPSC 教学应用模式的教学活动设计提供了良好的支架。

表 5.12　　　网络学习空间 DPSC 教学活动设计模板使用指导表

重点环节	撰写指导	作用
活动目的	1. 阐明本次 ∗∗ 学习活动的主旨 2. 描述本次学习活动的情境 3. 将课程学习目标与学生问题解决能力培养目标相结合	为学生指明学习方向

续表

重点环节	撰写指导	作用
教学活动流程	模板已提供学习流程（活动环境），根据具体课程可适当调整教学活动设计和课内外教学设计	为师生开展网络学习梳理思路，方便教师分环节设计学习活动
教学目标	1. 阐明本课程的教学的三维目标 2. 目标要具体可行	确定项目学习的核心
学习空间的应用	设计学习空间在教学活动中具体的使用细节	为空间建设提供依据
设计意图	说明学习空间在学习中的支撑作用	明晰学习空间在学习中的作用
角色分配建议	教师提供的角色应该能够引起学生的兴趣，具有可操作性	帮助学生开展有效的合作学习

　　模板是对教学方法、教学环境（网络环境）、教学设计的理论融合，也是教学实践层面的指导工具，为一线教师提供了基于网络的教学设计思路和方法。网络学习空间 DPSC 教学活动设计模板为教师从传统教学设计向基于网络环境下的教学设计过渡提供了支架，能够帮助教师在常规学科教学中方便地应用网络学习空间 DPSC 教学应用模式开展教学活动。接下来的多轮行动研究中，将对该模板进行跨学科应用，以验证模板在语文、英语、化学等学科中是否适用。不同学科的教师可以围绕不同的教学目标对模板进行调整，也可以根据不同的教学方法，对学习的环节进行替换，例如基于问题的学习、基于任务的学习、基于项目的学习等探究式学习方式。

第六章　应用网络学习空间培养学生问题解决能力的效果验证研究

合理的就是现实的，现实的就是合理的。——黑格尔

研究所构建的网络学习空间 DPSC 教学应用模式对于培养学生的问题解决能力是否有效，需要采用科学、严谨的手段予以验证，需要分析和选择比较成熟的学生问题解决能力测评方法，以网络学习空间 DPSC 教学应用模式为自变量，以学生的问题解决能力为因变量，来观测由于网络学习空间 DPSC 教学应用模式的教学应用而引发的学生问题解决能力的变化。

一　学生问题解决能力的测试与评价

（一）构建学生问题解决能力 Q-C-Q 综合测评体系

学生问题解决能力往往是内隐的，需要通过精心设计测量与评价，方能使其外显。本研究将设计应用质性评价与量化评价相结合的综合评价体系来测评学生的问题解决能力发展状况。图 6.1 为学生问题解决能力 Q-C-Q 综合测评体系图（Evaluation system of Quantitative evaluation Combining with Qualitative evaluation），实线矩形框均为量化评价分析，虚线椭圆框均为质性评价分析。实线圆形为六种学生问题解决子能力。应用该测评体系既可以观察到教与学的活动，获悉师生在教与学活动中

的所思所想，便于研究者采用人文关怀式的分析方法解析模式各个环节对学生问题解决能力的培养状况和师生基于网络学习空间开展教学活动的心理发展情况，又可以通过成熟的国际测评工具 PISA 问题解决能力测试卷来量化测评学生问题解决能力的发展水平。

　　研究计划教学实验之前，首先进行前测，以确定研究对象的初始状态。在开展教学实验过程中，针对教师一个学期中（每一轮教学实验的时间为一个学期）应用网络学习空间 DPSC 教学应用模式开展教学的系列活动，选取其中一项活动展开测评研究。除了量化分析 PISA2003 问题解决能力测试成绩、课堂活动观察、网络学习空间学习活动观察分析以外，还贯穿师生座谈、访谈、教师观摩反思等质性研究。通过质、量结合的方式确保学生问题解决能力测评的科学有效，为修正培养学生问题解决能力的网络学习空间 DPSC 教学应用模式提供依据。如果几轮教学实验之后，学生问题解决能力的提升尚不理想，且不能有效验证网络学习空间 DPSC 教学应用模式的有效性，则需要进一步修订模式并开展更多轮次的教学实验活动。

　　1. 质性评价

　　质性评价从人文关怀的角度，获悉调查问卷和 PISA 测试所无法获取的深层信息，以更加全面地了解学生问题解决能力的发展状况。质性评价主要包括三个方面：教师反思分析、师生访谈分析和学生作品成果对比分析。笔者设计了主讲教师反思表、观摩教师反思表、学生访谈提纲、教师访谈提纲和实验班、对照班学生作品成果对比分析表。应用这些工具获取资料，支撑质性分析，从构成学生问题解决能力的六种子能力的微观角度出发，全面获悉教学实验前后学生问题解决能力发展的状况。

　　2. 量化评价

　　量化评价主要通过 PISA 测试、学生问卷调查以及对学生学习活动中问题解决能力的表征观察来获取数据。研究选用 PISA2003 问题解决能力测试题和 PISA2003 学生问题解决能力问卷调查以及自主开发的《网络学习空间学习活动观察表》（表 7.2）、《学生问题解决能力发展状况观察评价标准》（表 7.3）、《学生问题解决能力的构成描述与学生行为指标》（表 5.2）、《学生问题解决能力发展观察评价量表》为评价

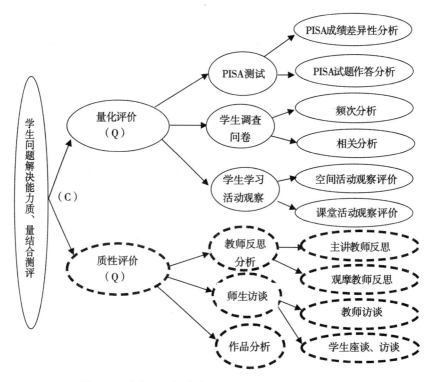

图 6.1　学生问题解决能力 Q-C-Q 综合测评体系图

工具。由于 PISA 测试近年来受到诸多国家的广泛认可，成为各国教育改革的风向标，因此采用 PISA2003 测试题和学生问卷具有较高的效度。同时为了保证测试题和问卷的信度，研究对 PISA2003 问题解决能力测试题和 PISA2003 学生问卷调查做了本土化处理，尽量消除文化背景等因素的影响，使测试题便于受测学生的理解和作答。调整后的 Cronbach's Alpha 系数分别达到 0.76 和 0.78，表明测试题和问卷均有较好的信度，具有可研究的价值。对 PISA 测试的成绩数据可分为两个方面展开分析：一方面做 PISA 测试成绩差异性分析，以分析实验班与对照班学生教学实验前后整体的问题解决能力差异，验证所构建的教学应用模式的有效性；另一方面针对 PISA 测试试题的作答情况展开分析，通过实验班之间以及实验班与对照班之间的两两比较，以获取学生问题解决能力中部分子能力的发展信息。对学生调查问卷的分析也分为两部分：一是做相关问题的作答频次统计，二是做与学生问题解决能力相关因子的相关性分析。

质、量结合的 Q-C-Q 综合评价体系贯穿于教学实验的行动研究和准实验研究之中，较之于单纯的 PISA 测试，能够更客观、全面地评价学生问题解决能力的发展，方便研究者根据所获取的量化数据和质性分析来不断修订教学应用模式，完善教学活动设计模板。

（二）学生问题解决能力 Q-C-Q 数据整合分析模型

基于质、量结合的 Q-C-Q 综合评价体系，开展学生问题解决能力测评的实践研究，首先需要构建各种数据分析的整合模型，厘清学生问题解决能力构成中哪些子能力适合应用质性评价，哪些适合应用量化评价。Q-C-Q 综合评价体系中的质性和量化评价要素围绕构成学生问题解决能力的六种子能力展开适宜性评价，即每种评价要素各自具有不同的适宜性评价能力，如图 6.2 所示，实线矩形框均为量化评价分析，虚线椭圆框均为质性评价分析。实线圆形为六种学生问题解决子能力。量化评价更加具有指向性，其中，带箭头的粗实线代表强指向，带箭头的细实线代表弱指向。而质性评价则对量化评价进行全面的补充，进而构建形成学生问题解决能力 Q-C-Q 数据整合分析模型。其中，Q-C-Q 综合评价体系的量化评价分为三大块，每一部分都有适宜评价的能力。例如：PISA 测试的量化数据中，对试题的作答分析有利于学生问题解决能力中前四种子能力的测量。而学生学习活动观察数据分析，虽然对六种子能力的测量均有作用，但更适合对后两种能力的测试。PISA 测试的量化数据中，对 PISA 测试成绩的差异性分析和学生调查问卷数据分析，均有利于分析实验前后学生六种问题解决子能力的变化，PISA 测试数据支撑准实验研究结论。

Q-C-Q 综合评价体系的质性评价分为四大块，即教师反思分析、学生作品分析、教师访谈分析以及学生访谈分析。质性评价虽然不直接指向某一种问题解决子能力，但是能够获得量化评价所无法获悉的信息，如师生利用网络学习空间开展教与学活动的心理发展状态等。同时，质性评价能够从侧面反映出学生问题解决方法的交流能力与反思能力的发展。因此，学生问题解决能力 Q-C-Q 数据整合分析模型构建起一个以量化评价为主体，辅以质性评价的针对学生问题解决能力发展的科学评价体系。

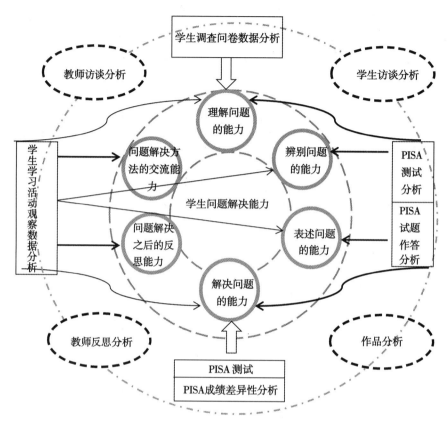

图 6.2   学生问题解决能力 Q-C-Q 数据整合分析模型

二 学生问题解决能力的 PISA 测试与评价

1. PISA 概述

PISA 是经济发展与合作组织（OECD）发起的国际学生评价项目的简称，目的是测评即将完成义务教育（中国为九年级）的学生掌握全面参与社会所需终身学习能力的程度①。

从 2000 年开始，PISA 每三年举行一次，每次测试阅读、数学和科学三个领域，并以其中之一为重点（测试重点在三个领域中每三年轮换

———————————

① 陆璟：《PISA 测评的理论和实践》，华东师范大学出版社 2013 年版，第 21—121 页。

一次）。2003 年 PISA2003 在阅读、数学和科学三个领域的基础上，增设了问题解决能力的测试项目，评估学生综合解决现实问题的能力水平①。由于 PISA 测评中针对问题解决能力的测试每九年进行一次，作为三大领域的辅助，故而 2006 年、2009 年测试均未涉及学生问题解决能力的测评。2012 年的重点测试领域为科学，并新增了财经素养和计算机环境下的协作问题解决能力内容。下次学生问题解决能力的测试将在 2021 年实施。

2. 本项研究的测评目标

笔者在对实验学校的调研中发现，学生的计算机操作水平参差不齐，受父母职业、家庭环境的影响较大（数据显示，在样本学校所选中的班级样本中，父母为全职的学生家庭中有 41% 的没有电脑。父母为兼职的学生中有 50% 的家庭没有电脑）。由于本次测试并不强调计算机的操作能力，为防止被测学生计算机操作能力的差异对问题解决能力测试成绩产生干扰，研究决定不采用 PISA2012 计算机环境下的协作问题解决能力测试，而选用 PISA2003 问题解决能力的纸笔测试方式，具体的测评目标如下：

（1）测量不同班级学生的问题解决能力的初始状况，为准实验研究中实验班级和对照班的选择提供依据。

（2）测量教学实验中学生的问题解决能力的发展状况，为修正网络学习空间 DPSC 教学活动设计提供依据。

（3）测量教学实验后学生问题解决能力的目标状况，为验证网络学习空间 DPSC 教学应用模式对提升学生问题解决能力的有效性和修正DPSC 教学应用模式提供依据。

3. PISA 测试题及其问卷的本土化应用设计

（1）PISA2003 学生问题解决能力测试卷及学生问卷的信、效度分析

PISA 测试越来越受到诸多国家的广泛认可，部分国家将其作为教

---

① OECD. KnowledgeandSkillsforLife：FirstResultsfromPISA2000［EBIOL］. http://www. Pisa. oecd.org/dataoecd/44/53/33691596.pdf.

育改革的风向标，2003 年共有 41 个国家（地区、经济体）参加 PISA 测试，① 因此采用 PISA2003 测试题和学生问卷具有较高的效度。本研究应用《PISA2003 学生问题解决能力测试题》试卷和《PISA2003 学生问卷调查》，测评学生实验前后问题解决能力的发展状况。

《PISA2003 学生问题解决能力测试题》共有十个大类，19 道题目。两所实验样本校（甲、乙校）共选择八年级 4 个班、九年级 8 个班共计学生 520 人实施前测，根据测试成绩对测试卷的信度进行分析。Alpha 系数是衡量信度的指标，该测试卷的信度系数是 0.76（表 6.1），说明信度可以接受。

表 6.1　　　　　**PISA2003 学生问题解决能力测试卷信度系数**
Reliability Statistics（可靠性统计量）

Cronbach's Alpha	Cronbach's Alpha Based on Standardized Items	N of Items
0.759	0.841	19

笔者应用分层整群抽样，在甲、乙校选取了八年级 160 名学生开展 PISA2003 学生问卷的试测，发放问卷 166 份，回收有效问卷 158 份，有效问卷回收率为 95.2%。在对试测问卷的数据分析中发现，删除原问卷中 4-3、11、16-2、16-8、22、19、23-2、23-3、25 等与本研究相关度不高的一些题目，会提高整个问卷的信度系数（表 6.2）。删除相关题目后，PISA2003 学生问卷的信度系数 Alpha 值为 0.78，具有可研究的价值。

表 6.2　　　　　　　**PISA2003 学生问卷信度系数**
Reliability Statistics（可靠性统计量）

Cronbach's Alpha	Cronbach's Alpha Based on Standardized Items	N of Items
0.777	0.874	38

（2）《PISA2003 学生问题解决能力测试卷》与《PISA2003 学生问

---

① Participating Countries ［EB/OL］. http：//www. pisa. oecd. org/pages/0，2966，en _ 32252351_ 32236225_ 1_ 1_ 1_ 1，00. html.

卷调查》的本土化应用设计

　　由于本研究采用 PISA2003 学生问题解决能力测试题和问卷调查来观察学生实验前后的变化，以量化的手段表征学生问题解决能力的变化，所以有必要对 PISA2003 测试题和问卷做本土化处理，消除文化背景差异等干扰因素，使其便于受测学生的理解和作答。

　　在开展正式实验测试之前，选择样本校——兰州市中学甲，八年级和九年级各一个班做实验性测试，根据对试测中测试题和问卷的作答情况分析，结合对被测学生的抽样访谈，对 PISA2003 测试题和问卷做如下调整：

　　①题目的转换与调整

　　A. 变更 PISA2003 测试题第九部分的地名

　　在学生访谈中了解到部分学生对 PISA 测试题中出现的外国地名比较陌生，答题时根本记不住，不便于理解和思考，因此，将测试题第九部分（假期）试题的地名由生疏的国外名称，变更为中国地名，其他数值不变，不影响学生正常作答（表6.3）。

表 6.3　　　　　　　　　　　"假期"题目地名变更表

城镇原名	更新名称
安格斯	安康
卡道	大满
纳班	新阳
米格尔	汉王
奈尔本	甘泉
柏拉斯	小满

　　B. 将 PISA2003 学生问卷调查中第 22 题改为单选题

　　在问卷调查中发现，许多学生对第 22 题"你希望完成怎样的学业？"的作答中选择了多种自己希望完成的学业，根据中国的教育学历体制，学生选最高学历即可，多选题并无实际意义，故而改为单选题。

　　C. 将 PISA2003 学生问卷第 15 题中的选项"互联网端口"改为"可以上网的计算机"

　　学生在访谈中普遍反映，问卷中的部分名称不易理解，如初中学生对"互联网端口"不太理解，有些学生并不能将其与自己家中的能上网的计算机相关联，因此，直接改为"可以上网的计算机"便于学生理解。

D. 将 PISA2003 学生问卷调查第 7 题与第 8 题合并、第 9 题与第 10 题合并

分析学生问卷调查中问题 7：你妈妈主要从事什么工作（例如：学校老师、护士、销售经理等）？问题 8：你妈妈具体是做什么的（例如：教书、照料病人、管理销售团队等）？两道题的作答情况可以发现，大多数初中生并不能准确地阐述父母的职业及其类型，但能描述父母所干的工作，例如有学生回答母亲是卖童装的、父亲是卖鞋的等等，这就需要问卷录入时进行归类，前面两种回答均可归为"个体"。因此将第 7 题和第 8 题合并为"你妈妈是做什么的？"，将第 9 题和第 10 题合并为"你爸爸是做什么的？"，这样合并后的表述使学生更容易理解题目。

②PISA2003 学生问卷调查中内容的增减

A. 问卷第 11 题、13 题增加"大学毕业"选项

B. 删除问卷第 16 题中的选项"13"

从本地学生实际出发，许多学生家庭没有"洗碗机"，与学生的生活实践不符，学生作答时觉得很奇怪，故而删除"13. 一台洗碗机"选项。

C. 删除问卷中第 12 题、14 题、21 题、26 题

问卷第 12 题、14 题分别问母亲、父亲是否拥有相关的学位证书，由于初中生对自己父母的文化水平只有大致了解，大多数学生对自己父母有无相关学历和学位证书根本不了解，所以这两道题目基本无意义。同时，根据中国初中阶段的教育现状，可知目前基础教育阶段已经没有学生留级的制度（疾病等因素除外），因此，删除第 21 题。26 题考查学生出勤状况，其数据并不是本研究所需要的，故而删除。

③简化计分规则

PISA2003 问题解决能力测试题的评价是通过 PISA 分数量表、题目的分值以及与题目分值有关的编码展开的[①]，评阅人只须写出每题得分

---

① OECD. Problem Solving. The PISA2003 Assessment Framework-Mathematics, Reading, Science and Problem-solvingKnowledge and Skills. 156-160.

代号，统一汇总至总部，通过计算机统一编码换算分值。例如："儿童宿营问题"的评分中，满分代号 2，部分分数代号 1，零分代号 0，代号 09 表示没有作答。

根据本研究的 PISA 测试目标，只需要通过题目分值，计算 PISA 测试成绩，根据成绩分析实验前后学生问题解决能力的初始状况、发展状态和目标状态，同时样本数不会过于庞大，因此采取简化措施，只从题目的分值出发考查学生的作答情况，并根据 19 道题的总分值换算为百分制，以便于后期数据分析（表 6.4）。

表 6.4　　　　　　　　　　PISA 测试分值等级表

题目类型	分值、等级 水平等级	分值				
		满分	部分得分		零分	未作答（代号 09）
图书馆系统	1 题	1	1	/	/	0	0
	2 题	3	3	2	1	0	0
数字设计程序	1 题	2	2	/	/	0	0
	2 题	2	4	/	/	0	0
	3 题	3	2	/	1	0	0
课程设计	单题	3	2	/	1	0	0
运输系统	单题	3	2	/	1	0	0
儿童宿营	单题	3	2	/	1	0	0
冰箱	1 题	2	3	2	/	0	0
	2 题	2	6	5	/	0	0
能量所需	1 题	1 级以下	1	/	/	0	0
	2 题	3	2	/	1	0	0
看电影	1 题	2	6	5	/	0	0
	2 题	1	3	/	/	0	0
假期	1 题	2	1	/	/	0	0
	2 题	3	2	1	/	0	0
灌溉	1 题	1	1	/	/	0	0
	2 题	2	3	/	/	0	0
	3 题	3	1	/	/	0	0
总计	19 道	/	47 分	/	/	/	/

　　根据 PISA 对不同题目的水平等级赋予的分值，试卷满分合计 47 分（笔者注：因为同一题目部分分数和满分的得分情况存在差异，因此题目总分均按照不同等级水平的题目满分得分统计）。

　　PISA2003 将学生的问题解决能力划分为三个不同的等级。这种等级划分有助于在研究中对学生问题解决能力的发展给予对比评价，以下是进行计分规则简化后的三等级划分和相应能力表述①（表 6.5）：

表 6.5   学生问题解决能力等级水平分值表

水平等级	问题解决者类型	分值（简化）	分值（百分制）	应具备能力描述
低于一级	低水平的问题解决	4 分以下	10 分以下	理解简单题目存在困难，无法分析问题的主要特征，不能表述问题。只能理解结构清晰的问题，无法进行决策、分析、评价和排除故障
一级	基本问题解决	5—19 分	11—42 分	能够理解问题本质，处理简单问题，能找出与问题相关的主要信息。能以不同的方式表述问题、转换信息，能运用信息来分析问题中的条件，但缺乏处理复杂信息和进行推理的能力
二级	善于推理和决策	20—39 分	43—84 分	能分析和推理并解决决策类问题，能够应用演绎和归纳推理、因果推理等方法分析问题，能通过正确的决策解决问题
三级	善于思考和交流	40—47 分	85—100 分	善于分析问题、做出决策，并能将问题解决方法与问题联系起来；能以自己的方法解决问题并检验方法是否有效；能用书面或其他表述方式交流问题解决的方法和经验

4. 实施 PISA 测试

　　在实施实验研究之前，首先进行 PISA 前测，分析学生问题解决能力的初始状态，测试用时 60 分钟。

---

① 转引自陈慧硕士论文并作适当修改。陈慧《PISA 问题解决能力测评的研究》，上海师范大学，2007 年。

（1）实验对象

本研究基于兰州市 Intel 未来教育项目展开准实验研究，选择两所项目学校（甲校、乙校）的初中八、九年级的学生为实验对象（表6.6）。考虑到九年级学生面临升学，故选择八年级学生作为补充。皮亚杰认知发展理论把儿童的认知发展划分为四个阶段，11 岁开始为形式运算阶段，学生开始抽象思维，能按照提出假设、验证假设的科学方法来解决问题①。皮亚杰的认知发展阶段理论在全世界受到广泛认可，因此，实验所选的处于这个认知阶段的 14 岁学生在认知能力方面与 15 岁学生是同质的。按照认知发展水平或认知成熟水平，在本次试测中的14 岁学生处于形式运算阶段的完成期，也应该完全有能力解决类似的问题。

表 6.6　　　　　　　　　　　PISA 前测样本班级统计表

测试班级	实验前测											
	样本学校 1——甲校								样本学校 2——乙校			
	八年级1班	八年级2班	八年级3班	八年级4班	九年级1班	九年级3班	九年级7班	九年级8班	九年级1班	九年级2班	九年级3班	九年级4班
测试人数	40	44	47	42	45	45	46	39	42	45	40	45
总数	520 人											

（2）测试过程

研究者利用甲、乙校下午自习课时间，确保了学生在轻松自然的状态下参加测试。在施测前做了测试和问卷说明，尽量消除干扰变量的影响，并发放测试用笔和作答礼品。实发问卷 520 份，回收 520 份，回收率100%，学生们均能积极配合，施测控制良好。由测试教师统一收卷、封存。

（3）评分

本次前测选择 10 人评分，由大学副教授以上职称的教师 2 人、博士生 2 人、硕士研究生 6 人组成，每人分管一个问题情境。另外，选择 1 人对试卷评分质量进行抽查。评分前参照 PISA 问题解决能力测评的详细评分标准进行阅卷培训，确保评分者准确把握评分尺度和相关编码规则。

---

① 《皮亚杰认知发展论之初探与评述》 ［EB/OL］. http：//www.bdstar.org/Article/ShowArticle.asp？ArticleID=3767，2006-11-14。

三　质性研究设计

为深入了解学生学习的初始状态和实施实验教学后的发展状况，获取量化手段无法得到的信息，特引入质性研究方法来评价学生问题解决能力的发展。主要通过访谈和观察两种途径收集质性材料。

1. 深入访谈

深入访谈是质性研究的重要方法，通过面对面座谈和 QQ 远程访谈等形式与参与实验教学的教师和学生展开交流。

（1）教师访谈

设计教师访谈主要是为了了解教师对学生问题解决能力的认识，获悉教师对提升学生问题解决能力教学的实践情况，掌握教师应用网络学习空间 DPSC 教学应用模式开展教学活动的真实情况，获悉教师的感受，收集教师发现的问题和对模式的改进建议。

（2）学生访谈

设计学生访谈主要是了解学生问题解决能力的发展状况，调查学生在网络学习空间环境支持下的学习情况，获悉学生对自身学习的认识和参与学习的感受以及对教学活动的建议。

2. 观察分析

本研究的观察活动分为课堂观察和网络学习空间观察（表 6.7）。课堂观察在教师授课时进行，主要从学生学习状态、回答问题频次、小组成果展示、学生互评、教师评价、教师课堂组织等几个维度展开。网络学习空间观察主要是针对学生在网络学习空间开展学习活动的观察，从小组问题的提出、方案的制订、组内研讨、组间互评、任务成果的完成和反思心得等几个维度展开。观察时需要使用观察记录表。

表 6.7　　　　　　　　师生教与学活动观察维度表

对象 ＼ 维度	课堂观察				网络学习空间观察					
教师	教师引导	教师课堂组织	教师点评		空间建设	问题支架	发主题帖	方法指导	点评	反思引导

续表

维度 对象	课堂观察				网络学习空间观察					
学生	学习 状态	回答问 题频次	成果 展示	学生 互评	提出 问题	制订 方案	组内 研讨	组间 互评	成果	反思 心得

四　PISA2003 问题解决能力测试题表征
学生问题解决能力分析

为便于了解量化表征实验前后构成学生问题解决能力的子能力的发展变化状况，需要分析 PISA2003 问题解决能力测试题对学生问题解决子能力的不同考察情况，因此有必要分析 PISA2003 问题解决能力测试题所表征的学生问题解决子能力。

PISA2003 问题解决能力测试题共十大问题单元，包括 19 道题目，每道题考查学生问题解决能力的等级各有不同（表 6.8）。即使是同一个问题单元，不同的题目所考查的问题难度等级也不尽相同。例如：第一部分图书馆系统，共有 2 道题目，第一道等级为 1 级，第二道等级为 3 级，等级越高难度越大。所有题目可以分为三大类型：A：决策型问题；B：系统分析与设计问题；C：障碍排除问题。为了科学地测评学生问题解决能力的发展，需要分析 PISA2003 问题解决能力测试题中每道试题所能考查学生问题解决能力的表征（表 6.8）。其中，粗体字为测试题主要考查的学生问题解决子能力。

表 6.8　　　　　　　**PISA2003 问题解决能力测试题表征学生
问题解决能力分析表**

题目	测评目的	问题 类型	题号	等级	所考查的问 题解决能力	作答分析
第一部分 图书馆系统	考查学生根据已知条件开展系统分析与设计的能力	B	Q1	1	**理解问题** 辨别问题 表述问题 解决问题	第一个问题要求学生理解系统流程规则，确认应该采纳哪一项流程；第二个问题要求学生自行设计能够执行规则的流程图，属于开放型的建构题
			Q2	3	理解问题 辨别问题 表述问题 **解决问题**	

题目	测评目的	问题类型	题号	等级	所考查的问题解决能力	作答分析
第二部分"数字设计"程序	考查学生知识的迁移应用能力及类比分析能力	B	Q1	2	理解问题 **辨别问题** **表述问题** 解决问题	第一个问题考查学生能否对一组例子进行分析，能否从屏幕的阴影深浅上寻找相互关系，并得出结论；第二个问题需要学生分析一系列指令，确定哪一组指令能产生画面效果；第三个问题作为开放型建构题，难度更高，需要学生理解在本题中给出的指令信息，还要和前两题的指令相联系，综合推理并写出新程序的指令
			Q2	2	理解问题 **辨别问题** **表述问题** 解决问题	
			Q3	3	理解问题 辨别问题 表述问题 **解决问题**	
第三部分课程设计	考查学生对多因素条件下的问题理解、辨别、解决和反思的能力	B	Q1	3	理解问题 辨别问题 表述问题 **解决问题** 反思问题	要求学生根据课程间内在关系安排学习计划，辨认问题中的变量关系，综合推理、比较，不断检验课程间关系，在问题解决后进行必要的验证和反思
第四部分运输系统	考查学生根据已有条件，判断、选择最佳方案的能力	A	Q1	3	理解问题 辨别问题 表述问题 **解决问题**	要求学生理解运输系统地图以及运输时间和费用信息，计算、选择两个车站之间的最佳路线。要求学生应用大量外部信息寻找解决问题的最佳方案
第五部分儿童宿营	分析及设计解决问题的具体方案，考查学生辨别变量关系、处理信息和综合推理能力	B	Q1	3	理解问题 辨别问题 表述问题 **解决问题**	学生必须充分了解该题所有条件限制，分析限制之间的内在联系、排除干扰因素，制作合适的住宿表
第六部分冰箱	考查学生依据经验排除障碍的判断、分析能力	C	Q1	2	理解问题 **辨别问题** 表述问题 解决问题	要求学生在提供的情境中诊断冰箱可能存在的故障。通过说明书上的警告内容，判断操作是否会延长警示灯亮的时间，通过操作和观察，判断能否证明警示灯工作正常
			Q2	2	理解问题 **辨别问题** 表述问题 解决问题	

续表

题目	测评目的	问题类型	题号	等级	所考查的问题解决能力	作答分析
第七部分 能量所需	考查学生根据已有条件做出选择、判断和决策的能力	A	Q1	低于1	**理解问题** 辨别问题 表述问题 解决问题	第一个问题要求学生筛选有用信息，为特定身份的人（职业、年龄、性别）选择所需能量的相关食物；第二个问题除了考虑职业、年龄和性别以外，还要对特定身份的人能否享用"当日特价菜"做出能量计算和决策
			Q2	3	理解问题 辨别问题 表述问题 **解决问题**	
第八部分 看电影	考查学生特定条件下做出最佳决策的能力	A	Q1	2	理解问题 **辨别问题** **表述问题** 解决问题	学生要根据三人不同的条件选出时间交集，并与电影时间表交叉，做出决定。必须考虑三人各自爱好选出最佳方案才能获得满分
			Q2	1	**理解问题** 辨别问题 表述问题 解决问题	
第九部分 假期	考查学生按照逻辑顺序进行统筹安排的能力	A	Q1	2	理解问题 **辨别问题** **表述问题** 解决问题	要求学生理解地图信息以及文本中关于两个城镇之间距离的表述，安排假期行程和选择最佳路线
			Q2	3	理解问题 辨别问题 表述问题 **解决问题**	
第十部分 灌溉	考查学生分析问题、推理判断、解决现实问题的能力	C	Q1	1	**理解问题** 辨别问题 表述问题 解决问题	要求学生根据灌溉要求，合理开、关水闸，让水流到需要灌溉的地方
			Q2	2	理解问题 **辨别问题** **表述问题** 解决问题	
			Q3	3	理解问题 辨别问题 表述问题 **解决问题**	
问题类型	A：决策性问题；B：系统分析与设计问题；C：障碍排除问题					

第七章　基于网络学习空间培养学生问题解决能力的教学实验研究（第一轮）

我平生从来没有做出过一次偶然的发明。我的一切发明都是经过深思熟虑和严格试验的结果。——爱迪生

一　第一轮教学实验内容及过程

从 2014 年 3 月初开始，笔者进入样本学校开展为期一年的第一轮教学实践研究。研究根据对样本学校学生问题解决能力的前测分析，选取问题解决能力相差不大的班级作为实验班和对照班，即甲校，八年级 2 班、九年级 1 班为实验班级；八年级 4 班、九年级 3 班为对照班。选取乙校，九年级 1 班为实验班，九年级 3 班为对照班。实验班全体学生参与第一轮教学实验活动。

（一）教学实验内容

研究人员辅助教师从学科教学目标出发，挖掘学科教学中适宜培养学生问题解决能力的教学内容，帮助教师选择适宜的研究性学习方式，完成三版教学设计方案（V1-V3），设计应用网络"学习空间"培养学生问题解决能力的教学活动。

2014 年 4 月开始，第一轮教学实验中三个实验班，选取英语、语文、化学三门课程共计 127 人参与实验教学活动。实验教师均应用网络学习空间 DPSC 教学应用模式设计教学活动，每门课程在一个学期中均持续不断地设计、实施多项学习活动，学习时长为 12 周。笔者分别选取每门课程项目活动中的最后一项，开展实验观察，收集和分析实验数据。

甲校，八年级 2 班英语课教师应用网络学习空间 DPSC 教学应用模式开展为期一个学期的教学活动，一个学期中共设计实施了 6 项学习活动。本研究选取学期末最后一项活动：《Festival》，展开观察与测评；甲校，九年级 1 班语文课教师应用网络学习空间 DPSC 教学应用模式开展为期一学期的教学活动，一个学期中共设计实施了 6 项学习活动。本研究选取学期末最后一项活动：《你就是一道风景》，展开观察与测评。

乙校，九年级 1 班化学课教师应用网络学习空间 DPSC 教学应用模式开展为期一个学期的教学活动，一个学期中共设计实施了 8 项学习活动。本研究选取学期末最后一项活动：《身边的金属》，展开观察与测评。

（二）教学实验过程

第一轮实验教学的过程可分为以下九步。每门课程一学期持续实施多个项目活动时，可分别遵循下述 4—9 步，循环开展不同的项目学习。

1. 学生学习网络学习空间的应用，空间注册账号，登录空间。
2. 教师辅助学生分组，每班分 6 组，每组 6—8 人。
3. 教师公布学习评价要求，提供评价量表，学生组内角色分配。
4. 学生登录网络学习空间分析学习材料，基于网络学习空间展开小组研讨，发现并提出问题。
5. 学生网络学习空间研讨，制订问题解决方案，课堂内（可以课内登录空间）分小组，向全班展示方案制订过程和表述本组问题解决的方案。
6. 学生基于网络学习空间课内外协作研讨实施方案，解决问题。
7. 各小组在网络学习空间研讨，教师辅助、答疑。
8. 学生分别在网络学习空间及课堂中合作展示小组学习成果，阐述本组解决问题方案的实施过程。
9. 小组学生网络学习空间互评，教师课堂点评。

二　第一轮行动研究

行动研究中蕴含着"为行动而研究，在行动中研究，由行动者研究"的独特理念①。本次行动研究的主体是一线教师与教育研究者的结合，因此，将基于网络学习空间 DPSC 教学应用模式有效性的验证根植于教师教学的实践中，通过行动研究，穿插准实验研究，不断修正模式。经过计划、行动、观察与反思的螺旋上升式的经验总结，并结合实验数据形成学生问题解决能力培养的迭代过程。

（一）行动研究目标

本研究采用行动研究的总目标是，验证所构建的网络学习空间 DPSC 教学应用模式在培养学生问题解决能力方面的有效性，探索网络学习空间对培养学生问题解决能力的支持作用。

通过教学一线的行动实践来反思教学效果，改进教学活动设计，探究模式存在的问题，以期能够修正模式，总结模式的应用策略。研究拟采用多轮迭代的研究方式，第一轮行动研究目标为：应用网络学习空间 DPSC 教学应用模式开展教学活动，通过测试、观察、反思等方式，验证模式对培养学生问题解决能力的有效性，并根据行动研究中获取的数据修订教学活动设计模板，对已经构建的网络学习空间 DPSC 教学应用模式进行二次修订（注：第一次修订为专家修订）。第一轮行动研究的具体计划详见表 7.1。

表 7.1　　　　　　　　　　第一轮行动研究计划表

阶段	时间	学科	选取观测的项目	目标	任务
第一轮	2014 年 3 月—7 月	英语	《Festival》	教学应用反思，实验验证模式有效性，修订教学活动设计模板和网络学习空间教学应用模式	1. 组织教师熟悉所选学习方式的教学环节（项目学习） 2. 研究人员帮助师生在网络学习空间中建设学习网站，辅助教师开展教学设计，完成三版教学设计方案修订（V1—V3） 3. 帮助师生熟悉网络学习空间的功能 4. 结合课堂观察、课后反思来探寻模式存在的问题，并提出修正建议 5. 修订教学活动设计模板 6. 修订网络学习空间教学应用模式
		语文	《你就是一道风景》		
		化学	《身边的金属》		

---

① 董树梅：《行动研究是研究方法吗?》，《上海教育科研》2013 年第 7 期。

（二）行动研究准备工作

在开展行动研究之前，必须对样本学校参与实验的教师给予技术应用等方面的培训，教师需要在研究人员的指导下开展行动研究，具体准备工作包括：

1. 对参与实验的学科教师开展教学研究方法和研究性学习教学设计等方面的培训。

2. 对教师和实验班的学生进行网络学习空间的使用培训，使师生熟悉网络学习空间的功能和基本操作。

3. 指导教师选择教学内容，明确教学目标，开展基于网络学习空间的 DPSC 教学设计，研究人员与教师一起对每份教学设计方案实施多版修订。

4. 研究人员协助教师在网络学习空间中建设相关学习网站。

5. 研究人员指导教师选择实验班，开展实验分组，发布任务，进行角色分配。

（三）行动研究所采用的数据收集工具

1. 网络学习空间学习活动观察表

网络学习空间学习活动观察表可以全程记录每个小组在空间的学习情况，包括小组上传资料、发主帖、回帖以及小组评价等（表 7.2）。有利于统计、量化各小组网络学习活动的频次，能够从一个侧面反映出学生理解问题的能力、辨别问题的能力、解决问题的能力、表达问题的能力、问题解决之后的反思能力以及解决问题方法的交流能力的发展状况。

表 7.2　　　　　　　　　　网络学习空间学习活动观察表

观察项 组别	上传资料	发主帖	回帖 （数量、质量）	小组评价
小组 1				
小组 2				
小组 3				

续表

观察项 组别	上传资料	发主贴	回帖 （数量、质量）	小组评价
……				
备注	该表主要记录学生学习行为次数			

2. 学生问题解决能力发展观察评价表

学生问题解决能力发展观察评价量表，主要用来观察学生参与学习活动中问题解决能力的变化与发展。评价标准从"理解问题的能力、辨别问题的能力、表述问题的能力、解决问题的能力、问题解决之后的反思能力、问题解决方法的交流能力"六个子能力维度展开，每种子能力的发展状况可分为"非常好、较好、一般、差"四个等级。这种过程性评价，主要通过网络学习空间内观察分析和课堂观察分析来完成。经过实验前、后多次观察以对比分析学生在上述六个子能力方面的变化与发展，进而证明学生的问题解决能力是否得到提升，结合 PISA 测试的量化数据，科学评价学生的问题解决能力的发展状况。

表 7.3 显示了学生问题解决能力发展观察评价标准，粗体字为相应等级的主要观察点。

表 7.3　　　　　　　学生问题解决能力发展状况观察评价标准

状况评价 子能力	非常好（5）	较好（3）	一般（1）	差（0）
理解问题的能力	能主动探寻与问题有关的**资料和知识**，从资料中发现并列出**一系列问题**（能够上传资料 20 次以上，提出 2 个以上问题）	能探寻与问题有关的**资料和知识**，发现并**列出一个问题**（上传资料 10—20 次，列出 1—2 个问题）	能探寻与问题有关的**资料和知识**，或列出一个问题（上传资料 3—10 次，列出 1 个问题）	不能主动探寻与问题有关的资料和知识，**无法列出问题**（上传资料 3 次以下，列不出问题）
辨别问题的能力	能够筛选、评价已获得的信息，分析构成问题的要素，选出自己认为值得研究的问题，并且是一个重要的问题	能够简单筛选、评价已获得的信息，简单分析构成问题的要素，**选出的问题重要性不足**	能够简单筛选、评价已获得的信息，简单分析构成问题的要素，**选出简单的问题**	不能筛选、评价已获得的信息，分析构成问题的要素，**选不出问题**

续表

状况评价 子能力	非常好（5）	较好（3）	一般（1）	差（0）
表述问题的 能力	能在小组内清晰**表述问题**。能在空间里展开讨论，提出研究主题和实施方案（发主帖15次以上，回帖30次以上并能紧扣主题）	基本能在小组内**表述问题**。能够在空间里展开讨论，提出研究主题和实施方案（发主帖10—15次，回帖20—30次，基本能围绕主题）	小组内**表述问题较差**。能够在空间里展开讨论，提出研究主题和实施方案（发主帖10次以下，回帖20次以下，围绕主题不足）	不能在小组内清晰**表述问题**。未提出研究主题和实施方案（未发帖）
解决问题的 能力	能够集体讨论、选择和使用问题解决方法，能够组内分工协作，角色分配合理，能有效解决问题，形成成果，**成果能反映既定目标**	基本能集体讨论、选择和使用问题解决方法，能够组内分工协作，解决问题，形成成果，**成果能反映部分既定目标**	基本能集体讨论、选择和使用问题解决方法，能够组内分工协作，解决问题，形成成果，**成果能反映较少的既定目标**	不能集体讨论、选择和使用问题解决方法，不能够组内分工协作，解决问题，形成成果，**成果不能反映既定目标**
问题解决之后的 反思能力	能够展示成果、阐明本组**解决问题的思路和评价**的过程，具备问题解决后的反思能力（发反思帖10次以上，能阐明本组研究过程）	对本组的成果基本熟悉，能部分描述本组实施思路（发反思帖4—10次，能阐述本组研究的大致过程）	对本组的成果基本熟悉，能部分描述本组实施思路（发反思帖1—4次，不能阐明本组研究过程，具备一项即可）	对本组成果不熟悉，不能表述本组实施思路（未发帖、未说研究过程）
问题解决方法的 交流能力	能表述本组问题解决方法、总结成功经验和不足，能展开有效组间互评（发经验帖10次以上，互评20次以上，阐明研究方法，心得报告1篇以上）	基本能表述本组问题解决方法、总结成功经验和不足（发经验帖4—10次，互评10—20次，阐明研究方法，心得报告1篇）	基本能表述本组问题解决方法、总结成功经验和不足（发经验帖4次以下，互评10次以下，无法阐明研究方法，无心得报告）	不能表述本组问题解决方法、总结成功经验与不足（未发帖、无互评、无方法、无心得报告）

3. 访谈工具

笔者设计教师访谈和学生访谈工具，质性分析行动研究中教师和学生的发展。由于学生之前没有网络空间学习经历，故而设计前后两套访谈提纲（表7.4）。实验前通过访谈来了解学生已有的网络学习经验和参与研究性学习的状况，结合前测数据，分析学生初始问题解决能力的发展现状。实验中、后期共用一套访谈提纲，主要了解学生通过网络学习空间开展学习的感受以及实施实验教学后学生问题解决能力的发展状况。

表 7.4　　　　　　　　　　学生访谈提纲（前、中、后期）

	实验前访谈	实验中、后期访谈
访谈目的	1. 了解学生问题解决能力现状 2. 了解学生通过网络学习的现状 3. 了解学生参与研究性学习的状况	1. 了解学生参与研究性学习的状况 2. 了解学生通过网络学习空间开展学习活动的感受 3. 了解学生问题解决能力的发展状况
访谈内容	1. 老师布置解决生活实际问题的学习吗？是哪些科目？ 2. 老师通过布置任务，让你们自己解决问题吗？ 3. 你觉得自己的问题解决能力如何？ 4. 你在项目学习过程中遇到过哪些困难？ 5. 你在网上学习过吗？ 6. 你和同学在网上交流吗？（如果有QQ，请留下号码以便后期交流） 7. 你认为利用网络学习有困难吗？	1. 老师是给你们提出一个问题，还是布置一个任务，或是让大家自己找问题来完成呢？ 2. 你们小组能完成项目（任务）、解决问题吗？ 3. 你在网络空间学习过程中遇到了哪些困难？ 4. 你在学习中发帖和评价其他学生的作品了吗？ 4. 谈谈你在空间上学习的真实感受和收获。 5. 你能说出本组的活动实施方案吗？ 6. 你在本组学习中扮演什么角色、担任什么任务？ 7. 你们小组的成果是什么？怎么做出来的？ 8. 谈谈你们小组的学习经验和不足

教师访谈主要了解教师对学生问题解决能力的认识，获悉教师在设计、实施网络学习空间教学的实际情况和心得体会（表 7.5）。

表 7.5　　　　　　　　　　教师访谈提纲

访谈目的	1. 了解教师对学生问题解决能力的认识。 2. 了解教师基于网络环境下设计教学活动的心得。 3. 了解教师对基于网络学习空间开展教学活动的经验和认识。
访谈内容	1. 您认为目前学生的问题解决能力如何？ 2. 您认为影响学生问题解决能力的因素有哪些呢？ 3. 您在教学中设计过哪些研究性学习？（基于项目、基于问题、基于任务等） 4. 您在研究性学习的实施中遇到过哪些困难？ 5. 您所讲授的学科适合开展怎样的研究性学习？ 6. 您尝试过利用网络组织学生学习吗？（如果有 QQ，请留下 QQ 号以便后期深度访谈） 7. 您认为学生利用网络展开学习有哪些困难？ 8. 您认为利用网络学习空间实施研究性学习与传统研究性学习有何不同？

4. 调查问卷

依据行动研究的需要，笔者选用《PISA2003 学生问卷》，并根据实际调研需求，做了本土化处理（问卷详见附录 5）。笔者依据分层整群抽样，在甲、乙校选取了八年级 166 名学生开展问卷测试，发放问卷 166 份，回收有效问卷 158 份，有效问卷回收率为 95.2%。根据测试填答情况对问卷进行修正，调整后的问卷信度系数为 0.78（详见表 6.2），说明调整后的问卷信度良好，具有可研究的价值。通过调查问卷对学生问题解决能力的发展进行频数统计和相关性检验，用以了解学生的问题解决能力的发展状况。

（四）　第一轮行动研究结果分析

第一轮行动研究的目的是在实际教学活动中对基于网络学习空间的 DPSC 教学活动设计进行反思与修订，从主讲教师、观摩教师、学生三方面分析问题，改进教学活动设计，总结优秀的网络学习空间教学活动设计方法，积累教与学的经验，为二次修订网络学习空间 DPSC 教学应用模式提供依据。

1. 学生问题解决能力的发展分析

第一轮行动研究中主要从以下四个方面入手，对第一轮教学实验之后的学生问题解决能力发展状况展开分析（图 7.1）：

第一，通过 PISA 测试来量化表征学生问题解决能力整体水平状态和部分子能力发展状态，包括对学生测试得分的量化分析（第一轮准实验研究数据支撑）和对 PISA 试题的作答情况分析。

第二，根据学生问题解决能力发展状况观察评价标准（表 7.3），来观察学生参与学习活动中问题解决能力的变化，包括网络学习空间的教学活动观察和课堂教学活动的观察两个方面。

第三，结合教师访谈和学生访谈实录，质性分析学生问题解决子能力的发展状况和教学实践中存在的问题。

第四，根据学生调查问卷，来获取学生学习情况的统计数据，以对其他方面的数据分析予以支撑。第三章中的表 3.2 是学生问题解决能力的构成描述与学生行为指标，这些行为表征的分析为观察学生课堂内学习活动提供了标准。

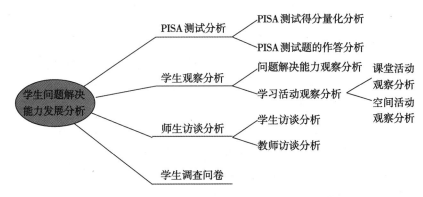

图 7.1 学生问题解决能力发展评价分析方法逻辑图

（1）PISA 测试分析

分析学生问题解决能力发展状况，首先进行 PISA 测试。PISA 测试分为两大块：第一是测试得分的量化分析，即通过第一轮准实验研究对学生测试得分进行量化分析，根据成绩反映学生问题解决能力的整体发展状态。第二是试题的作答情况分析，即在行动研究部分需要分析具体试题的作答情况，帮助分析学生问题解决能力中部分子能力的发展状态。此处仅作第二种分析，即 PISA 测试题作答分析。表 7.6 为第一轮实验教学前、后两个样本校的 3 个实验班学生 PISA 测试题得分的统计表。在第 5 章第 1 节中分析了 PISA2003 问题解决能力测试题共十大问题单元，包括 19 道题目，每道题考查学生问题解决能力的等级各有不同（详见表 6.5）。即使是同一个问题单元，不同的题目所考查的问题难度等级也不尽相同。为了科学测评学生问题解决能力的发展，笔者分析了 PISA2003 问题解决能力测试题中每道试题所能考查学生问题解决能力的表征（详见表 6.8：PISA2003 问题解决能力测试题表征问题解决能力分析表）。

研究表明，纸笔测试更有利于集中反映学生问题解决能力中的前四项子能力：理解问题的能力、辨别问题的能力、表述问题的能力和解决问题的能力。对于问题解决之后的反思能力以及问题解决方法的交流能力纸笔测试的表征显得较弱，这两种子能力的发展可以通过课堂观察和访谈来获悉。虽然 19 道题中每道题的解题过程均有六种子能力的相互作用，但每道不同等级的试题所表征的重点能力有所不同。

　　因此，对比第一轮实验教学前后实验班学生的试题作答情况，可以分析出实验班学生的部分问题解决子能力的发展状况，为综合测评学生问题解决能力的发展提供依据。

表 7.6　　　第一轮教学实验前后 PISA 测试学生得分统计表

PISA 测试题		前测（第一轮前）		中测（第一轮后）			问题解决子能力
		甲校	乙校	甲校		乙校	
类型	题号	8-2 班	9-1 班	9-1 班	8-2 班	9-1 班	9-1 班	
第一部分 图书馆系统	1	32	22	39	37	38	40	理解问题
	2	7	6	14	28	28	52	解决问题
第二部分 "数字设计" 程序	1	30.	22	54	48	52	64	辨别问题 表述问题
	2	84	84	108	108	108	132	辨别问题 表述问题
	3	42	44	32	59	61	76	解决问题
第三部分 课程设计	1	21	18	10	10	20	37	解决问题
第四部分 运输系统	1	4	7	8	14	32	35	解决问题
第五部分 儿童宿营	1	40	39	12	46	60	51	解决问题
第六部分 冰箱	1	25	19	55	25	18	48	辨别问题 表述问题
	2	100	140	53	114	98	105	辨别问题 表述问题
第七部分 能量所需	1	36	37	30	37	42	38	理解问题
	2	22	7	6	23	22	35	解决问题
第八部分 看电影	1	157	195	101	125	189	164	辨别问题 表述问题
	2	60	42	21	75	69	78	理解问题
第九部分 假期	1	9	11	14	12	24	18	辨别问题 表述问题
	2	10	14	2	14	24	17	解决问题
第十部分 灌溉	1	11	8	18	8	14	16	理解问题
	2	27	40	21	65	61	50	辨别问题 表述问题
	3	11	11	2	4	12	2	解决问题

　　为便于数据的直观对比，特将表 7.6 的数据进行图示化整理如下：

　　图 7.2 反映出甲校八年级 2 班第一轮教学实验前后学生 PISA 测试题的作答对比情况，对照表 6.8（PISA2003 问题解决能力测试题表征问题解决能力分析表）发现，经过第一轮教学实验，该实验班学生的问题解决子能力中的前四种能力均有所提高。其中，难度等级为二级的题目，学生作答成绩提升最快，说明第一轮教学实验中八年级 2 班学生辨别问题的能力与表述问题的能力发展最好，理解问题的能力与解决问题的能力也有相应的提升。

PISA 测试题作答分析

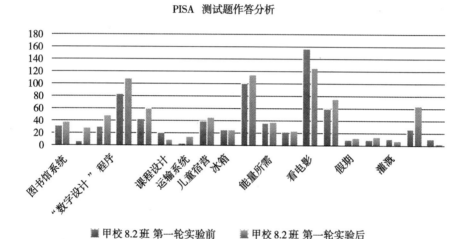

▓ 甲校 8.2 班 第一轮实验前　　　▓ 甲校 8.2 班 第一轮实验后

图 7.2　甲校八年级 2 班第一轮教学实验前后
学生 PISA 测试题作答分析图

　　图 7.3 显示甲校九年级 1 班第一轮教学实验前后学生 PISA 测试题的作答情况，反映出该实验班学生的问题解决子能力中的前四种能力均有所提高。其中，难度等级为一级的题目，学生作答成绩提升最快，体现出第一轮教学实验中甲校九年级 1 班学生的理解问题的能力发展最好，辨别问题的能力、表述问题的能力与解决问题的能力也得到了相应的提升。

　　图 7.4 反映出乙校九年级 1 班第一轮教学实验前后学生 PISA 测试题的作答情况对比。经过第一轮教学实验，该实验班学生的问题解决子能力中的前四种能力均有所提高。其中，难度等级为三级的题目，学生作答成绩提升最快，证明第一轮教学实验中乙校九年级 1 班学生的解决问题的能力发展最好，理解问题的能力、辨别问题的能力以及表述问题

PISA 测试题作答分析

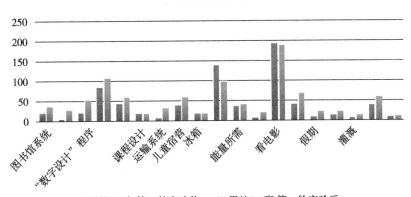

甲校9.1班 第一轮实验前　　甲校9.1班 第一轮实验后

图 7.3　甲校九年级 1 班第一轮教学实验前后
学生 PISA 测试题作答分析图

的能力也有相应的提升。

PISA 测试题作答分析

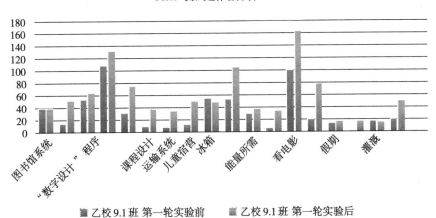

乙校9.1班 第一轮实验前　　乙校9.1班 第一轮实验后

图 7.4　乙校九年级 1 班第一轮教学实验前后
学生 PISA 测试题作答分析图

☆PISA 试题作答分析结论：

综合上述三个实验班级第一轮教学实验前后 PISA 测试题的作答情况分析，可以发现应用网络学习空间 DPSC 教学应用模式开展教学活动，实验班学生理解问题的能力、辨别问题的能力、表述问题的能力以及解决问题的能力等四项子能力均得到很好的提升。

　　经过第一轮教学实验之后，学生问题解决之后的反思能力以及问题解决方法的交流能力的发展状况，可以通过学生学习活动观察（包括：实验班学生课堂学习活动观察与网络学习空间学习活动观察；实验班和对照班学生课堂学习活动对比观察和学生作品对比分析）以及师生访谈来进一步分析。

　　（2）学生观察分析

　　分析学生问题解决能力发展状况的第二个方面为针对学生的观察分析，包括对学生问题解决子能力发展的观察分析和针对学生学习活动的观察分析。如图 7.5 所示，学生的学习活动观察分析主要是对三个实验班学生课堂学习活动和网络学习空间学习活动中表征问题解决子能力的学生行为变化的观察，以及实验班和对照班学生课堂学习活动行为对比观察和两个班级学生的作品对比分析。笔者通过开发的相应观察工具来分析第一轮教学实验前后学生问题解决子能力的发展状况。

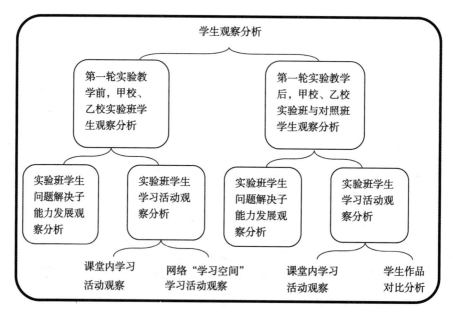

图 7.5　甲、乙校第一轮教学实验前后学生学习活动观察分析思路图

　　①第一轮实验教学前后，甲、乙校实验班学生问题解决子能力观察分析

　　实施第一轮实验研究之前，笔者对甲校八年级 2 班、九年级 1 班和乙校九年级 1 班三个班级学生的问题解决能力进行了课堂观察。为便于实验数据的对比分析，研究选择观摩的课程分别为三个班级的英语、语文与化学课程，与后期的准实验研究保持一致，并首先选择三门课程中传统教学环境下的基于项目的学习展开教学观摩。教师根据项目学习的需要对三个实验班级的学生进行了分组。甲校八年级 2 班学生共 62 人，计划分 8 组，每组 7—8 人；甲校九年级 1 班学生共 64 人，计划分 8 组，每组 8 人；乙校九年级 1 班学生共 68 人，计划分 8 组，每组 8—9 人。

　　笔者依据《学生问题解决能力发展状况观察评价标准》（表 7.3）、《学生问题解决能力的构成描述与学生行为指标》（表 5.2），对三个实验班三门课程项目学习中学生问题解决能力的六种子能力做了详细观察和记录。根据记录数据，分析三个实验班第一轮教学实验前后学生问题解决能力发展状况如下：

　　【甲校八年级 2 班第一轮教学实验前后，学生问题解决能力发展观察分析】

　　本研究通过对学生六种问题解决子能力的观察来表征学生问题解决能力的发展，在对甲校八年级 2 班实验前的传统教学环境下开展项目学习的课堂实录分析中发现（图 7.6），八个小组学生的问题解决子能力中的表述问题的能力、理解问题的能力和辨别问题的能力普遍较好，其中四个小组学生的表述问题的能力较为突出，反映出项目学习会带给每一位学生表现自我的机会，即便是传统教学环境下课堂内交流学习，也能凸显学生表达问题的能力。图例显示，传统教学环境下的项目学习中学生的解决问题的能力、问题解决之后的反思能力以及问题解决方法的交流能力都较弱，有待进一步加强培养。

　　由于实验前学生们实施的项目学习是在传统教学环境下开展的（课堂内观察为主），故而与第一轮教学实验后课堂观察问题解决能力的数据具有可比性。图 7.7 是开展第一轮教学实验后，对学生的问题解决能力展开的课堂观察。图例显示经过一轮实验教学，参与实验的学生其解决问题的能力和问题解决之后的反思能力得到了显著提升，但学生的问题解决方法的交流能力显示较弱。

第一轮实验前学生问题解决子能力发展状况（课堂观察）

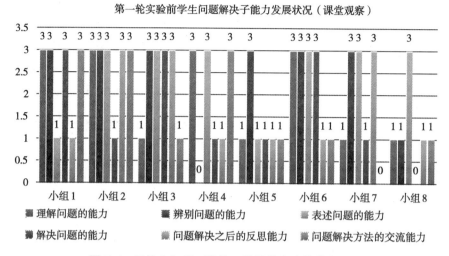

图 7.6 甲校八年级 2 班第一轮教学实验前学生问题
解决子能力发展状况图（课堂观察）

第一轮实验后学生问题解决子能力发展状况（课堂观察）

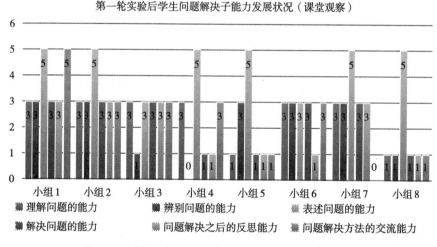

图 7.7 甲校八年级 2 班第一轮教学实验后学生问题
解决子能力发展状况图（课堂观察）

第一轮教学实验是应用网络学习空间 DPSC 教学应用模式开展的教学活动，因此，第一轮教学实验后的学习活动观察就分为课堂内观察和网络学习空间观察两个方面。图 7.8 是第一轮教学实验之后在网络学习空间中针对学生问题解决能力的六种子能力发展进行的观察分析。对比

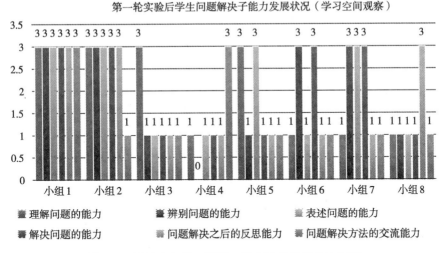

图 7.8　甲校八年级 2 班第一轮实验教学后学生问题
解决子能力发展状况图（空间观察）

图 7.6 与图 7.8 可以看出技术（网络学习空间）支持的研究性学习活动，在学生问题解决能力的某些子能力的形成方面功不可没。例如应用网络学习空间 DPSC 教学应用模式开展项目学习活动的学生，其问题解决的能力、问题解决之后的反思能力和问题解决方法的交流能力都有显著提升，尤其是问题解决之后的反思能力、问题解决方法的交流能力在空间学习活动观察分析中提升很快。这反映出应用网络学习空间 DPSC 教学应用模式开展教学活动为学生提供了反思与交流的实践平台，极大地方便了学生基于空间的交流与反思活动的开展，正是对传统教学环境下实施研究性学习存在短板的弥补。

同时可以看到"表述问题的能力、辨别问题的能力与理解问题的能力"在网络学习空间里有所下降，反映出这三种子能力受面对面的教学影响较大。因此，在实际教学中要充分重视虚拟学习空间与真实教学空间的融合设计，才能切实提高学生的问题解决能力。

表 7.7 反映了甲校八年级 2 班教学实验前后学生问题解决子能力得分均值数据。数据显示开展实验教学之前 8 组学生六种问题解决子能力得分均值都很低，标准差较大，反映出整体学生的问题解决子能力发展不均衡，小组间差异较大。通过实验教学，各小组学生的六种问题解决

子能力得分均值均有所提升，标准差逐步缩小。反映出各小组间的学生问题解决能力在逐步提升，差距逐步缩小。但部分子能力的标准差依然较大（标准差>1），尤其是空间观察中学生问题解决子能力的个体差异更加明显，这与学生对于空间的熟悉程度、学生信息技术素养等多种因素相关，需要下一轮实验教学中注意学生之间问题解决子能力的均衡培养。

表 7.7 甲校八年级 2 班实验教学前后学生问题
解决子能力均值对比表

子能力 均值、标准差		理解问题 的能力	辨别问题 的能力	表述问题 的能力	解决问题 的能力	问题解决 之后的 反思能力	问题解决 方法的 交流能力
实验前 （课堂观察）	Mean	2.000	2.375	2.500	1.625	1.750	1.625
	Std. Deviation	1.069	1.188	0.926	1.188	1.035	1.188
实验后 （课堂观察）	Mean	2.500	2.125	4.500	2.250	2.000	2.375
	Std. Deviation	0.926	1.246	0.926	1.035	1.069	1.598
实验后 （空间观察）	Mean	2.000	1.875	2.000	2.000	1.750	1.500
	Std. Deviation	1.069	1.246	1.069	1.069	1.035	0.926

甲校八年级 2 班的图表数据反映出，应用网络学习空间 DPSC 教学应用模式开展教学活动，能够有效提升学生的六种问题解决子能力。

【甲校九年级 1 班第一轮教学实验前后学生问题解决能力发展观察分析】

在对甲校九年级 1 班教学实验之前的传统教学环境下开展项目学习的课堂实录分析中发现（图 7.9），8 个小组学生的问题解决能力中的六种子能力发展均较弱，并且发展水平各不相等，差距较大。分析表 7.8 中的数据，发现 8 组学生六种子能力得分均值都很低，标准差较大，反映出整体学生的问题解决子能力发展不均衡，急需提升及均衡发展。

图 7.10 为甲校九年级 1 班应用网络学习空间 DPSC 教学应用模式开展教学活动之后，笔者通过课堂实录观察到的学生问题解决子能力发展状况。比较图 7.9 和图 7.10，可以发现实验教学之后，8 个小组学生的问题解决能力中的六种子能力都有较快的发展，其中表述问题的能力和问题解决方法的交流能力提升最快。图 7.11 为甲校九年级 1 班实验教

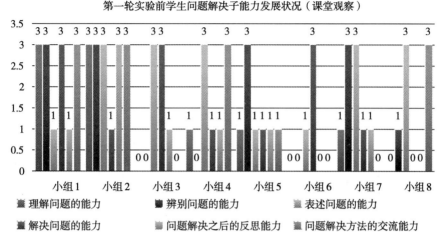

图 7.9 甲校九年级 1 班第一轮教学实验前学生问题
解决子能力发展状况图 （课堂观察）

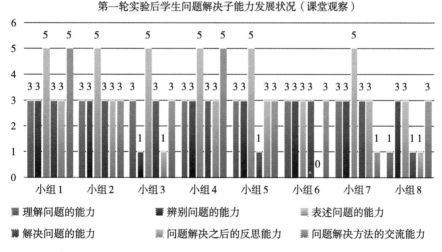

图 7.10 甲校九年级 1 班第一轮教学实验后学生问题
解决子能力发展状况图 （课堂观察）

学之后，对学生在网络学习空间中学习活动的分析图。图例显示，学生
基于网络学习空间开展学习活动极大地激发了学生问题解决之后的反思
能力，但部分小组问题解决方法的交流能力依然较弱，需要进一步
加强。

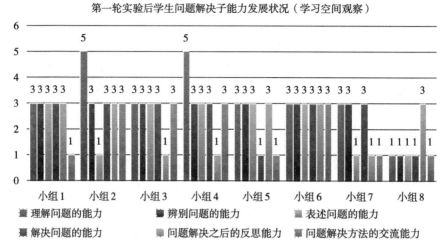

图 7.11　甲校九年级 1 班第一轮教学实验后学生问题
解决子能力发展状况图（空间观察）

从表 7.8 可以看出，应用网络学习空间 DPSC 教学应用模式开展项目学习之后，学生问题解决的六种子能力的均值普遍提升，标准差逐步缩小，反映出整体学生的问题解决子能力得到了提升并开始均衡发展。但是也要看到，实验后问题解决后的反思能力以及问题解决方法的交流能力，8 个小组之间的差距仍然较大（标准差>1）。尤其是在网络学习空间的应用中学生问题解决子能力的差异很大，反映出第一轮教学实验后学生的问题解决子能力切实得到了发展，但仍需继续提升和均衡发展。

表 7.8　甲校九年级 1 班实验前后学生问题解决子能力均值对比表

均值、标准差	子能力	理解问题的能力	辨别问题的能力	表述问题的能力	解决问题的能力	问题解决之后的反思能力	问题解决方法的交流能力
实验前（课堂观察）	Mean	1.125	1.625	2.250	1.625	1.000	1.625
	Std. Deviation	1.246	1.506	1.035	1.188	0.924	1.506
实验后（课堂观察）	Mean	2.750	2.750	4.500	2.500	2.125	3.250
	Std. Deviation	0.707	0.707	0.926	0.924	1.246	1.282
实验后（空间观察）	Mean	3.250	2.750	2.250	2.500	2.250	2.000
	Std. Deviation	1.282	0.707	1.035	0.924	1.035	1.069

　　甲校九年级 1 班的图表数据反映出，应用网络学习空间 DPSC 教学应用模式开展教学活动，能够有效提升学生的六种问题解决子能力。

　　【乙校九年级 1 班第一轮实验教学前、后学生问题解决能力发展观察分析】

　　图 7.12、图 7.13 为乙校九年级 1 班第一轮教学实验前、后学生问题解决子能力发展分析图，均为课堂内观察所得。对比两图可以发现，实验教学之后学生问题解决能力的六种子能力均有所提升，其中表述问题的能力和问题解决之后的反思能力提升最快。结合对学生在网络学习空间中学习行为的观察（图 7.14）可以发现，学生基于空间学习时，六种子能力的发展更加均衡，但在问题解决方法的交流能力等方面还需要进一步加强教学设计，使学生通过网络学习空间的学习活动提升自身的交流能力。

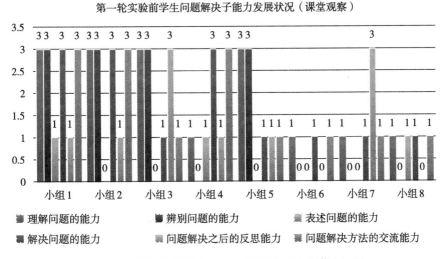

图 7.12　乙校九年级 1 班第一轮教学实验前学生问题
解决子能力发展状况图（课堂观察）

　　表 7.9 中的数据同时印证了上述图示分析结论，即应用网络学习空间 DPSC 教学应用模式开展项目学习之后，学生问题解决子能力的均值都有所提升，标准差在逐步缩小。但 8 个小组的部分子能力的差距依然存在（标准差>1），各小组学生在网络学习空间学习中表现的子能力差异性更大。虽然基于网络学习空间的学习活动组间标准差在缩小，但问

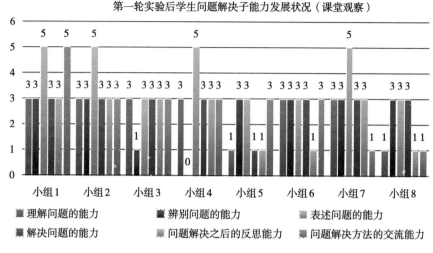

图 7.13　乙校九年级 1 班第一轮教学实验后学生问题
解决子能力发展状况图（课堂观察）

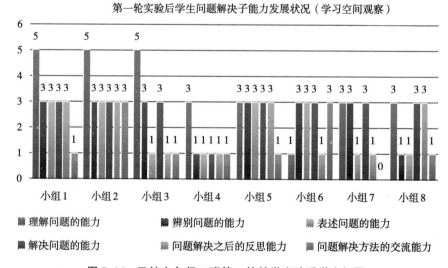

图 7.14　乙校九年级 1 班第一轮教学实验后学生问题
解决子能力发展状况（空间观察）

题解决之后的反思和交流能力的组间差距较大，需要在学习活动设计中
予以重点考虑。

表7.9　　　　　　**乙校九年级1班教学实验前后学生问题**
解决子能力均值对比表

子能力\均值、标准差		理解问题的能力	辨别问题的能力	表述问题的能力	解决问题的能力	问题解决之后的反思能力	问题解决方法的交流能力
实验前（课堂观察）	Mean	2.000	1.500	0.375	1.750	1.250	1.750
	Std. Deviation	1.069	1.604	0.518	1.035	1.165	1.035
实验后（课堂观察）	Mean	2.500	2.375	4.000	2.750	2.250	2.750
	Std. Deviation	0.924	1.188	1.069	0.707	1.035	1.282
实验后（空间观察）	Mean	3.500	2.500	2.000	2.750	2.000	1.375
	Std. Deviation	1.414	0.924	1.069	0.707	1.069	1.061

　　乙校九年级1班的图表数据反映出，应用网络学习空间DPSC教学应用模式开展教学活动，能够有效提升学生的六种问题解决子能力。

　　甲、乙校实验班级的图表数据共同反映出，应用网络学习空间DPSC教学应用模式开展教学活动，能够有效提升实验班学生问题解决能力中的六种子能力，进而与PISA试题作答分析相呼应，证明所构建的网络学习空间DPSC教学应用模式能够有效培养学生的问题解决能力。

　　②实验班学生网络学习空间学习活动观察分析

　　第一轮实验教学结束后，根据《网络学习空间学习活动观察表》（表7.2）对学习空间中学生分小组学习活动进行观察统计。如附录6所示，参与实验的三个班级小组上传资料345次（平均每组14次）、发主帖189次（平均每组7.9次）、回帖488次（平均每组20.3次），展开小组评价195次（平均每组8.1次）。

　　学生上传资料的频次能够在一定程度上反映学生参与学习的积极性，平均每组14次说明每个学生都在学习中上传了相关资料，学困生也不例外。发主帖和回帖的频次能反映出学生思考的程度。数据显示，目前学生发主帖的情况不容乐观，一些学生只能回帖，说明学生的思考并未引向深入。小组评价能够体现出学生反思问题的能力，每组8.1次的平均次数显然不足，反映出学生组内、组间的互评开展得不够，需要教师进一步引导学生在思考的基础上展开自评与互评活动。

　　★甲、乙校实验班学生观察分析结论

通过对两个样本学校三个实验班级，第一轮教学实验前后学生问题解决子能力的课堂观察和网络学习空间学习活动观察，发现应用网络学习空间 DPSC 教学应用模式开展教学活动，学生的理解问题的能力、表述问题的能力、辨别问题的能力、解决问题的能力、问题解决之后的反思能力以及问题解决方法的交流能力均能得到提升。

第一轮教学实践中对学生学习活动的观察数据与 PISA 试题作答数据分析相呼应，进一步证明：应用网络学习空间 DPSC 教学应用模式开展教学活动能够有效培养学生的六种问题解决子能力。

③第一轮教学实验之后实验班与对照班对比分析

本研究选取的两所样本学校的 3 个实验班，应用网络学习空间 DPSC 教学应用模式开展研究性学习（3 个实验班教师均选择基于项目的学习），3 个对照班在传统教学环境下开展与实验班相同的研究性学习（不予实验干预）。为了保证研究的对比性，实验班和对照班在同一年级、同一学科、同一个教师指导下开展同样的研究性学习（表7.10）。经过近一个学期的教学实践（每门课平均开展 6 个项目学习活动，本研究选取该学期末最后一个项目活动开展测评活动），可以通过课堂学习活动观察和学生项目作品分析来对比实验班与对照班之间的差异。

表 7.10　　　甲、乙校实验班、对照班第一轮教学实验项目对照表

学校	年级	班级		学科	项目主题 （选取 6 个项目之一）	环境
甲校	八	2 班	实验班	英语	《Festival》	网络学习空间
	八	4 班	对照班	英语	《Festival》	传统教学环境
甲校	九	1 班	实验班	语文	《你就是一道风景》	网络学习空间
	九	3 班	对照班	语文	《你就是一道风景》	传统教学环境
乙校	九	1 班	实验班	化学	《身边的金属》	网络学习空间
	九	3 班	对照班	化学	《身边的金属》	传统教学环境

A. 观察数据分析

根据《学生问题解决能力发展观察评价量表》，课堂观察学生问题解决子能力发展。对照甲校实验班（八年级 2 班）与对照班（八年级 4 班）第一轮教学实验之后学生问题解决子能力发展状况（图 7.15）、甲

校实验班（九年级 1 班）与对照班（九年级 3 班）第一轮教学实验后学生问题解决子能力发展状况（图 7.16）、乙校实验班（九年级 1 班）与对照班（九年级 3 班）第一轮教学实验之后学生问题解决子能力发展状况（图 7.17），可以发现对照班学生问题解决子能力的提升幅度明显低于实验班。

证明：应用网络学习空间 DPSC 教学应用模式开展项目学习比传统教学环境下开展项目学习，更有利于学生六种问题解决子能力的发展。

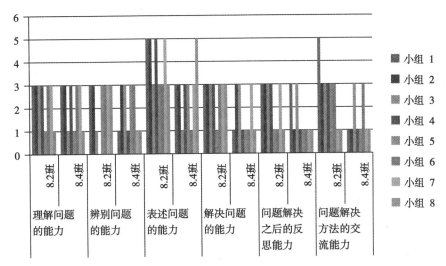

图 7.15 甲校第一轮教学实验后八年级实验班、对照班学生问题解决子能力发展对比图

B. 项目作品分析

对甲、乙校实验班和对照班学生的项目作品（成果）展开质性分析，如表 7.11 所示，主要从项目作品的完成过程、项目作品的形式以及项目作品质量三个方面展开评价。甲、乙校三个实验班每个小组均提交了项目作品，完成率达 100%。学生完成项目的进度在网络学习空间中可全程记录，学生在项目完成中的贡献情况也可通过网络学习空间监控，学生对完成作品的态度通过学生课堂观察和部分访谈可以获得。数据显示：三个实验班学生对于完成项目作品的态度积极、兴趣高昂；甲、乙校对照班中甲校八年级 4 班作品完成率为 63%，甲校九年级 3 班作品完成率为 63%，乙校九年级 3 班作品完成率仅为 50%，三个对照班

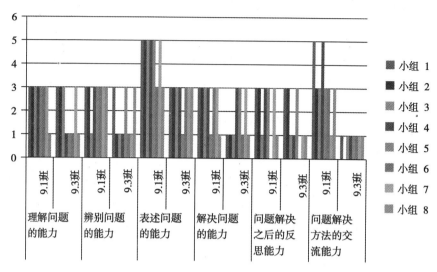

图 7.16　甲校第一轮教学实验后九年级实验班、对照班
学生问题解决子能力发展对比图

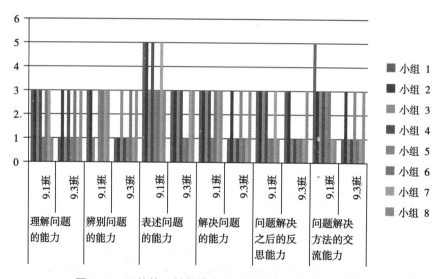

图 7.17　乙校第一轮教学实验后九年级实验班、对照班
学生问题解决子能力发展对比图

学生项目作品的完成进度、学生的参与情况均很难监控。只有甲校八年级 4 班学生对于完成项目作品态度积极，甲校九年级 3 班和乙校九年级 3 班的学生仅把完成项目作品当作课程任务和家庭作业。

同时，甲、乙校三个实验班作品成果形式多样，有幻灯片（PPT）、微视频（简易净水器等作品的制作过程）、实物模型（简易净水器）、调查报告（环保调查）等，作品质量以优、良为主。而三个对照班作品形式相对单一，主要以幻灯片（PPT）为主，乙校九年级 3 班部分小组完成了实物模型与研究报告。三个对照班学生作品质量均为中等（表7.11）。

表7.11　　　　甲、乙校实验班、对照班第一轮实验教学中
学生作品成果对比分析表

学校	年级	班级		作品完成过程				作品形式（勾选√）					作品质量（勾选√）			
				完成率%	完成进度	学生贡献	学生态度	PPT	微视频	实物模型	报告类	其他	优	良	中	差
甲校	八	2班	实验班	100	Y	Y	G	√	√			√		√		
	八	4班	对照班	63	N	N	G	√							√	
	九	1班	实验班	100	Y	Y	G	√	√					√		
	九	3班	对照班	63	N	N	H	√							√	
乙校	九	1班	实验班	100	Y	Y	G		√	√		√		√		
	九	3班	对照班	50%	N	N	N			√	√				√	

观察指标	填写符号：Y. 代表该项过程可监控；N. 代表该项过程不可监控；E. 代表学生完成作品的兴趣高昂，积极性好；H. 代表学生把完成作品仅当作任务 作品质量的评价标准： 优：能够达成学科培养目标，很好地完成项目主题任务，作品能体现小组合作的成分，具有创新性。 良：能够达成部分学科培养目标，较好地完成项目主题任务，作品能体现小组合作的成分，具有一定的创新性。 中：能够达成部分学科培养目标，基本能完成项目主题任务，部分体现小组合作，创新性一般。 差：不能够达成学科培养目标，不能完成项目主题任务，无法体现小组合作，作品不具有创新性。

★第一轮教学实验之后甲、乙校三个实验班与三个对照班对比分析结论

实验班与对照班的学生课堂学习活动观察和学生项目作品分析数据显示，应用网络学习空间 DPSC 应用模式开展研究性学习与传统教学环境下开展研究性学习均有益于学生六种问题解决子能力的发展，但前者对于培养学生的问题解决子能力效果更好。同时，学生基于网络学习空间开展学习活动，完成的项目成果更加丰富、学习过程性资料也更加完

整，反映出网络学习空间教学环境更有利于知识的积累与生成。

结合第一轮教学实践中对学生学习活动的观察数据与 PISA 试题作答数据分析，证明应用初次修订的网络学习空间 DPSC 应用模式开展教学活动能够有效培养学生的六种问题解决子能力。

（3）师生访谈分析

为了客观全面地评价实验中学生问题解决能力的发展状况，了解师生的教学需求，有必要深入分析师生应用网络学习空间 DPSC 应用模式开展教与学活动的心得与体会，获悉调查问卷所无法获得的信息，笔者应用所开发的访谈工具——学生访谈提纲（表 7.4）和教师访谈提纲（表 7.5），对参与实验教学的教师和学生开展了访谈工作，包括应用QQ 等即时通信工具对部分教师和学生开展的网络深度访谈，下面是节选的部分访谈实录。

【访谈/座谈实录】

第一轮实验教学之前学生座谈实录（节选）：

第一轮实验教学之前，笔者对学生做了现场座谈，了解学生问题解决能力现状、学生开展网络学习的现状以及学生参与研究性学习的状况。考虑到学生在校学习的时间非常宝贵，我们利用下午自习课时间，随机选择即将开展实验教学的 20 位学生进行了现场座谈。（学生发言1、2、3……为访谈实录整理时的编号，一名学生可能多次发言）

访谈者：你们觉得自己的问题解决能力如何？

学生发言 5：一般般吧！

学生发言 6：还可以，我喜欢老师提出问题，让我们自己解决。

学生发言 7：不行。

学生发言 8：你是说解数学题吗？我挺喜欢的！

分析：学生对自身的问题解决能力认识不清，部分学生习惯了由老师提出问题，反映出常规教学中对学生们的问题意识培养不足。

第一轮实验教学之后访谈实录（节选）：

【学生现场座谈】

利用下午自习课时间，随机选择实验班的 20 位学生进行了现场座谈。（学生发言1、2、3……为访谈实录整理时的编号，一名学生可能

多次发言）

访谈者：你们小组能完成项目活动、解决问题吗？你们在网络空间的项目学习过程中遇到了哪些困难？

学生发言 5：可以啊，但我们小组对"网站"（空间）的操作还不是很熟！

学生发言 6：能够完成，但不习惯在讨论（空间）中发言。

学生发言 7：可以完成，与其他同学在空间讨论问题的方法不是很熟悉。

学生发言 8：基本可以吧，我在小组中参与活动的机会不多！

分析：通过第一轮实验教学，参与实验的学生表示能完成项目活动，解决相应问题，但学生对于空间的应用尚不熟悉。同时反映出，一些小组的分工不明确，导致部分学生在小组活动中参与得不够。

【学生 QQ 网络交谈】（节选）

现场座谈中访谈者与学生面对面，部分学生显得格外紧张，回答问题很机械。为了深入了解学生参与网络学习空间学习之后的所思所想，笔者与有 QQ 的个别学生建立了联系，并征得学生家长同意，在指定的时间里（一般为周六晚 7：30—8：30）与学生展开了多次网络 QQ 交谈。（以下均用学生网名）

——可爱的"汤圆"（昵称）

访谈者： 你好！我是昨天在你们班上听课的老师，你还记得吗？

汤圆：　，你好，妈妈说你是博士，同意我上网和你聊一会儿。

访谈者：你在网络"教学空间"学习过吗？谈谈你的感受！

汤圆：我是第 6 小组的，我们在空间里上传了资料，大家一起讨论了干什么，感觉这样学习很新鲜，以前没有学过。我对空间里的功能还不熟悉，有一些同学只能在学校上网，家里没法上。

访谈者：对于家里没法上网的学生，你们小组是如何安排的？

汤圆：我们小组共 8 个同学，有 3 个只能在学校上网，家里没法上。我们就在学校分配好任务，让大家各自回家完成。他们 3 人可以第二天在学校上网提交到我们的讨论组里。

分析：学生喜欢在网络上开展项目学习，并能展开有效的讨论。针对一部分学生家里不具备上网条件的现实情况，小组自身做了合理的任务分配，并让学生在课外完成任务，课内上传讨论。这种实践中得出的方法，对于解决一些现实问题不失为一种好的策略。

★学生访谈分析结论

※在第一轮实验教学开展之前，通过对学生的现场座谈，可以发现：

A. 研究性学习作为综合实践课程的核心已经在中小学逐步实施，其中基于项目的学习、基于问题的学习等多种学习方式也已为学生所熟知，学生具备开展实验教学的基础。

B. 日常教学中教师针对学生问题解决能力培养的教学活动比较缺乏，对学生们的问题意识培养不足。

C. 日常教学中教师也会组织学生开展合作学习、项目学习、探究学习，但合作学习的效果并不好。一方面在于小组内学生任务分工不明，任务完成受到时空限制；另一方面各种活动资源无法共享。

D. 部分学生家长并不支持学生上网学习，大有"谈网色变"之态势。

E. 目前，学生们均能通过即时通信工具展开网络交流，但没有开展过系统的网上学习，缺乏与学科知识相关的网络学习资料。

※在第一轮实验教学之后，通过与学生的现场座谈和 QQ 网络交谈，可以发现：

A. 参与项目的学生以小组为单位均能完成项目，并提交作品，学习积极性很高。

B. 参与项目的学生对本组项目成功的经验反思不足，反映出学生对问题解决之后的反思能力需进一步加强。

C. 学生能通过网络主动寻求各种问题解决的办法，反映出学生问题解决能力的逐步养成。

D. 学生在项目学习活动中不仅仅针对项目问题本身，而且会开动脑筋解决阻挠项目实施的各种问题。比如，家里没有上网条件等，在这些困难面前，学生们开始显露出辨别问题的能力、发现问题的能力以及解决问题的能力，小组间还会通过平台共享解决困难的经验，提升了学生们问题解决经验的交流能力。

E. 实践证明，教师需要与学生家长保持良好的沟通与协作，共同为每一位学生开展基于网络平台的学习撑起一朵安全的"云"。

F. 参与实验教学的学生们之间能够开展互评活动，反映出学生们能够逐步地理解问题、发现问题并通过思考问题进而评价他人的作品。但许多评价只局限于课堂，学生基于网络学习空间的互评开展不足。

G. 学生们的信息技术能力需要进一步提升，网络"教学空间"的应用需要进一步熟悉，教师一方面要加强培训学生对平台的使用，另一方面要在项目实施之前协助每个小组设计和分配任务。

 教师访谈

【现场访谈——聆听一线教师的心声】（节选）

——访甲校，刘老师

刘老师是甲校的一名英语教师，多年来一直参与 Intel 未来教育项目，具有开展新课程改革的实践经验。

访谈者：您在教学中设计过哪些研究性学习？您认为影响学生问题解决能力的因素有哪些呢？

刘老师：以前在研究性学习时用过一些项目学习和网络探究学习，我认为影响学生问题解决能力的因素主要是看学生的基础知识是否足够。

分析：刘老师对于研究性学习并不十分明了，因此，实验教学中需要对教师基于项目的学习或基于问题的学习等不同学习方式的设计加强培训。同时，从自身角度提出了基础知识是影响学生问题解决能力的因素。

——访乙校，马老师

马老师是乙校的一名化学教师，热衷于课程教学改革，已经在省级刊物发表教改论文 3 篇，也经常参与本研究活动的其他观摩课。

访谈者：您觉得目前学生的问题解决能力如何？影响学生问题解决能力的因素有哪些呢？

马老师：通过这几次实验教学和观摩其他教师的教学课，我发现学生的问题解决能力发展很快，从网站上学生的发帖数量和质量就可以看

出，学生越来越会思考问题了，有些学生提出的问题很有研究意义。我觉得影响学生的问题解决能力的主要因素可能是学生的意愿，当学生愿意学习时，学习都很积极。

分析：作为参与实验教学的主讲教师，马老师明显感觉到了学生实验前后问题解决能力的提升，表现为参与实验的学生开始积极思考，能够提出有价值的问题。马老师将这些变化归功于学生的学习动机，适当强度的动机会促进学生问题解决能力的发展。

【教师 QQ 深入访谈】（节选）

在第一轮实验教学过程中，我们与部分参与实验的教师建立了良好的伙伴关系，并多次相约利用 QQ 在网上交谈。实践证明网络 QQ 交谈这种非现场的形式，谈话气氛很好，教师更能敞开心扉地交流，提高了访谈的信度。下面的 QQ 交谈实录中均使用教师的网名。

——来自"井"（昵称）的声音

网名为"井"的老师，是在乙校观摩课时认识的。四十出头、精神干练是对他的第一印象。某个周六的早晨，我们在网上不期而遇。（注：寒暄内容剔除，仅节选部分讨论内容）

访谈者： 早上好，王老师。您觉得目前学生的问题解决能力如何？影响学生问题解决能力的因素有哪些呢？

井：目前学生解决问题的能力普遍比较弱，我认为影响问题解决能力的因素有学生的阅读习惯、审题习惯、计算习惯等诸多原因。

分析：面对面的访谈中只要问到学生的问题解决能力如何，百分之六十以上的教师会回答还可以。在 QQ 交谈这种非现场的访谈环境中，教师更容易说出所思所想。王老师将影响学生问题解决能力的因素归结为三种习惯，这些习惯的养成会出现正向和负向两个方面，但其实质是由于习惯而造成的思维定式。正向的思维定式有利于问题的解决，而负向的思维定式会阻碍问题的解决。因此在学生问题解决能力的培养中必须充分认识学习者的思维定式因素，充分发挥思维的定向性和灵活性。

——倾听"若心"（昵称）的声音

网名为"若心"的老师，是甲校一名参与实验教学的主讲教师，四十来岁，也曾多次参加戴尔互联创未来项目以及 Intel 未来教育项目，具有丰富的项目教学经验，喜欢教学研究，和我们一起开展行动研究活动。因此和她的 QQ 交流次数最多，讨论范围也最广泛。（注：寒暄内容剔除，仅节选部分讨论内容）

访谈者：🤝老师，很高兴再次见到您！

若心：🤗，博士好！上次您帮我修改的 V3 版本的教案，我已经试用了，整体很成功！就是有一些问题还想和您交流！

访谈者：您觉得通过第一轮教学实验，学生的问题解决能力是否有提升？您认为影响学生问题解决能力发展的因素有哪些呢？

若心：实施实验教学之前，学生整体不擅长解决问题。他们习惯于接受老师指定的问题和解决方式，甚至只是对结果的验证……实施网络"教学空间"DPSC 项目的学习活动之后，学生有了一些问题解决意识，但解决问题的能力表现不是很突出。习惯导致许多学生更愿意等结果，而不是找结果。我认为教师的教学方式会影响学生的问题解决能力。

分析：通过实验教学，"若心"老师发现了学生思维定式的负面影响，敏锐地觉察到了影响学生问题解决能力发展的知识因素和刺激呈现的模式因素，为我们指出教师采取的教学方式必须关注学生已有知识、知识的组织以及提供清晰的刺激物线索等要素，来帮助学生提升问题解决能力。

★教师访谈结论

在第一轮实验教学后，通过对教师的现场访谈和 QQ 网络交谈，可以发现参与实验教学的教师和实验课观摩教师对以下几点达成了共识：

A. 参与实验教学的教师和实验课观摩教师均对利用网络平台开展研究性学习的教学改革活动持肯定态度，一致认为目前学生的问题解决能力普遍较弱，急需提升。

B. 参与实验教学的教师普遍感到应用网络"教学空间"DPSC 应用模式开展教学活动，部分参与学习活动的学生敢于提出问题，并自主寻求问题解决的方法，一些家长也参与到了学习活动中来，整体学生的问题解决能力有所提升。

C. 认为影响学生问题解决能力的因素主要有：知识因素、心智技能、动机情绪、刺激呈现的模式和思维定式，教师在培养学生问题解决能力过程中要重视知识的传授，要给学生提供清晰的刺激物线索，发挥学生思维定式的正面影响，将学生思维定向性和灵活性相结合。

D. 教师们均认为网络"教学空间"支持下的研究性学习活动，能够突破时空的限制，方便师生在任何时间、任何地点开展学习活动，解决了传统教学环境中实施研究性学习的时间不足问题，为师生提供了丰富的生成性资源。

E. 教师们对基于网络"教学空间"DPSC 的教学设计尚不熟练。

F. 教师们对于网络"教学空间"的教学功能应用尚不熟练。

G. 教师们一致认为学生家长是影响网络"教学空间"DPSC 教学顺利开展的重要因素。

H. 部分教师对学生问题解决能力的理解有局限，片面地认为学生问题解决能力就是学生的解题能力（与文献研究中所发现问题一致）。

I. 许多教师在以前的教学中开展过基于项目的学习或基于问题的学习活动，具备设计开展研究性学习活动的基础，同时反映出传统教学环境下开展研究性学习困难重重。

J. 教师们均感受到了网络"教学空间"这一新技术能促使教学过程可视化，促进了教师和学生思想的零距离接触，并轻松实现了教师间的跨校协同发展。

（4）学生调查问卷数据分析

在学生调查问卷中关于考查学生问题解决能力发展的题目均采用李克特五级量表来评价，程度有"非常不符、不太符合、感觉一般、比较符合、非常符合"，分别赋值 1—5。

首先对问卷中表征学生问题解决子能力的问题进行编码。问卷中 27 题的［2］［3］［4］［5］［7］［8］（题），分别对应于学生问题解决能力的六种子能力（表 7.12），接下来分别对甲校八年级 2 班、九年级 1 班和乙校九年级 1 班三个实验班学生的问卷调查数据进行统计。

表 7.12   学生调查问卷题目编码表（部分）

问题编码（T）	问题解决子能力
T1：[2] 我能明白老师布置任务的要求和问题	理解问题的能力
T2：[3] 我能找出完成任务的关键点和解决方法	辨别问题的能力
T3：[4] 我可以在小组内清晰表述解决问题的思路	表达问题的能力
T4：[5] 我和同学可以进行集体讨论、选择和使用问题解决方法	解决问题的能力
T5：[7] 我们可以组内、组间互评问题解决效果，反思问题解决方法	问题解决之后的反思能力
T6：[8] 我们有机会向其他组表述本组的问题解决方法，总结经验，分析不足，讨论思考该问题解决方法是否能用于其他问题的解决	问题解决方法的交流能力

图 7.18、图 7.19、图 7.20 为三个实验班学生第一轮实验前后的问卷调查统计图。图 7.18 显示实验前后学生针对 T1—T6 的问题回答中，表示"非常符合"与"比较符合"的比率均有大幅提升，"感觉一般"的比例有所下降，"不太符合"与"非常不符合"的比例大幅下降，甚至为零。

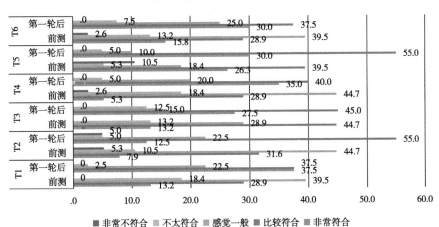

图 7.18 甲校八年级 2 班第一轮教学实验前后学生问卷调查统计图

但是图 7.19、图 7.20 中显示学生在 T5、T6 题的回答中，表示"非常符合"的比例有所下降，"比较符合"的比例变化很小。从一定程度上反映出，参与实验的九年级学生经过第一轮实验教学之后，问题

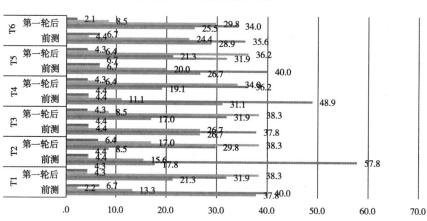

图 7.19　甲校九年级 1 班第一轮教学实验前后学生问卷调查统计图

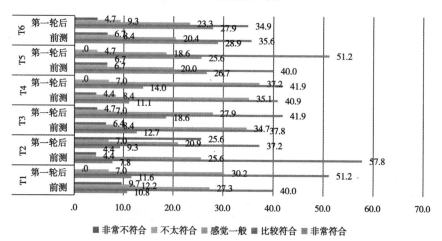

图 7.20　乙校九年级 1 班第一轮教学实验前后学生问卷调查统计图

解决子能力中的后两种能力（解决问题之后的反思能力与问题解决方法
的交流能力）发展较为缓慢，因此，需要在下一轮实验教学中特别予以
重视。

★学生调查问卷分析结论

经过第一轮实验教学，三个实验班学生的六种问题解决子能力均有

提升，其中前四种子能力提升较快，问题解决之后的反思能力与解决问题方法的交流能力提升较慢，需要在接下来的教学中加强网络学习空间DPSC教学应用模式中后两个应用步骤的教学设计。

（5）第一轮教学实验之后学生问题解决能力发展分析结论

①根据上述四个方面的数据分析，证明应用网络学习空间DPSC教学应用模式开展教学活动对于提升学生问题解决六种子能力是行之有效的。

②第一轮行动研究中，各个实验班级的学生问题解决能力的发展不均衡，小组间的差距较大，尤其在六种子能力的最后两种能力即问题解决之后的反思与交流能力方面有些小组表现很好，有些小组表现不尽人意，说明学生整体而言尚未熟悉基于网络学习空间开展学习活动。因此，需要加强针对学生网络学习空间学习活动的设计。

③问题解决之后的反思与交流能力正是传统教学环境下难以培养的问题解决能力，因此，需要教师结合学科教学目标细化学生问题解决子能力的培养目标，应该着重考虑网络学习空间对这两种子能力的培养作用，也为本研究进一步修订网络学习空间DPSC教学活动设计模板提供了方向。

2. 第一轮行动研究的收获

（1）积累了网络学习空间DPSC教学活动设计方案

参与实验教学的学科教师按照网络学习空间DPSC应用模式和教学活动设计模板，在一个学期的教学实验中设计完成了多个完整的网络学习空间DPSC教学活动设计方案（例如：案例一）。这些案例将学科教学的知识目标与培养学生问题解决能力的能力培养目标相融合，应用研究性学习方式，探索了网络学习空间环境下培养学生问题解决能力的教学活动设计方法，积累了宝贵经验。案例二根据教学实际需求对DPSC活动流程和项目环节进行了修改，这种来自教学实践的修改为第一轮教学实验之后修订网络学习空间DPSC教学应用模式和教学活动设计模板提供了依据。

案例一：《身边的金属》

【设计意图】

本项目活动旨在帮助学生利用网络学习空间展开研究性学习，解决初中化学"身边的物质"教学中的重点问题，探索能够帮助学生从身边的物质入手研究物质的物理性质，以及学会分析物质性质与用途间的关系，培养学生问题解决的能力。

【适用环境】

网络学习空间

【DPSC 活动流程】

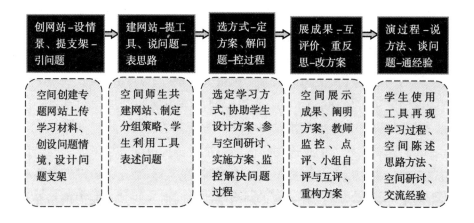

【授课内容】《身边的金属》

【授课年级】初三化学

【教学目标】

学科目标：

知识与技能：

1. 认识人们生活中常见的金属；

2. 金属的物理性质，合金的形成及性能；

3. 培养学生的问题解决能力。

过程与方法：通过收集、整理资料，小组合作探究等方法培养学生通过自主学习分析解决问题的能力。

情感态度价值观：培养学生乐于开展小组合作学习的态度，以及敢于探究的良好品质。

【教学重点】

认识金属物理性质的相似性与差异性。

【教学难点】

物质性质与用途的关系

【教学方式】网络学习空间支持下的研究性学习

【活动时间】1 周

【活动准备】班级分组、学习资源

【教学媒体】网络教室投影仪、多媒体计算机、平板电脑或智能手机

【学案设计】（选用）

【项目实施】

项目环节	教师活动	学生活动	教学空间应用	设计意图
一、创网站-设情景、提支架-引问题	1. 依托"L 市城关区教育公共服务平台"，建立网络学习空间 2. 上传有关身边的金属的相关资料创设问题情境——"身边的金属"，并引导学生开展初步讨论	登录空间，根据资料分析活动主题，围绕活动主题以跟帖的形式发起探讨	创建项目学习空间、添加学习班级	学习空间为学生创设了自主学习环境，各组学生通过查阅资料、发现问题凝练主题，并通过探讨加深对活动主题的理解
二、建网站-提工具、说问题-表思路	协助学生展开空间学习、提供工具，引导学生表述问题	1. 组长负责组内成员分工、活动计划的制订及整个活动过程的统筹和监督工作 2. 各小组选定本组研究的金属，制订研究方案（细化介绍金属的哪些方面）	各小组将研究方案上传到项目学习空间	空间为每组制订方案提供了讨论环境，便于学生展开同步或异步讨论
三、选方式-定方案、解问题-控过程	1. 为学生选择研究性学习方式，提供学习策略指导 2. 引导学生进行任务和角色分配（空间活动角色，参考备注）	组内根据分工查阅资料，并将查找到的信息分享到空间，展开组内讨论	为学生分享资料提供便利，提供讨论平台	空间为学生展开课外研讨提供了可能，为组内互相修改提供了便利，培养了学生搜集、分析和解决问题的能力
	协助学生设计方案、参与学生空间研讨、实施方案、监控学生的空间研讨、解决问题的过程。	1. 解决问题，并合成本组金属介绍作品，以 PPT 或 Word 形式呈现 2. 将制作好的 PPT 或者 Word 上传平台与其他同学共享，并在教师和同学们的建议下完善和修改	提供展示学生课外项目成果以及交流的平台	

续表

项目环节	教师活动	学生活动	教学空间应用	设计意图
四、展成果-互评价、重反思-改方案	1. 为学生在课堂上顺利开展成果汇报做好前期准备 2. 教师监控、点评学习活动和作品	1. 各组选代表展示本组作品、阐明解决方案 2. 各小组展开自评与互评 3. 重构解决方案	各组利用教学空间展示作品	利用空间将课外学习成果在课内展示，利于点评和组间互评
五、演过程-说方法、谈问题-通经验	1. 引导学生使用工具再现学习过程、空间陈述思路和方法 2. 给每组作品打分 3. 组织学生开展本次学习的反思讨论活动	1. 组内人员互评 2. 各组展开经验交流活动，能够反思活动中的不足，并提出修订意见 3. 在平台发表个人的收获与反思	利用空间发布学生学习心得，提交评价量表	教学空间有利于跨时空的生生交互

（2）促使教师积极反思教学，真正实现了教研结合

通过第一轮行动研究，促使主讲教师和观摩教师开始逐步反思教学活动，通过填写主讲教师反思表（表7.13）和观摩教师反思表（表7.14），帮助教师整理研究思路，总结经验。反思表为主讲教师课后进行自我反思和观摩教师评课提供了思路框架，引导教师在第一轮研究中思考技术作用与教学产生的变革，体会应用网络学习空间实施教学的优势和不足，引发主讲教师和观摩教师的研究兴趣，在思考、讨论中将教学改革引向深入，为下一轮教学改革提供依据，而这些正是行动研究的精髓所在。

例如：从甲校八年级英语课、乙校化学课和英语课教师教学反思表、观摩反思表中可以看出，通过第一轮实验教学，主讲教师和观摩教师的思想都发生了较大变化。参与实验教学的教师均指出了自己对于在学习空间中开展教学的作用认识，提升了对应用技术促进教学改革的认识层次。同时，主讲教师开始自我反思本节课需要改进的地方，观摩教师也说出自己的体会，提出了教学建议。第一轮研究成功促使教师开始反思教学，不仅反思自身教学，还开始关注他人的教学，在教学中逐步开展研究性的思考与讨论，是教研结合的良好开端。

表 7.13　　　　　　　　　　**主讲教师反思表**

实验学校		观摩教师	
观摩课例			

<table>
<tr><td colspan="2" align="center">观摩反思</td></tr>
<tr><td align="center">反思内容</td><td align="center">体会、建议</td></tr>
<tr><td>您对基于网络学习空间的教学改革是否感兴趣？你觉得网络学习空间在教学中能发挥什么作用？</td><td></td></tr>
<tr><td>您觉得学生课堂活动开展得如何？</td><td></td></tr>
<tr><td>您了解项目学习吗？本节课的项目学习实施得怎样？</td><td></td></tr>
<tr><td>您认为本节课教学设计效果如何？哪些地方可改进？</td><td></td></tr>
<tr><td>您认为学生能在合作、探究中解决问题吗？</td><td></td></tr>
<tr><td>您认为应用网络学习空间实施教学的困难是什么？</td><td></td></tr>
<tr><td>您对优化本节课有何好的建议？</td><td></td></tr>
</table>

表 7.14　　　　　　　　　　**观摩教师反思表**

实验学校		主讲教师	
教学内容			
教学实施概况			

<table>
<tr><td colspan="3" align="center">教学反思</td></tr>
<tr><td align="center">反思内容</td><td align="center">教学体会</td><td align="center">需改进之处</td></tr>
<tr><td>您觉得网络学习空间在教学中能发挥什么作用？</td><td></td><td></td></tr>
<tr><td>您觉得学生课堂活动开展得如何？</td><td></td><td></td></tr>
<tr><td>学生能在合作、探究中解决问题吗？</td><td></td><td></td></tr>
<tr><td>您认为本节课教学设计的效果如何？哪些地方可以改进？</td><td></td><td></td></tr>
<tr><td>您觉得这节课项目学习实施得怎样？</td><td></td><td></td></tr>
<tr><td>您认为应用网络学习空间实施教学的困难是什么？</td><td></td><td></td></tr>
</table>

（3）积累了使用网络学习空间开展教学活动的初步经验

参与实验的教师在近一个学期的教学设计和平台实践中一边教学、一边总结了一些平台的使用经验。例如，在基于网络学习空间的教学活动中师生发现平台没有批改的功能，对别人的发帖无法直接批改。英语教师刘老师发现利用讨论区复制别人的作品或发言，然后粘贴再修改，可以实现批改和评价功能。教师和学生一起探究平台功能，找到存在的问题，通过实际教学经验解决问题，本身就是学生理解问题、发现问题能力提升的过程。同时，为后期平台功能的进一步完善提供了宝贵的实证依据。

（4）验证了应用网络学习空间 DPSC 教学应用模式开展教学活动，培养学生问题解决能力的可行性

第一轮行动研究中参与实验的班级各自分成了 8 个小组，每个小组都开展了应用网络学习空间 DPSC 教学应用模式的学习活动，并最终形成了小组成果。成果主要以 PPT 的形式展示小组对所探究问题的图文资料的整合。每个小组的 PPT 制作都很精美，信息量大。同时，通过学生访谈也反映出学生参与学习的热情和积极性很高。实践证明，只要教师遵循课程大纲，合理设计教学目标和能力目标，充分发挥网络平台在教学中的作用，弥补传统教学环境的不足，就可以在中学阶段开展基于网络学习空间培养学生问题解决能力的研究性学习活动，并会取得很好的教学效果。

（5）深化了师生对网络学习空间教学应用的认识

分析主讲教师反思记录发现，教师对于网络学习空间的作用有了一致的认识，均认为"应用空间教学可以调动学生学习兴趣，锻炼学生搜集、处理、整合信息和协作交流的能力""加强了教师与学生的沟通与交流""学生之间的交流与沟通跨越了时空的限制"。主讲教师实施基于空间的教学，体验到了学习空间对于学生学习深刻的影响，一定程度上消除了教师对应用网络平台实施教学的顾虑。

分析观摩教师反思记录发现，通过观摩实验班基于网络学习空间的教学，尚未开展空间教学的教师也开始思考空间的教与学的问题，对网络学习空间有了初步的认识。一些观摩教师认为，"空间中学生有机会看到全班同学的写作作品，一次项目学习中获取的信息量大多了，在收集资料、网站建设方面得到了锻炼""以前没有开展过基于网络的项目学习，这种形式很新颖，突出了学生的主体地位"。课堂观摩中的反思激发了教师实施教学改革的兴趣，听课教师看到了网络学习空间实施教学的课堂学习过程，间接体验到了学习空间连接课内、外教与学活动的效果和作用。

通过实验教学，实验班级的师生从对网络学习空间的初步认识逐步上升为应用感知。语文课教师高老师（主讲教师）深有感触地说："利用

'学习空间'实施教学活动，学生搜集、处理、展示信息的能力都有所提升……"英语教师王老师（观摩教师）也谈道："平台上每个孩子都能互相看作品，是纸笔教学的拓展。以往的教学中学生只能看到自己的作品教师是如何评价的，现在能看到其他学生的作品，并作出评价……"

笔者在随后对部分学生展开的 QQ 访谈中听到了参与网络学习空间学习的学生的真实心声。其中 9 年级 1 班的一名女同学反映："这是一种很新型的学习方式，是第一次在网络上上语文课。"另外一名女同学反映："学习空间做好的话，会是一个我们与老师交流的平台。"可以看出，教师和学生都感受到了网络学习空间对于变革教与学方式的巨大作用，教师和学生有了初步的体验，均带着新奇与兴趣展开了教与学的思考。这种对网络学习空间的感知和认识正是进一步开展行动研究的动力所在。

（6）学生课堂中的问题意识明显增强

为便于比较学生实验前后的变化，笔者针对学生课堂学习中的问题意识设计了学生课堂问题意识观察表（表 7.15），来观察记录学生课堂学习中问题意识的表征。分别选择 1 名"学优生"（S1）、1 名"学困生"（S2）进行课堂观察，观察其课堂中回答问题的次数、合作学习的次数，以及学生善于回答问题的类型和回答方式。笔者分别听取了两所样本学校实验前后实验班的 2 节英语课、2 节化学课和 2 节语文课。

表 7.15　　　　　　　　　学生课堂问题意识观察表（第一轮）

	样本	学生回答问题次数		问题类型	学生回答方式	学生合作学习次数
		主动	被动			
第一轮实验（前）	S1					
	S2					
第一轮实验（后）	S1					
	S2					

说明：

1. 选择 1 名学优生 S1、1 名学困生 S2 分别进行课堂观察，观察其回答问题的次数、合作学习的次数，画"正"字来记录。

2. 问题类型包括：A. 复习型问题；B. 启发型问题；C. 生成性问题；D. 评价性问题

3. 学生回答方式包括：A. 附和；B. 齐答且正确；C. 齐答但部分正确；D. 独自回答；E. 无人应答。根据学生回答情况填写 A、B、C、D、E

　　通过第一轮教学实验前后对学生课堂行为的观察，发现学生的问题意识有了明显的变化，表征出学生理解问题的能力、辨别问题的能力以及表述问题的能力都有所提升。应用网络学习空间 DPSC 教学应用模式开展教学活动之前，学生以被动回答问题为主，"学优生" S1 主动回答问题的频次明显优于"学困生" S2。回答问题的类型以复习型问题为主，回答方式以"附和"为主。回答问题时"学优生" S1 往往齐声回答，且正确率高，"学困生" S2 也会齐声回答，但正确率低，"学困生" S2 在一些问题面前会选择沉默（不回答问题）。学生合作次数整体偏低。经过第一轮教学实验，应用网络学习空间 DPSC 教学应用模式开展教学活动之后，三个班所选择的样本学生主动回答问题的次数分别增加了 1.25 倍、2 倍和 2 倍，所回答的问题类型多以启发型问题和生成性问题为主。回答问题的方式出现了独自回答，虽然实验前后都有学困生不回答问题的现象，但学困生的回答正确率明显提升。同时，学生合作学习次数有较大幅度的增长（课堂观察 1：学优生 8 次，学困生 6 次；课堂观察 2：学优生 9 次，学困生 5 次；课堂观察 3：学优生 11 次，学困生 7 次）。虽然学困生回答问题的次数依然低于学优生，但学困生回答问题的变化最为明显，主动回答问题、合作学习等方面的增幅也最大。

　　整体而言，应用网络学习空间 DPSC 教学应用模式开展教学活动，使学生课堂内的问题意识明显增强。学生主动回答问题的次数明显增加，所回答问题的类型趋于启发型、生成性，反映出学生通过基于网络学习空间的学习开始主动思考问题，寻求问题的解决办法，并能够积极开展合作学习。

　　（7）发现了教学活动设计中存在的问题，为修正网络学习空间 DPSC 教学应用模式提供了依据。

　　（第一轮行动研究中发现的具体问题详见下述）

　　3. 第一轮教学实验中凸显的问题

　　第一轮行动研究中，实验课教师按照网络学习空间 DPSC 教学应用模式的五个步骤实施教学设计，即：（1）选材料—创情景、提支架—引问题；（2）建网站—说问题、选模式—定策略；（3）定方案—细研讨、解问题—控过程；　（4）展成果—互评价、重反思—改方案；

（5）演过程—说方法、谈问题—通经验。笔者通过课堂观察、教学空间观察、深入访谈、教师反思等途径获悉第一轮行动研究教学活动中主要存在以下问题：

（1）部分教师不能有效设计问题支架

通过对教师教学设计方案和课堂观察的分析，发现教师课前对围绕课程主题开展的问题材料设计不足。教师只是简单地提供了一些资料，但没有向学生构建足够的问题支架，无法引导学生从资料中发现问题。第一轮实验教学中英语、语文两节课例中的问题都是由教师抛出的，教师还为学生设置了具体的学习项目，这样不利于学生理解问题、辨别问题能力的培养。

（2）教师对网络学习空间中网站的构建及应用设计存在问题

网络学习空间是师生交流、学生小组学习、组内（间）互评的平台，教师对学习空间中专题网站的构建设计应能体现空间教学应用模式的主要环节，和所选择研究性学习方式的关键步骤。但第一轮教学实验中，语文课例中所设计的教学网站一级目录却是具体的教学内容，不利于学生按照环节顺序开展学习。同时，在对学习空间的应用上也出现了一些问题，例如：教师把网址放置于"综合文本区"，需要学生复制、粘贴到浏览器才能打开网站，并没有应用空间中的网址链接功能，反映出教师对学习空间的功能应用尚不熟练。

（3）教师对学科教学目标的达成设计不足

英语、语文、化学三节课整体表现出为了使用"空间"而教学的现象，对于学科教学目标的达成设计不足。教师的反思活动中也发现了这一问题。因此，有必要厘清网络学习空间的应用与学科教学的关系，明确网络学习空间的应用是为达成学科教学目标而服务的，只有合理设计、应用学习空间解决学科教学的重难点，才能促使基于网络学习空间的学科教学活动常态化。

（4）教师在课堂内外对学生的引导不足

课堂观察中发现，一些学生在教学空间学习中容易"迷航"，具体表现为：停滞在前一学习任务上不知道接下来要干什么，也不知道大家目前在干什么。这些学生与本小组的学习步调不一致，他们很难在课外登录空间学习，反映出任课教师在课内外对学生的引导不足，没有及时关注每位学生登录空间的情况，导致部分学生掉队，不能专注于本组或其他组的小组学习过程。

（5）教师应用网络学习空间 DPSC 教学应用模式开展研究性学习的思路不清（以基于项目的学习为例）

笔者在与主讲教师的访谈以及对教师反思实录的分析中发现，初次使用网络学习空间实施教学的教师对于如何在空间实施项目学习不是很清楚，思路过分集中于学习空间的建设。教师们反映："教学中花了较多时间为学生解决信息技术的问题，整体思路不是特别清晰"，"学生课下时间较紧，不能全部练习使用平台，教师使用平台的整体思路不是特别清晰。"因此，接下来的教学实验中有必要帮助教师做好空间学习的活动设计，将 DPSC 教学步骤融合进网站建设，辅助教师厘清应用空间设计项目学习活动的思路。

（6）学生对网络学习空间的使用尚不熟练

正如高老师所说："由于硬件环境的影响，给学生学习的时间不足，学生空间学习缺乏持续性，之前只做了一点工作，目前也只做了一个简单的尝试。"课堂观察中发现部分学生不知道老师说的知识在学习空间的哪一块，甚至连自己所在的小组也找不到，这就严重影响了学生的课堂学习效率，反映出学生对学习空间的使用尚不熟练。在与学生的 QQ 访谈中，八年级 2 班的一位女同学说道："刚开始操作不是很熟练，但登录空间 3 次以上就基本熟悉了"，反映出学生对空间学习的接受能力很强，需要给学生提供更多的登录平台的机会。但部分学生不具备家庭上网的条件，需要在校完成网络学习活动。这就意味着实施空间教学的初期，教师得花较多的时间，安排学生登录学习空间，使学生逐步熟悉学习空间的功能和使用方法。乙校刘老师反映："学生的信息素养跟不上，学生学习时间存在问题，家长对学生上网有抵触情绪，只能利用学校时间例如微机课，但不能长时间占用微机课的课时。"根据师生反映的上述问题，笔者与教师们展开座谈讨论，提出将网络学习空间的使用训练融入日常信息技术课程当中，期望该建议在下一轮实验教学中能够发挥作用。

（7）学生分小组制订实施方案展开讨论环节存在问题

课堂观察反映出学生学习任务不明确，在小组制订实施方案环节讨论不足，小组内学生分工不清、角色不明，出现部分学生游离于小组学习活动之外的现象。需要教师做好小组角色任务分配工作，并加强对每组学习过程的监控，及时帮助游离的学生融入小组学习的主流。

（8）师生在网络学习空间的主动交互不足

目前，学生的学习处于一种"被动交互"的状态。根据网络学习空间中学生发帖、回帖的状态分析，只有老师提问时学生才会参与思考与回答，学生很少主动提问，发主帖的数量远远不足，反映出学生尚未形成小组话语权，思想深处尚未处于学习的主体地位。需要教师进一步给予鼓励与支持，让学生大胆发表自己的观点，即使是错误的也值得肯定。由于长期的填鸭式教育的影响，学生们已经习惯了被动交互，所以学生重置话语权的过程需要一个很长的时间，但这种变化会反映到学生空间的学习活动中，需要教师及时捕捉这些信息，给予正向的激励。

（9）学生成果交流形式呆板，对学习过程和经验的总结不足

课堂观察及学生访谈中反映出，第一轮实验教学中学生提交的小组学习成果几乎都为 PPT，交流形式以读文本为主，各个小组尚不能对本组问题解决的活动过程做简要说明，也不能很好地在空间总结交流学习经验和心得，反映出学生对空间功能不熟悉，不能应用视频、图片等技术手段呈现本组问题解决过程。需要教师在应用网络学习空间 DPSC 教学应用模式开展教学活动时引入第三方软件的支持，逐步培养学生应用信息技术解决问题的能力。

（10）师生学习评价不足

教师点评和生生互评是基于网络学习空间实施教学活动的特点之一。就第一轮行动研究的教学实践而言，这一特点发挥得并不理想，师生基于空间的评价严重不足，尚未真正发挥网络学习空间跨时空交流的优势。

4. 修订教学活动设计模板

按照行动研究的规律，在计划、行动、观察、反思之后需要对第一轮行动研究的计划包括教学设计做出修改，以便在下一轮行动研究中规避相应的问题，提高行动研究的质量。根据上述剖析的问题，拟从以下几个方面修订网络学习空间 DPSC 教学活动设计模板。

（1）聚焦教学目标，细化教学活动

根据与主讲教师和观摩教师的座谈，将进一步聚焦教学目标，细化

教学活动，对第一轮的教学活动做适当调整。例如：英语课将听、说、读、写能力分步培养，将本次项目学习的教学目标聚集到写作能力上。课前教师提供材料引入写前训练，课堂教学中给学生 10 分钟写作，留出 15 分钟开展组内、组间当堂评价。

（2）在 DPSC 教学环节中创设子活动

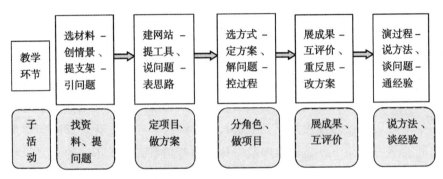

图 7.21　DPSC 教学子活动设计

设计子活动，细化实施方案，在活动设计中应尽量规避上述十种问题，设计五种子活动，落实 DPSC 教学实践环节（图 7.21）。活动目标紧紧围绕培养问题解决能力而展开（表 7.16 中粗体字），每个子活动计划时长以天为单位，整个项目周期计划为期 2 周，评价点反映了每个子活动的观测点（表 7.16 中粗体字）。

表 7.16　　　　　　　　修订后的 DPSC 教学子活动设计表

说明 子活动	活动主题	活动目标	活动时间	评价点
子活动 1	找资料、提问题	使学生能够筛选、评价已获得的信息，分析构成问题的要素，**提出问题**	1 天	**探寻**有关的**资料**和知识，**列出**所发现的问题
子活动 2	定项目、做方案	使学生能主动探寻与问题有关的资料和知识（**辨别问题**），并在小组内清晰**表述**问题。能够在教学空间里展开讨论制定项目主题和实施方案	3 天	空间讨论状况（**发帖频次、质量**） 小组提出明确的**项目主题** 小组项目实施方案
子活动 3	分角色、做项目	使学生能够组内分工协作，根据任务分配**解决问题**，形成学习成果	5 天	空间讨论状况（**小组成员角色**） 空间提交小组成果（**完成过程**）

续表

说明 子活动	活动主题	活动目标	活动时间	评价点
子活动 4	展成果、 互评价	使学生能够展示成果，阐明本组解决问题的过程、思路和评价，具备问题解决后的**反思能力**	3 天	课堂展示（介绍成果、**阐明解决思路和过程**） 空间评价（组内、组间发帖互评）
子活动 5	说方法、 谈经验	使学生能够利用学习空间阐释思想，表述本组问题解决方法，总结成功经验，分析不足，讨论思考问题解决方法的迁移使用，具备**交流问题**的能力	2 天	空间讨论（发帖） 空间作业（心得报告）

修订后的网络学习空间 DPSC 教学活动设计模板如表 7.17 所示。

表 7.17　　网络学习空间 DPSC 教学活动设计模板（修订后）

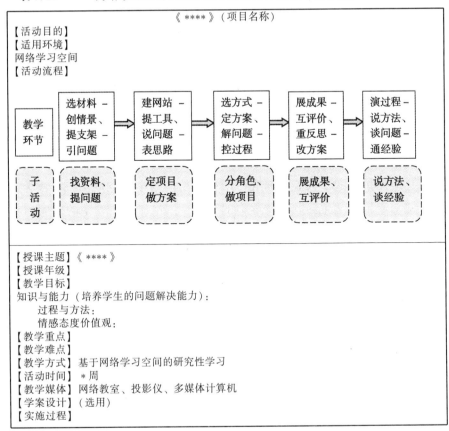

续表

项目环节	教师活动	学生活动	学习空间的应用	设计意图
一、找资料、提问题				
二、定项目、做方案				
三、分角色、做项目				
四、展成果、互评价				
五、说方法、谈经验				

【成果要求】
【角色分配】建议教师在活动设计中注重引导学生小组分配以下角色：
(1) 讨论发起者。负责组织小组成员开展讨论活动，通过发起话题、提供建议来促使学生展开积极的讨论，同时负责在讨论结束时做总结。可以是教师和组内 1 位同学共同担任该角色。
(2) 督促者。每组要配置一个督促人的角色，负责监控小组成员参与活动的情况，及时向教师反馈活动开展的情况和存在的困难。
(3) 发言者。这是一个小组中所占比例最大的角色，每个发言人需要陈述清楚自己的观点并随时收集资料和信息来支撑自己或伙伴的观点。
(4) 纠察员。负责分析比较小组成员的观点和意见，提出疑问，要求成员给予论证，可将讨论引向深入。组内所有同学均可担任该角色。

三　第一轮准实验研究

(一) 实验目的

根据研究样本中选定的班级，每次开展行动研究时，同步开展实验研究，应用量化的手段验证研究中所构建的网络学习空间 DPSC 教学应用模式对于提升学生问题解决能力的有效性。本研究活动中的实验研究选择准实验研究方法。

(二) 实验设计

1. 实验假设

(1) 基于网络学习空间 DPSC 教学应用模式开展学习活动的学生（实验班），其问题解决能力明显优于传统教学环境下学习的学生（对照班）。

(2) 基于网络学习空间 DPSC 教学应用模式开展学习活动的学生（实验班），其自身的问题解决能力显著提高。

2. 实验变量

自变量 X：网络学习空间 DPSC 教学应用模式。

因变量 Y：学生问题解决能力。

干扰变量：学生学习动机、信息技术素养、家庭学习环境。

采用实验班、对照班前后测准实验设计模式。在 PISA 前测的八个班级中选择问题解决能力无显著差异的 2 个班级，一个定为"实验班"，一个选为"对照班"，以提高准实验研究的内在效度，削弱干扰变量的影响。

3. 实验过程

第一轮准实验研究的实验过程如图 7.22 所示，首先实施前测，然后应用网络学习空间 DPSC 教学应用模式开展教学活动。当第一轮教学实验完成后实施能力测试，根据获得的数据验证实验假设，然后结合本轮行动研究的观察数据及质性分析，改进研究方案和教学活动设计，修订教学应用模式，为开展下一轮教学实验做好准备。

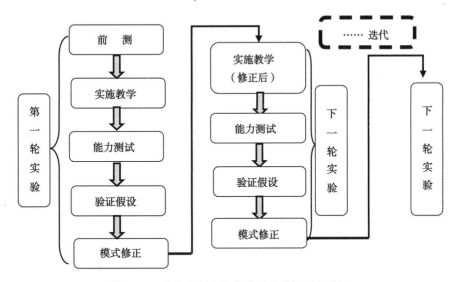

图 7.22　准实验研究迭代设计实施流程示意图

(三) 数据收集与处理

本实验研究以学生问题解决能力测试、学生问卷调查来收集实验数据。主要采用《PISA2003 学生问题解决能力测试》对学生每一轮教学实验进行前测、中测、后测。通过对比数据，分析学生参与实验前、后的问题解决能力的发展变化状况，以验证实验假设。

1. 实验数据收集工具——《PISA2003 学生问题解决能力测试》

本实验研究应用《PISA2003 学生问题解决能力测试》试卷，测评学生实验前后问题解决能力的发展状况。两所实验样本校（甲、乙校）共选择八年级 4 个班、九年级 8 个班共计学生 524 人实施前测，并对测试卷的信度进行分析。该测试卷的信度系数 Alpha 为 0.78（表 6.2），说明信度可以接受。

2. 数据分析

根据实验需要采用 T 检验的方法来分析实验数据：

（1）独立样本 T 检验

独立样本 T 检验：可以用来验证实验班和对照班之间的差异性，验证网络学习空间 DPSC 教学活动设计的有效性，以及验证网络学习空间 DPSC 教学应用模式对提高学生问题解决能力的有效性。

原假设：实验班和对照班学生问题解决能力测试得分总体相等。

H_0：$\mu_{实验班} = \mu_{对照班}$

对立假设：实验班和对照班学生问题解决能力测试得分总体不相等。

H_1：$\mu_{实验班} \neq \mu_{对照班}$

（2）配对样本 T 检验

配对样本 T 检验可用来检验教学实验前、后实验班学生自身的问题解决能力是否发生变化，即实验班学生问题解决能力测试成绩在实验前、后有无显著性差异。

（四）第一轮实验结果

1. 验证应用网络学习空间 DPSC 教学应用模式开展教学活动对培养学生问题解决能力的有效性

经过第一轮实验，为检验应用网络学习空间 DPSC 教学应用模式开展教学活动对培养学生问题解决能力的有效性，须对样本学校的实验班级和对照班级的 PISA 测试成绩做差异性检验。

（1）甲校实验班级和对照班级学生问题解决能力测试成绩差异性

检验

【八年级】

表 7.18　　　甲校八年级实验班、对照班独立样本 T 检验统计量

班级	N	均值	标准差	均值的标准误
2 班（实验班）	39	46.487	20.589	3.297
4 班（对照班）	41	34.976	17.847	2.787

表 7.19　　　　甲校八年级实验班、对照班独立样本 T 检验

	方差方程的 Levene 检验		均值方程的 t 检验					差分的 95% 置信区间	
	F	Sig.	t	df	Sig.（双侧）	均值差值	标准误差值	下限	上限
假设方差相等	0.202	0.654	2.676	78	0.009	11.512	4.302	2.948	20.076
假设方差不相等			2.666	75.226	0.009	11.512	4.317	2.912	20.111

第一轮实验教学之后，实验样本校 1——甲校，八年级 2 班（实验班）平均成绩明显高于 4 班（对照班）（表 7.18）。下面分析两个班级的成绩差异是否具有统计显著性。根据假设方差相等的 Levene 检验（表 7.19），F 值为 0.202，P（Sig.）值为 0.654，P>0.05，故而不能拒绝原假设，表明样本总体方差相等。接着分析假设方差相等时 T 检验的结果，表 7.19 显示 P（Sig.）值为 0.009，P<0.05，故而拒绝原假设，证明实验班和对照班之间的学生问题解决能力测试成绩存在显著性差异。

从样本 T 检验的置信区间看（2.948 至 20.076），区间不跨零，也反映出实验班和对照班间学生问题解决能力测试成绩有显著性差异。

【九年级】

表 7.20　　　甲校九年级实验班、对照班独立样本 T 检验统计量

班级	N	均值	标准差	均值的标准误
1 班（实验班）	47	43.958	20.013	2.919
3 班（对照班）	39	33.180	18.376	2.943

表 7. 21　　　　　　甲校九年级实验班、对照班独立样本 T 检验

	方差方程的 Levene 检验		均值方程的 t 检验					差分的 95% 置信区间	
	F	Sig.	t	df	Sig.（双侧）	均值差值	标准误差值	下限	上限
假设方差相等	1.696	0.196	2.580	84	0.012	10.778	4.178	2.469	19.087
假设方差不相等			2.600	83.107	0.011	10.778	4.145	2.534	19.022

　　第一轮实验教学之后，实验样本校 1——甲校，九年级 1 班（实验班）平均成绩明显高于 3 班（对照班）（表 7.20）。下面分析两个班级的成绩差异是否具有统计显著性。根据假设方差相等的 Levene 检验（表 7.21），F 值为 1.696，P（Sig.）值为 0.196，P>0.05，因此不能拒绝原假设，表明样本总体方差相等。接着分析假设方差相等时 T 检验的结果，表 7.21 显示 P（Sig.）值为 0.012，P<0.05，故而拒绝原假设，证明实验班和对照班之间学生的问题解决能力测试成绩存在显著性差异。

　　从样本 T 检验的置信区间看（2.469 至 19.087），区间不跨零，也反映出实验班和对照班之间学生问题解决能力测试成绩有显著性差异。

　　（2）乙校实验班级和对照班级学生问题解决能力测试成绩差异性检验

表 7. 22　　　　乙校九年级实验班、对照班独立样本 T 检验统计量

班级	N	均值	标准差	均值的标准误
1 班（实验班）	42	53.548	17.346	2.677
3 班（对照班）	40	32.400	12.985	2.053

表 7. 23　　　　　　乙校九年级实验班、对照班独立样本 T 检验

	方差方程的 Levene 检验		均值方程的 t 检验					差分的 95% 置信区间	
	F	Sig.	t	df	Sig.（双侧）	均值差值	标准误差值	下限	上限
假设方差相等	0.435	0.512	6.226	80	0.000	21.148	3.397	14.388	27.908
假设方差不相等			6.269	75.840	0.000	21.148	3.373	14.429	27.866

第一轮实验教学之后，样本校 2——乙校，九年级 1 班（实验班）平均成绩明显高于 3 班（对照班）（表 7.22）。下面分析两个班级的测试成绩差异是否具有统计显著性。根据假设方差相等的 Levene 检验（表 7.23），F 值为 0.435，P（Sig.）值为 0.512，P>0.05，故不能拒绝原假设，表明样本总体方差相等。接着分析假设方差相等时 T 检验的结果，表 7.23 显示 P（Sig.）值为 0.000，P<0.05，故而拒绝原假设，证明实验班和对照班之间学生问题解决能力测试成绩存在显著性差异。

从样本 T 检验的置信区间看（14.388 至 27.908），区间不跨零，也反映出实验班和对照班之间学生问题解决能力测试成绩有显著性差异。

结论：通过对甲校、乙校，八年级 1 个实验班、1 个对照班，九年级 2 个实验班、2 个对照班的第一轮实验教学后，学生问题解决能力测试数据分析显示，实验班学生的问题解决能力明显高于对照班。

证明应用网络学习空间 DPSC 教学应用模式开展教学活动能够有效提高学生的问题解决能力（验证实验假设 1 成立）。

2. 验证基于网络学习空间 DPSC 教学应用模式开展学习活动的学生，其自身问题解决能力是否显著提升

判断第一轮教学实验中基于网络学习空间 DPSC 教学应用模式开展学习活动的学生，其问题解决能力是否显著提高，需要对两个样本学校的实验班级分别做配对样本 T 检验，以验证第一轮教学实验前、后，实验班学生问题解决能力是否变化。

（1）甲校，第一轮教学实验前、后，实验班学生问题解决能力测试成绩差异性检验

【八年级实验班】

八年级 2 班经过第一轮教学实验，学生的问题解决能力 PISA 测试得分显著提升，即实验后的测试成绩远高于实验前的测试成绩（表 7.24）。同时对八年级 2 班实验前、后的 PISA 测试成绩进行配对样本 T 检验，表 7.25 显示 P（Sig.）值为 0.039，P<0.05，故而证明八年级 2 班学生的问题解决能力测试成绩在第一轮教学实验前、后存在显著性差异。

表 7.24　　甲校八年级 2 班第一轮实验前、后成对样本统计量①

班级	均值	N	标准差	均值的标准误
第一轮实验前	37.897	39	15.778	2.527
第一轮实验后	46.487	39	20.589	3.297

表 7.25　　甲校八年级 2 班实验前、后成对样本 T 检验

	成对差分					t	df	Sig.（双侧）
				差分的95%置信区间				
	均值	标准差	均值的标准误	下限	上限			
第一轮实验前–第一轮实验后	-8.590	25.049	4.011	-16.710	-0.470	-2.142	38	0.039

【九年级实验班】

甲校九年级 1 班经过第一轮实验教学，学生的问题解决能力 PISA 测试得分显著提升，即实验后的测试成绩远高于实验前的测试成绩（表 7.26）。同时对九年级 1 班实验前、后的 PISA 测试成绩进行配对样本 T 检验，表 7.27 显示 P（Sig.）值为 0.006，$P < 0.05$，故而九年级 1 班学生的问题解决能力测试成绩在第一轮教学实验前后存在显著性差异。

表 7.26　　甲校九年级 1 班第一轮实验前后成对样本统计量②

班级	均值	N	标准差	均值的标准误
第一轮实验前	36.178	45	15.109	2.252
第一轮实验后	45.644	45	18.717	2.790

---

① 笔者注：由于第一轮实验结束测试（中测）时实验班有 1 人请假，共 39 人，实验班前测时为 40 人，为便于配对统计，数据处理中将未参加中测学生的前测成绩排除，即均按照 39 人计算。

② 笔者注：由于实验班级前测时 2 位学生缺席，故测试学生 45 人，虽然第一轮实验结束测试（中测）时为 47 人，为便于统计，中测数据处理时将未参加前测的学生排除，仍然采用 45 人计算。

表 7.27 甲校九年级 1 班实验前后成对样本 T 检验

	成对差分					t	df	Sig.（双侧）
				差分的95%置信区间				
	均值	标准差	均值的标准误	下限	上限			
第一轮实验前-第一轮实验后	−9.467	22.063	3.289	−16.094	−2.838	−2.878	44	0.006

（2）乙校第一轮教学实验前后，实验班学生问题解决能力测试成绩差异性检验

乙校九年级 1 班经过第一轮实验教学，学生的问题解决能力 PISA 测试得分显著提升（表 7.28），即实验后的测试成绩远高于实验前的测试成绩。同时对九年级 1 班实验前、后的 PISA 测试成绩进行配对样本 T 检验，表 7.29 显示 P（Sig.）值为 0.000，$P<0.05$，故而九年级 1 班学生的问题解决能力测试成绩在第一轮教学实验前后存在显著性差异。

表 7.28 乙校九年级 1 班第一轮实验前后成对样本统计量[①]

班级	均值	N	标准差	均值的标准误
第一轮实验前	30.643	42	11.391	1.758
第一轮实验后	53.548	42	17.346	2.677

表 7.29 乙校九年级 1 班实验前后成对样本 T 检验

	成对差分					t	df	Sig.（双侧）
				差分的95%置信区间				
	均值	标准差	均值的标准误	下限	上限			
第一轮实验前-第一轮实验后	−22.905	8.593	1.326	−25.582	−20.227	−17.274	41	0.000

结论：通过对甲校、乙校 3 个实验班级第一轮教学实验前后的

---

① 笔者注：由于实验班级前测时，一位学生请假，故测试学生 42 人，虽然第一轮实验结束测试（中测）时为 43 人，为便于统计，中测数据处理时将未参加前测的学生排除，仍然采用 42 人计算。

PISA 测试成绩进行配对样本 T 检验，数据分析显示实验班学生基于网络学习空间 DPSC 教学应用模式开展学习活动之后，自身的问题解决能力测试成绩明显高于教学实验之前的问题解决能力测试成绩，即第一轮教学实验前、后实验班学生的问题解决能力测试成绩存在显著性差异。证明学生基于网络学习空间 DPSC 教学应用模式开展学习活动，其问题解决能力会显著提升（验证实验假设 2 成立）。

四　第一轮研究反思与模式修正

（一）总结与反思

1. 第一轮研究总结

笔者在构建网络学习空间 DPSC 教学应用模式时，充分考虑了培养学生问题解决子能力的网络学习空间教学应用步骤（图 5.4），因此在第一轮教学实验的每一个环节中，均体现了构成问题解决能力的六种子能力的培养。六种子能力的发展贯穿于学生问题解决能力培养的五个步骤之中，虽然没有明确的界限，但每个教学步骤重点培养一种或两种子能力，而其他子能力也在同步发展。

（1）"选材料-创情景、提支架-引问题"环节主要培养学生理解问题和辨别问题的能力；

（2）"建网站-提工具、说问题-表思路"环节主要培养学生表述问题的能力；

（3）"选方式-定方案、解问题-控过程"环节主要培养学生解决问题的能力；

（4）"展成果-互评价、重反思-改方案"环节主要培养学生问题解决之后的反思能力；

（5）"演过程-说方法、谈问题-通经验"环节主要培养学生交流问题解决方法的能力。

通过第一轮行动研究中四个方面的量化数据和质性分析，结合第一轮准实验研究数据，可以证明应用网络学习空间 DPSC 教学应用模式开展教学活动，学生（实验班）的问题解决能力明显高于传统教学环境下开展教学活动的学生（对照班）。学生基于网络学习空间开展 DPSC 学习活动，能够有效提升其问题解决能力。

2. 第一轮研究存在的不足

在第一轮研究中通过行动研究和准实验研究，发现师生基于网络学习空间开展教与学是可行的，学生的问题解决能力在自主、合作的项目学习中得到了提升。网络学习空间为学生的学习提供了跨时空的便利条件，极大地丰富了传统的课堂教学，真正实现了以学生为中心的教学。但也存在以下几个方面的不足，在下一轮教学实验研究中，将着重围绕教学目标的达成来设计教与学的活动。

（1）第一轮研究的周期较短，学生对网络学习空间的熟悉程度不够，影响了学生参与网络学习空间开展学习活动的效果。

（2）学生分小组合作学习中的评价不足。

（3）教师对于教学目标的达成设计不足。

（4）学生在网络学习空间中针对学习过程的反思不足。

（二）模式修正

根据第一轮行动研究结果和准实验研究数据，结合教学实践案例，主要从以下几个方面对网络学习空间 DPSC 教学应用模式进行修正：

1. 增加学生的活动设计。

根据教学活动设计模板的修订，在模式的五个步骤环节中均增加学生的活动设计，真正做到以学生为中心。

2. 进一步明确教师的作用。

模式修订中将删除教师组织学生开展学习的诸多设计，明确教师的指导与辅助学生学习的功能。教师由传统的课堂学习组织者转变为课堂学习帮助者。

3. 调整模式步骤环节，凝练环节要素。

针对模式的部分环节做了调整，突出环节要素和所培养的问题解决子能力。

第一个环节改为"创网站-设情景、提支架-引问题"，突出教师在该环节的主要任务是创设专题学习网站并提供资源、设计问题支架，而不是给学生提出问题。教师要提供能够引出问题的资源，帮助学生引发思考，发现问题，提升学生理解问题和辨别问题的能力。

第二环节凝练为"建网站—说问题、选方式—定方案"，一方面强调了师生共建学习网站，教师须根据教学需求帮助学生选择适宜的研究性学习方式，灵活采用基于项目的学习、基于问题的学习或基于任务的学习等等；另一方面突出了学生的任务，是组内讨论制定研究主题，制订实施方案。将制订方案从环节三调整到环节二，使学生在制订方案的过程中加大研讨量，并要求学生在表述本组所发现问题的同时要能够阐述本组制订的解决方案，强化了学生表述问题能力的培养。

第三环节改为"做方案—细研讨、解问题—控过程"，突出了学生实施方案的过程中学生研讨和教师监控的作用，指明教师应该对学生问题解决的过程进行监控，增加教师行为"教师监控过程"，强调教学需要辅助学生一边解决问题一边展开积极的研讨活动，明确了二、三环节制订方案、实施方案的不同任务。在培养学生的问题解决能力的同时，有助于学生理解问题、辨别问题和表述问题能力的提升。

第四环节改为"展成果—互评价、谈反思—改方案"，进一步明确师生行为中需要凸显评价环节，明确提出多元评价。第一轮研究中发现，学生的学习评价存在很大问题，课内、外的评价活动不能有效开展，因此在模式修订中强调了评价环节。新模式要求教师在第四环节，给学生提供组内互评的量表，一方面为量化评价做好准备，另一方面有利于规范学生组内合作学习的开展，并明确提出学生组内、组间互评的任务要求，引导学生以组内量化评价、教师课堂点评、学生组间互评的多元评价方式展开交流。同时要求每组的学生利用网络空间交流自己对学习过程的反思认识，在培养学生问题解决之后的反思能力的同时进一步强化表达问题的能力。

第五环节实施要素明确，故不做修改。

网络学习空间 DPSC 教学应用模式在专家修订的基础上实施了第一轮实验教学。笔者与一线教师同步开展行动研究和准实验研究，通过行动研究的质性分析和准实验研究的数据分析，结合一线教师教学实践反馈，针对研究中发现的问题和存在的困难从上述几个方面做了改进，并将第一轮行动研究中研究者和教师发现的问题逐一考虑，结合教学活动五个子活动的设计思路，将网络学习空间 DPSC 教学应用模式二次修订如下（图 7.23）（注：有下划线的粗字体即为改动部分）：

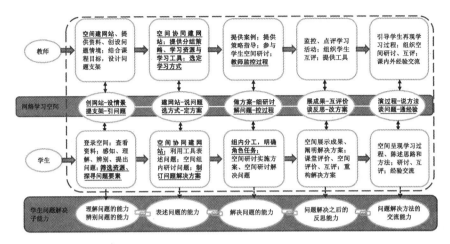

图 7.23 网络学习空间 DPSC 教学应用模式（二次修订）

模式修订后的步骤描述：

（注：◆代表教师行为；△代表学生行为；粗字体即为改动部分）

（1）创网站-设情景、提支架-引问题

教师活动：

◆**教学空间创建网站。**

◆结合课程目标、设计问题支架。

◆提供支持材料、创设问题情境。

学生活动：

△看资料，感知、理解、辨别问题。

△**筛选资源、探寻问题要素。**

（2）建网站-说问题、选方式-定方案

教师活动：

◆**空间协同建设网站。**

◆**提供分组策略、学习资源与技术工具。**

◆**师生网络研讨、选定学习方式。**

学生活动：

△师生共建学习网站。

△利用工具，表述问题。

△空间组内研讨问题。

△制订问题解决方案。

（3）**做方案—细研讨、解问题—控过程**

教师活动：

◆提供案例

◆提供策略指导

◆参与学生空间研讨

学生活动：

△组内分工，明确角色任务。

△空间研讨，实施方案。

△空间研讨，解决问题。

（4）**展成果—互评价、谈反思—改方案**

教师活动：

◆监控，点评学习活动。

◆组织学生互评，提供工具。

学生活动：

△空间展示成果。

△阐明问题解决思路。

△课堂评价、空间评价、互评。

△重构解决方案。

（5）**演过程—说方法、谈问题–通经验**

教师活动：

◆引导学生再现学习过程。

◆组织空间研讨、互评。

◆课内外经验交流。

学生活动：

△空间呈现学习过程、陈述思路和方法。

△研讨、互评，经验交流。

第八章 基于网络学习空间培养学生问题解决能力的教学实验研究（第二轮）

论先后，当以致知为先；论轻重，当以力行为重。

——朱熹

一 第二轮教学实验内容及过程

从 2014 年 9 月初开始，笔者进入样本学校开展第二轮教学实践研究。样本学校与样本班与第一轮教学实验一致。实验班全体学生参与第二轮教学实验活动。

（一）教学实验内容

研究人员辅助教师从学科教学目标出发，挖掘学科教学中适宜培养学生问题解决能力的教学内容，帮助教师选择适宜的研究性学习方式，完成三版教学设计方案（V1—V3），设计应用网络学习空间 DPSC 教学应用模式培养学生问题解决能力的教学活动。

2014 年 9 月开始，第二轮教学实验中三个实验班、三门课程共计 127 人参与实验教学活动。三门实验课程的教师在一个学期的教学中均应用网络学习空间 DPSC 教学应用模式设计教学活动，每门课程在一个学期中均持续不断地设计、实施多项学习活动，学习时长为 14 周。笔者分别选取每一门课程学习项目中的最后一项，开展实验观察活动，收集分析数据。

甲校八年级 2 班英语课教师应用网络学习空间 DPSC 教学应用模式开展为期一个学期的教学活动，一个学期中共设计实施了 6 项学习活动，本研究选取学期末最后一项活动：《To be a great volunteer!》，展开观察与测评；九年级 1 班语文课教师应用网络学习空间 DPSC 教学应用模式开展为期一个学期的教学活动，一个学期中共设计实施了 7 项学习活动，本研究选取学期末最后一项活动：《古诗漫谈——苏轼在黄州》，展开观察与测评。

乙校九年级 1 班化学课教师应用网络学习空间 DPSC 教学应用模式开展为期一个学期的教学活动，一个学期中共设计实施了 7 项学习活动，本研究选取学期末最后一项活动：《水的净化》，展开观察与测评。

（二）教学实验过程

第二轮实验教学的过程可分为以下九步，每门课程一学期持续实施多个项目活动时，可分别遵循 4—9 步，循环开展不同的项目学习。

1. 学生自主分组，每班分 6 组，每组 6—8 人。

2. 学生登录网络学习空间，协助教师建设网站。

3. 教师公布学习评价要求，提供评价量表，学生组内角色分配。

4. 学生登录网络学习空间分析学习材料，基于网络空间展开小组研讨，发现、提出问题。

5. 学生网络学习空间研讨，制订问题解决方案，课堂内（可以课内登录空间）分小组，向全班展示方案制订过程和表述本组问题解决的方案。

6. 学生基于网络学习空间课内外协作研讨实施方案，解决问题。

7. 各小组网络学习空间研讨，教师辅助、答疑。

8. 学生分别在网络学习空间及课堂中合作展示小组学习成果，阐述本组解决问题方案的实施过程。

9. 小组学生网络空间互评，教师课堂点评。

二　第二轮行动研究

（一）第二轮行动研究目标

本研究采用行动研究的总目标，是探究应用已构建的网络学习空间 DPSC 教学应用模式开展教学活动是否能够有效培养学生的问题解决能力。其中：技术（网络学习空间）如何支持与发挥作用？通过教学一线的行动实践来反思教学效果，改进教学活动设计，探究模式存在的问题，以期能够不断修正模式，总结模式在教学中的应用方法和应用策略。研究拟采用多轮迭代方式，第二轮行动研究的具体目标如下：

根据第一轮行动研究获得的经验和改进后的教学应用模式以及修订的教学活动设计模板继续开展教学实践，在教学过程中观察、反思，进而不断修正模式。根据修正的网络学习空间应用模式和已经总结提出的学习经验，再次设计基于网络学习空间的教学活动，来验证修正后的网络学习空间 DPSC 教学应用模式的有效性，继续修订和完善模式并总结网络学习空间 DPSC 教学应用模式的教学应用方法和策略，为最终修订较为完善的网络学习空间 DPSC 教学应用模式提供依据，为总结网络学习空间的教学应用策略提供实践支撑。

第二轮研究涉及的学科与第一轮研究一致，为英语、语文和化学，三门课程的教师在研究者的协助下开展一个学期的教学实验活动，持续不断地将网络学习空间 DPSC 教学应用模式应用于本学科的教学之中。每门课程均设计、实施 6 个以上的应用网络学习空间 DPSC 教学应用模式开展教学的项目活动，确保了足够的实验教学时间以切实提升学生的问题解决能力。

笔者选取学期末最后一次项目活动开展测评与观察研究，以获取数据，分析效果。研究所选取观测的学习项目内容详见表 8.1。

表 8.1　　　网络学习空间 DPSC 教学行动研究计划表（第二轮）

阶段	时间	学科	选取观测项目	目标	任务
第二轮	2014 年 9 月— 12 月	英语	《To be a great volunteer!》	修正模式，完善步骤和活动模板设计，总结模式应用策略、方法	1. 根据意见，修正模式，改进教学设计方案，开展教学实践 2. 通过准实验研究结合课堂观察、课后反思，进一步探寻模式存在的问题，提出修正建议 3. 细化、完善教学的实施步骤 4. 完善活动设计模板 5. 修订网络学习空间应用模式 6. 分析经验、总结模式的应用策略和方法
		语文	《古诗漫谈——苏轼在黄州》		
		化学	《水的净化》		

（二）第二轮行动研究准备工作

经过第一轮行动研究，参与实验的教师和学生已初步具备了应用网络学习空间开展教与学活动的经验。根据第一轮行动研究的质性分析，需要在开展第二轮行动研究之前，做好如下准备工作：

1. 对教师和实验班的学生再次进行网络学习空间的使用培训，使师生进一步熟悉网络学习空间的基本功能和操作。

2. 指导教师选择教学内容，明确教学目标。根据第一轮研究修订的网络学习空间 DPSC 教学应用模式设计教学方案，研究人员与教师一起对每份教学设计方案实施三轮（V1—V3）修订。

3. 研究人员继续协助教师在网络学习空间中建设学科教学网站。（建议教师邀请同行、学生协同建设网站）

4. 指导教师对实验班级分组，发布任务，引导学生自主开展角色分配。

（三）第二轮行动研究所采用的数据收集工具

第二轮行动研究依然采用第一轮行动研究时所采用的数据收集工具，主要有：PISA 学生问题解决能力测试题，网络学习空间学习活动观察表（表 7.2），学生问题解决能力发展观察评价表，教师、学生访谈提纲（表 7.4、表 7.5），学生调查问卷等。

（四）第二轮行动研究结果分析

第二轮行动研究的目的是在反思第一轮行动研究成果的基础上，根据二次修订的教学应用模式开展培养学生问题解决能力的教学活动，拟从主讲教师、观摩教师、学生三方面分析问题，改进教学活动设计，总结成功的网络学习空间 DPSC 教学活动设计方法，积累教与学的经验，为第三次修订网络学习空间 DPSC 教学应用模式提供依据。

1. 学生问题解决能力发展分析

对第二轮教学实验之后学生的问题解决能力发展状况分析，依然采用第一轮教学实践后的分析方法，即从四个方面展开评价（图 7.1）：首先通过 PISA 测试来量化表征学生问题解决能力整体水平状态和部分子能力发展状态，包括对学生测试得分均值的量化分析（第二轮准实验研究数据支撑）和对 PISA 试题的作答情况分析；其次根据学生问题解决能力发展状况观察评价标准（表 7.3），来观察学生参与网络学习空间 DPSC 学习活动中问题解决能力的变化，包括网络学习空间里的教学活动观察和课堂内的教学活动观察；再次，结合教师访谈和学生访谈实录，质性分析学生问题解决子能力的发展状况和教学实践中存在的问题；最后，根据学生调查问卷，来获取学生学习情况的统计数据，以支撑其他方面的分析。

（1）PISA 试题作答分析

对于学生问题解决能力的整体发展状况，后面会通过第二轮准实验研究对学生测试得分进行量化分析。行动研究部分需要分析具体试题的作答情况，帮助分析学生问题解决能力中部分子能力的发展状态。表 8.2 为第二轮实验后两个样本校的 3 个实验班学生 PISA 测试得分的统计表。在第 4 章第 1 节中分析了 PISA2003 问题解决能力测试题共十大问题单元，19 道题目，每道试题考查学生问题解决能力的等级各有不同（详见表 6.5：PISA 测试分值等级表）。即使是同一个问题单元，不同的题目所考查的问题难度等级也不尽相同。为了科学地测评学生问题解决能力的发展，笔者分析了 PISA2003 问题解决能力测试题中每道试题所能考查学生问题解决能力的表征（详见表 6.8：PISA2003 问题解决能力测试题表征问题解决能力分析表），研究表明纸笔测试有利于量化反映学生问题解决能力中的前四项子能力：理解问题的能力、辨别问题的能力、表述问题的能力、解决问题的能力。而问题解决之后的反思能力以及问题解决方法的交流能力，纸笔测试的表征显得较弱，这两种子能力的发展可以通过课堂观察和访谈来获悉。不可否认，19 道题中每道题的解题过程都有六种子能力的相互作用，但每道不同等级的试题所表征的重点能力有所不同。因此，对比两轮实验教学之后实验班学生的试题作答情况，可以分析出实验班学生的部分问题解决子能力的发展状况，为综合测评学生问题解决能力的发展提供依据。

表 8.2　　第一轮、第二轮教学实验之后 PISA 测试学生得分统计表

PISA 测试题		中测（第一轮实验后）			后测（第二轮实验后）			问题解决子能力
		甲校		乙校	甲校		乙校	
类型	题号	8-2 班	9-1 班	9-1 班	8-2 班	9-1 班	9-1 班	
第一部分 图书馆系统	1	37	38	40	34	39	41	理解问题
	2	28	28	52	38	35	76	解决问题
第二部分 "数字设计" 程序	1	48	52	64	52	52	67	辨别问题 表述问题
	2	108	108	132	116	124	104	辨别问题 表述问题
	3	59	61	76	49	45	80	解决问题
第三部分 课程设计	1	10	20	37	42	30	52	解决问题
第四部分 运输系统	1	14	32	35	45	48	47	解决问题
第五部分 儿童宿营	1	46	60	51	55	67	56	解决问题
第六部分 冰箱	1	25	18	48	58	52	54	辨别问题 表述问题
	2	114	98	105	128	128	127	辨别问题 表述问题
第七部分 能量所需	1	37	42	38	34	41	41	理解问题
	2	23	22	35	55	68	42	解决问题
第八部分 看电影	1	125	189	164	158	214	167	辨别问题 表述问题
	2	75	69	78	78	102	73	理解问题
第九部分 假期	1	12	24	18	33	37	27	辨别问题 表述问题
	2	14	24	17	46	67	40	解决问题

续表

PISA 测试题		中测（第一轮实验后）			后测（第二轮实验后）			问题解决子能力
		甲校		乙校	甲校		乙校	
类型	题号	8-2 班	9-1 班	9-1 班	8-2 班	9-1 班	9-1 班	
第十部分 灌溉	1	8	14	16	34	45	32	理解问题
	2	65	61	50	66	84	54	辨别问题 表述问题
	3	4	12	2	28	25	25	解决问题

为便于数据的直观对比，特将表 8.2 的数据进行图示化整理如下：

图 8.1 是甲校八年级 2 班第一轮实验后与第二轮实验后学生 PISA 测试题的作答情况对比图。对照表 6.8（PISA2003 问题解决能力测试题表征问题解决能力分析表）可以发现，难度等级为二、三级的题目得分增长明显较快，说明经过第二轮教学实验，学生辨别问题的能力、表述问题的能力和问题解决子能力有较大幅度的提升。等级为一级和一级以下的较简单的题目作答分值提升较慢，甚至出现了第七部分（能量所需）的第一题，在第二轮实验后的学生作答成绩反而低于第一轮实验后，反映出第二轮实验教学中学生理解问题的能力发展较为平缓，较之第一轮实验后的变化不大。通过表征学生解决问题子能力的题目得分的提升，可以证明第二轮教学实验的重点为培养学生问题解决子能力之一：解决问题的能力。同时，辨别问题和表述问题的能力也得到了提升，整体反映出第二轮教学实验切实提高了学生的问题解决子能力（前四种）。

图 8.2 为甲校九年级 1 班第一轮实验后与第二轮实验后学生 PISA 测试题的作答情况对比图。对照图 6.8 可以发现，该实验班学生的问题解决能力中的前四种能力均有所提高。学生对难度等级为二、三级的题目作答成绩提升最快，反映出第二轮实验教学中甲校九年级 1 班学生的表述问题的能力与解决问题子能力发展最好。

图 8.3 为乙校九年级 1 班第一轮实验后与第二轮实验后学生 PISA 测试题的作答对比图。对照分析图 6.8 可以发现，该实验班学生的问题解决能力中的前四种能力均有所提高。学生对难度等级为二、三级的题目作答成绩提升最快，反映出第二轮实验教学中乙校九年级 1 班学生的

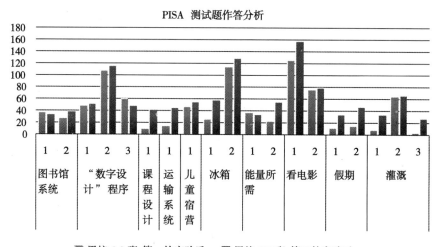

图 8.1　甲校八年级 2 班两轮教学实验后学生 PISA 测试题作答分析图

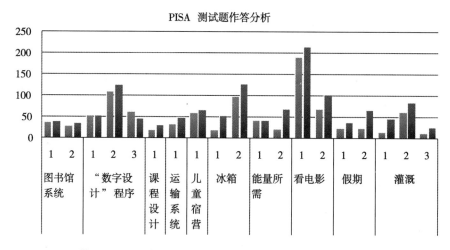

图 8.2　甲校九年级 1 班两轮教学实验后学生 PISA 测试题作答分析图

表述问题的能力、解决问题子能力发展最好。

★PISA 测试题作答分析结论

综合对照甲乙两校三个实验班级第一、二轮实验后的 PISA 测试题作答情况，可以发现，应用二次修订的网络学习空间 DPSC 教学应用模式开展教学活动，能够有效提升实验班学生理解问题的能力、辨别问题

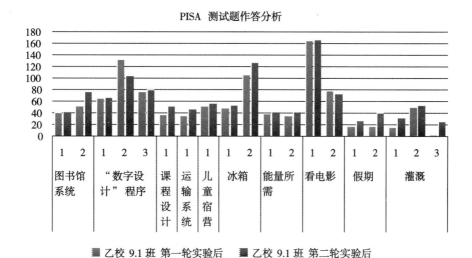

图 8.3　乙校九年级 1 班两轮教学实验后学生 PISA 测试题作答分析图

的能力、表述问题的能力以及解决问题的能力，其中改进后的教学应用模式对于提升学生解决问题子能力的作用明显。对于学生问题解决后的反思能力以及问题解决方法的交流能力，将通过课堂学习活动与网络学习空间的学习活动观察以及师生访谈实录来进一步分析。

（2）学生学习活动观察分析

学生的学习活动观察分析主要针对三个实验班课堂学习活动和网络学习空间学习活动观察，以及实验班和对照班课堂学习活动观察分析和学生作品对比分析而展开。笔者通过开发的相应观察工具来科学分析实验教学前后学生问题解决能力各个子能力的发展状况。

①三个实验班两轮教学实验前后对比分析

第二轮教学实验研究对甲校八年级 2 班、九年级 1 班和乙校九年级 1 班三个实验班的学生开展学习活动观察分析，包括：课堂学习活动观察和网络学习空间学习活动观察。为便于实验数据的对比分析，选择观摩的课程依次为三个班级的英语、语文与化学课程，并与第二轮准实验研究保持一致。三个实验班级的学生分组与第一轮实验保持一致（即甲校八年级 2 班学生 62 人，分 8 组，每组 7—8 人；甲校九年级 1 班学生 64 人，分 8 组，每组 8 人；乙校九年级 1 班学生 68 人，分 8 组，每组 8—9 人）。

笔者依据《学生问题解决能力发展状况观察评价标准》（表7.3）、《学生问题解决能力的构成及形成各子能力的学生行为指标》（表5.2），对三个实验班级三门课程中学生的问题解决能力的六种子能力做了详细观察和记录。根据记录数据对照，分析三个实验班第二轮教学实验后学生问题解决能力的发展状况如下：

【甲校八年级2班第二轮教学实验之后，学生问题解决能力发展观察分析】

本研究通过对学生六种问题解决子能力的观察来表征学生问题解决能力的发展，第二轮教学实验后的学生的学习活动观察分为课堂内观察和网络学习空间观察。图8.4是开展第二轮教学实验后，对学生的问题解决能力展开的课堂内的观察。图8.5是甲校八年级2班第一轮实验后与第二轮实验后，学生问题解决子能力发展情况对比图（课堂观察）。图例反映出经过第二轮教学实验，构成学生问题解决能力的六种子能力均得到提升。其中，解决问题的子能力、问题解决之后的反思能力和问题解决方法的交流能力比第一轮教学之后有了显著提升。同时，学生问题解决能力中的每种子能力的发展状况以"非常好5""较好3"的等级居多，等级为"一般1"和"差0"的数量大幅减少。

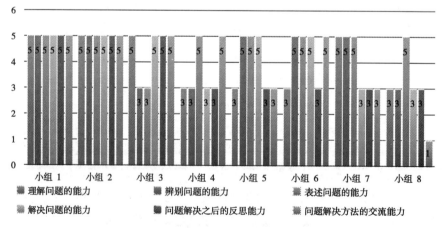

第二轮实验后学生问题解决子能力发展状况（课堂观察）

小组1 小组2 小组3 小组4 小组5 小组6 小组7 小组8

▓ 理解问题的能力　　　▓ 辨别问题的能力　　　▓ 表述问题的能力
▓ 解决问题的能力　　　▓ 问题解决之后的反思能力　　　▓ 问题解决方法的交流能力

图8.4　甲校八年级2班第二轮教学实验后学生问题
解决子能力发展状况图（课堂观察）

图8.6是第二轮教学实验之后在网络学习空间中针对学生问题解决

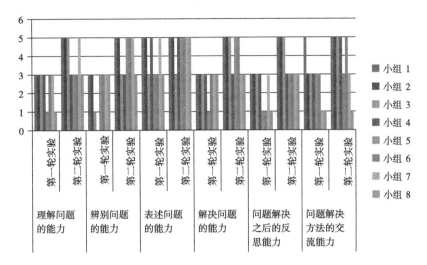

图 8.5 甲校八年级 2 班学生问题解决子能力发展
状况两轮实验对比图（课堂观察）

能力六种子能力的发展状况进行的网络学习空间观察。对比第一轮教学
实验后和第二轮教学实验后学生问题解决子能力发展状况，图 8.7 显
示，经过第二轮教学实验，学生问题解决能力中的六种子能力均得到了
提升，每种子能力的发展状况以"非常好 5""较好 3"的等级居多，
"一般 1"和"差 0"的等级大幅减少。

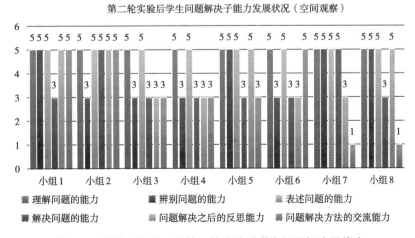

图 8.6 甲校八年级 2 班第二轮实验后学生问题解决子能力
发展状况图（空间观察）

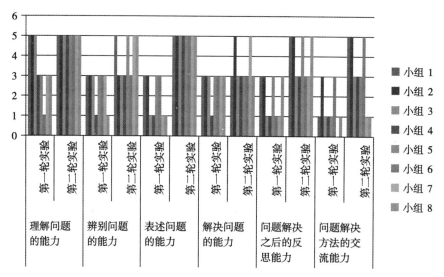

图 8.7　甲校八年级 2 班学生问题解决子能力发展
状况两轮实验对比图（空间观察）

　　从表 8.3 中的数据对比分析可见，甲校实验班八年级 2 班 8 组学生第二轮实验教学之后六种子能力得分均值比第一轮实验后有较大提高，标准差明显缩小，整体反映出学生的问题解决子能力有了均衡发展，小组间差异逐步缩小。实验中获得的标准差数据，不可避免地存在观察误差的影响，但由于两轮实验选择的对象、观察手段和方法均保持一致，最大限度地保证了实验数据的可靠性。

表 8.3　　　　　　甲校八年级 2 班两轮实验教学之后学生问题
解决子能力发展均值对比表

均值、标准差	子能力	理解问题的能力	辨别问题的能力	表述问题的能力	解决问题的能力	问题解决之后的反思能力	问题解决方法的交流能力
第一轮实验后（课堂观察）	Mean	2.500	2.125	4.500	2.250	2.000	2.375
	Std. Deviation	0.926	1.246	0.924	1.035	1.069	1.598
第二轮实验后（课堂观察）	Mean	4.000	4.250	4.750	4.250	3.750	4.000
	Std. Deviation	1.069	1.035	0.707	1.035	1.035	1.512
第一轮实验后（空间观察）	Mean	2.000	1.875	2.000	2.000	1.750	1.500
	Std. Deviation	1.069	1.246	1.069	1.069	1.035	0.926

续表

子能力 均值、标准差		理解问题 的能力	辨别问题 的能力	表述问题 的能力	解决问题 的能力	问题解决 之后的 反思能力	问题解决 方法的 交流能力
第二轮 实验后 （空间观察）	Mean	5.000	4.250	5.000	3.750	4.750	4.250
	Std. Deviation	0.000	1.035	0.000	1.035	0.707	1.035

分析上述图表数据，可以发现应用二次修订后的网络学习空间 DPSC 教学应用模式开展教学活动，能够有效提升学生的六种问题解决子能力。

【甲校九年级 1 班第二轮教学实验后学生问题解决能力发展观察分析】

图 8.8 是甲校九年级 1 班开展第二轮教学实验后，对学生的问题解决能力展开的课堂内的观察。图 8.9 是甲校九年级 1 班第一轮实验后与第二轮实验后，学生问题解决子能力发展情况对比图（课堂观察）。图例明显反映出经过第二轮教学实验，学生的六种问题解决子能力比第一轮教学实验后有了显著提升。图 8.8 显示学生问题解决能力中的每种子能力的发展状况多为"非常好 5""较好 3"的等级，而等级为"一般 1"和"差 0"的数量明显减少。尤其是第一轮教学实验后发现培养较弱的三种子能力，即学生解决问题的能力、解决问题之后的反思能力以及对解决问题方法的交流能力，在第二轮教学实验中得到了较好的培养。

图 8.10 是第二轮教学实验之后在网络学习空间中针对学生六种问题解决子能力的发展状况进行的空间观察。对比第一轮教学实验后和第二轮教学实验后学生问题解决子能力发展状况的空间观察图（图8.11），数据显示，经过第二轮教学实验，学生问题解决能力中的六种子能力均得到了较大提升，每种子能力的发展状况以"非常好 5""较好 3"的等级居多，而"一般 1"和"差 0"的等级大幅减少。

从表 8.4 中的数据分析可见，8 组学生第二轮教学实验后六种子能力得分均值比第一轮教学实验后有较大提高，标准差明显缩小，反映出全班学生整体的问题解决子能力有了均衡发展，小组间差异逐步缩小。值得指出的是，第二轮教学实验后学生课堂学习活动中各小组的问题解

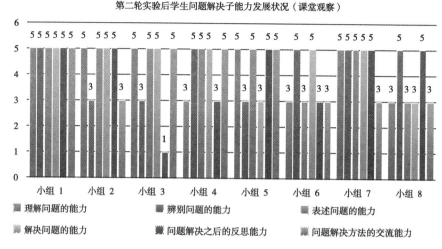

图 8.8　甲校九年级 1 班第二轮实验后学生问题解决
子能力发展状况图（课堂观察）

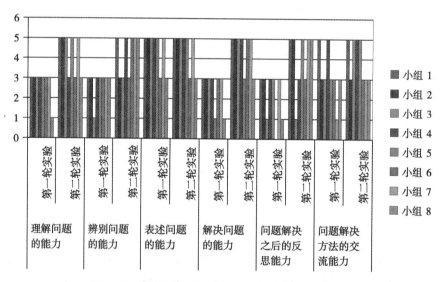

图 8.9　甲校九年级 1 班学生问题解决子能力两轮
教学实验对比图（课堂观察）

决子能力标准差有增大的现象，而学生空间学习中各小组的问题解决子能力标准差变化不大，只有表述问题的能力标准差降为 0，表明学生更加喜欢在空间中表述自己的意见。实验中获得的标准差数据，不可避免

第二轮实验后学生问题解决子能力发展状况（空间观察）

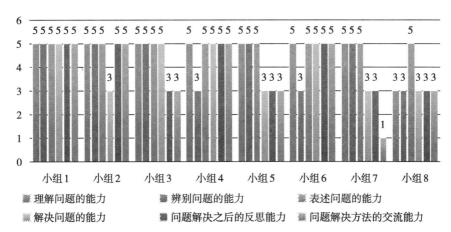

图 8.10 甲校九年级 1 班第二轮实验后学生问题解决
子能力发展状况图（空间观察）

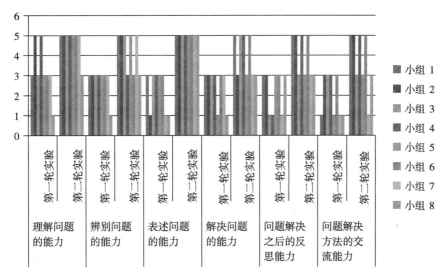

图 8.11 甲校九年级 1 班学生问题解决子能力
发展状况两轮实验对比图（空间观察）

地存在观察误差的影响，但由于两轮教学实验选择的对象、观察手段和方法均保持一致，最大限度地保证了实验数据的可靠性。

上述实验数据证明，应用二次修订后的网络学习空间 DPSC 教学应用模式开展教学活动培养学生的问题解决能力，更高效、更均衡。

表 8.4　　甲校九年级 1 班两轮实验后学生问题解决子能力均值对比表

子能力 均值、标准差		理解问题 的能力	辨别问题 的能力	表述问题 的能力	解决问题 的能力	问题解决 之后的 反思能力	问题解决 方法的 交流能力
第一轮 实验后 （课堂观察）	Mean	2.750	2.750	4.500	2.500	2.125	3.250
	Std. Deviation	0.707	0.707	0.926	0.926	1.246	1.282
第二轮 实验后 （课堂观察）	Mean	4.250	4.250	4.500	4.500	4.000	4.000
	Std. Deviation	1.035	1.035	0.924	0.924	1.512	1.069
第一轮 实验后 （空间观察）	Mean	2.750	2.625	2.500	2.500	2.250	2.000
	Std. Deviation	0.707	0.744	0.924	0.926	1.035	1.069
第二轮 实验后 （空间观察）	Mean	4.750	4.250	5.000	4.000	4.000	3.750
	Std. Deviation	0.707	1.035	0.000	1.069	1.069	1.488

综合图表数据，可以证明应用二次修订后的网络学习空间 DPSC 教学应用模式开展教学活动，能够有效提升学生的六种问题解决子能力。

【乙校九年级 1 班第二轮教学实验后学生问题解决能力发展观察分析】

图 8.12 是乙校九年级 1 班开展第二轮教学实验后，对学生的问题解决能力展开的课堂内的观察。图 8.13 是乙校九年级 1 班第一轮教学实验后与第二轮教学实验后，学生问题解决子能力发展情况对比图（课堂观察）。可以看出经过第二轮教学实验，学生解决问题的能力、问题解决之后的反思能力和问题解决方法的交流能力比第一轮教学实验后有了明显提升。并且 8 个小组学生的问题解决能力中的每种子能力的发展状况均已处于"非常好 5"和"较好 3"的等级。

图 8.14 是第二轮教学实验之后在网络学习空间中针对学生问题解决能力六种子能力的发展状况进行的空间观察。对比第一轮教学实验后和第二轮教学实验后学生问题解决子能力的发展状况（图 8.15），分析数据可得：经过第二轮教学实验，学生问题解决能力中的六种子能力均得到了提升，每种子能力的发展状况均处于"非常好 5"和"较好 3"的等级。

从表 8.5 中的数据分析可见，8 组学生第二轮实验后六种子能力得

第二轮实验后学生问题解决子能力发展状况（课堂观察）

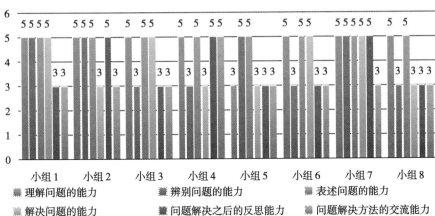

图 8.12　乙校九年级 1 班第二轮实验后学生问题解决
子能力发展状况图（课堂观察）

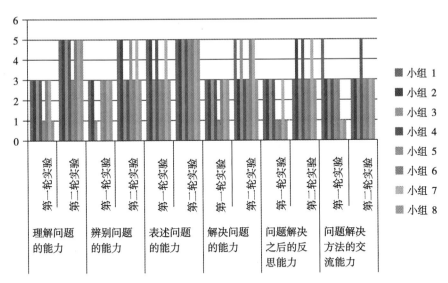

图 8.13　乙校九年级 1 班学生问题解决子能力发展状况
两轮实验对比图（课堂观察）

分均值比第一轮实验后有较大提高，部分子能力的标准差缩小，反映出
整体学生的问题解决子能力有了提升，小组之间学生的问题解决子能力
得到了均衡发展，小组间差异逐步缩小。分析数据发现，第二轮教学实

第二轮实验后学生问题解决子能力发展状况（空间观察）

图例：
■ 理解问题的能力　　　■ 辨别问题的能力　　　■ 表述问题的能力
■ 解决问题的能力　　　■ 问题解决之后的反思能力　　■ 问题解决方法的交流能力

图 8.14　乙校九年级 1 班第二轮实验后学生问题解决
子能力发展状况图（空间观察）

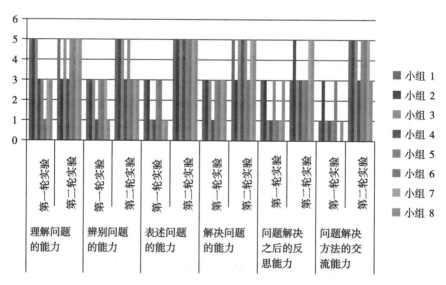

图 8.15　乙校九年级 1 班学生问题解决子能力发展状况
两轮实验对比图（空间观察）

验之后学生理解问题的能力、解决问题的能力这两种子能力在空间观察
和课堂观察中都呈现出差异不变或增大的趋势。因此分析实验数据可以
证明，应用二次修订后的网络学习空间 DPSC 教学应用模式开展教学活

动培养学生问题解决能力，更加高效和均衡。

表 8.5　乙校九年级 1 班两轮实验后学生问题解决子能力均值对比表

均值、标准差	子能力	理解问题的能力	辨别问题的能力	表述问题的能力	解决问题的能力	问题解决之后的反思能力	问题解决方法的交流能力
第一轮实验后（课堂观察）	Mean	2.500	2.375	4.000	2.750	2.250	2.750
	Std. Deviation	0.926	1.188	1.069	0.707	1.035	1.282
第二轮实验后（课堂观察）	Mean	4.500	4.000	5.000	4.000	3.750	3.250
	Std. Deviation	0.926	1.069	0.000	1.069	1.035	0.707
第一轮实验后（空间观察）	Mean	2.750	2.500	3.000	2.750	2.000	2.125
	Std. Deviation	0.707	0.926	0.707	0.707	1.069	1.246
第二轮实验后（空间观察）	Mean	4.750	4.000	5.000	4.500	3.750	4.500
	Std. Deviation	0.707	1.069	0.000	0.926	1.035	0.926

对甲、乙校三个实验班两轮教学实验前后图表数据的对比分析，可以证明应用二次修订后的网络学习空间 DPSC 教学应用模式开展教学活动，能够有效提升学生问题解决能力中的六种子能力，进而与 PISA 试题作答分析相呼应，证明应用本研究所构建的网络学习空间 DPSC 教学应用模式开展教学活动，能够有效培养学生的问题解决能力。

②学生网络学习空间学习活动分析

第二轮教学实验结束后，根据《网络学习空间学习活动观察统计表》（表 7.2）对网络学习空间中学生分小组学习活动进行观察统计，如附录 6 所示，参与实验的三个班级小组上传资料 810 次（平均每组 34 次）、发主帖 615 次（平均每组 25.6 次）、回帖 1248 次（平均每组 52 次），展开小组评价 923 次（平均每组 38 次）。

根据上述数据可以看出，第二轮教学实验中学生在小组上传资料的次数增加了 1.34 倍，平均每组 34 次，说明每个小组的学生都在学习过程中上传了学习资料。发主帖的次数增加了 2.25 倍，回帖的数量增加了 1.56 倍，反映出学生之间的互动逐步加强。小组评价的次数增加了 3.73 倍，由第一轮的平均每组 8.1 次上升为平均每组 38 次。图 8.16 显示第二轮实验教学中学生网络空间学习活动频次明显高于第一轮实验。由此可见，第二轮教学实验中对学生问题反思能力的训练卓有成效，学生能够积极开展组内、组间的互评活动，学生问题解决之后的反思能力与问题解决方法的交流能力均有大幅提升。

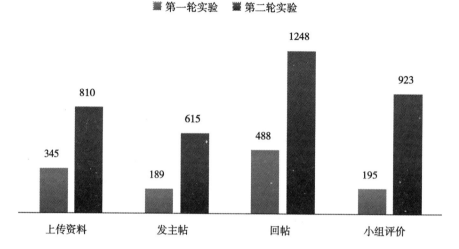

图 8.16　两轮教学实验中学生网络学习空间学习活动频次统计对比图

★实验班学生学习活动观察分析结论

笔者对甲、乙校三个实验班进行了第二轮教学实验前后学生问题解决子能力的课堂活动观察和网络学习空间学习活动观察，发现学生理解问题的能力、表述问题的能力、辨别问题的能力、解决问题的能力、问题解决之后的反思能力以及问题解决方法的交流能力均得到了提高，学生之间的问题解决能力差异逐步缩小。第二轮教学实验中的观察数据与PISA 试题作答数据分析相呼应，再次证明，二次修订后的网络学习空间 DPSC 教学应用模式对于提升学生问题解决能力是行之有效的。同时，也反映出修订后的模式更加重视学生问题解决子能力的均衡发展，加强了学生问题解决之后的反思能力与问题解决方法的交流能力的培养。

③第二轮实验教学之后实验班与对照班对比分析

本研究选取的两所样本学校的 3 个实验班，应用网络学习空间 DPSC 教学应用模式开展研究性学习活动（以项目学习为例），3 个对照班在传统教学环境下开展与实验班相同的研究性学习活动（项目学习，不予实验干预）。为了保证研究的对比性，实验班和对照班在同一年级、同一学科、同一个教师指导下开展同样的项目学习（表 8.6），通过课

堂学习活动观察和学生项目作品分析对实验班与对照班之间的差异进行
分析。

表8.6　　甲、乙校实验班、对照班第二轮教学实验测评项目对照表

学校	年级	班级		学科	所选测评项目主题	教学环境
甲校	八	2班	实验班	英语	《To be a great volunteer》	网络学习空间
	八	4班	对照班	英语	《To be a great volunteer》	传统教学环境
甲校	九	1班	实验班	语文	《古诗漫谈——苏轼在黄州》	网络学习空间
	九	3班	对照班	语文	《古诗漫谈——苏轼在黄州》	传统教学环境
乙校	九	1班	实验班	化学	《水的净化》	网络学习空间
	九	3班	对照班	化学	《水的净化》	传统教学环境

A. 观察分析

两轮教学实验开始前、中（第一轮教学实验后）、后（第二轮教学
实验后），笔者对实验中选择的3个对照班分别进行了学生问题解决能
力的课堂观察（图8.17、图8.18、图8.19）。

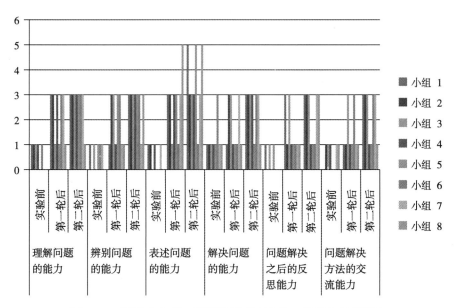

图8.17　甲校八年级4班两轮教学实验前、后学生问题解决
子能力发展观察对照图

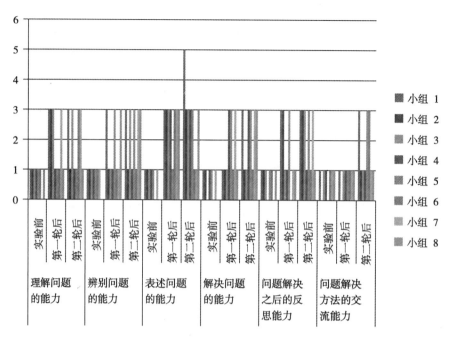

图 8.18　甲校九年级 3 班两轮教学实验前、后学生问题解决
子能力发展观察对照图

图 8.17、图 8.18、图 8.19 反映出，甲校对照班（八年级 4 班、九年级 3 班），乙校对照班（九年级 3 班）学生在实施教学实验之前，观察其构成问题解决能力的六种子能力表现均很差，一些小组甚至在某些子能力方面表现为 0。图例显示在传统教学环境下对照班学生开展与实验班相同的研究性学习（对照班教师选择相同的项目学习），经过一个学期的学习，对照班学生问题解决子能力也有所提升，尤其是表述问题的能力有较大提升，说明研究性学习的确有益于培养学生的部分问题解决子能力。

对照甲校实验班（八年级 2 班）与对照班（八年级 4 班）第二轮教学实验后学生问题解决子能力发展状况（图 8.20），甲校实验班（九年级 1 班）与对照班（九年级 3 班）第二轮教学实验后学生问题解决子能力发展状况（图 8.21），乙校实验班（九年级 1 班）与对照班（九年级 3 班）第二轮教学实验后学生问题解决子能力发展状况（图 8.22），可以发现对照班学生问题解决子能力的提升幅度明显低于实验班，再次证明应用网络

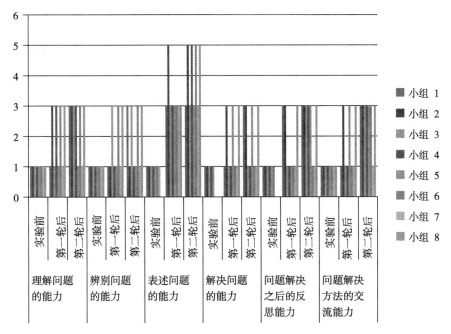

图 8.19 乙校九年级 3 班教学实验前、后学生问题解决子能力发展观察对照图

学习空间 DPSC 教学应用模式开展研究性学习，比在传统教学环境下开展研究性学习更有利于培养学生的问题解决能力。

B. 项目作品分析

对甲、乙校实验班和对照班学生的项目作品（成果）展开质性分析，主要从项目作品的完成过程、项目作品的形式以及项目作品质量三个方面展开评价（表 8.7）。三个实验班每个小组均提交了项目作品，学生完成项目的进度在网络学习空间中可全程记录，学生在项目完成中的贡献情况也可通过网络空间监控，学生对完成作品的态度通过学生课堂观察和部分访谈获得。

三个实验班学生完成作品的态度都很积极、兴趣高昂，完成率达 100%。对照班中甲校八年级 4 班作品完成率为 75%，甲校九年级 3 班作品完成率为 63%，乙校九年级 3 班作品完成率为 50%。三个对照班学生项目作品的完成进度、学生的贡献情况均很难监控，只有甲校八年级 4 班和九年级 3 班学生完成作品态度较积极，乙校九年级 3 班的学生把

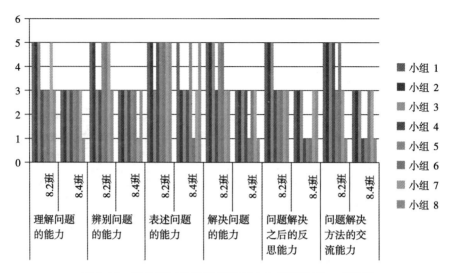

图 8.20　甲校第二轮教学实验后八年级实验班、对照班
学生问题解决子能力发展对比图

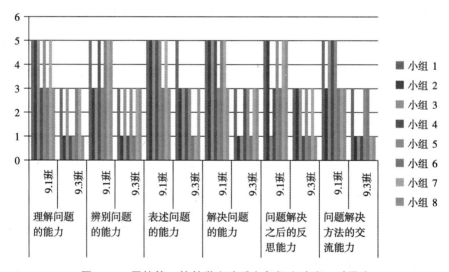

图 8.21　甲校第二轮教学实验后九年级实验班、对照班
学生问题解决子能力发展对比图

完成作品仅当作课程任务，反映出不同学校之间对待教学改革的差异。这与学校领导的态度有直接关系，乙校主管教学的副校长对九年级开展研究性学习持抵触态度，认为会影响学生的学业成绩，一定程度地影响

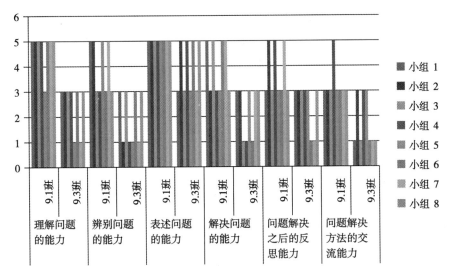

图 8.22　乙校第二轮教学实验后九年级实验班、对照班
学生问题解决子能力发展对比图

了该班第二轮教学实验活动的正常开展。

　　三个实验班项目作品形式多样，有幻灯片（PPT）、微视频（简易净水器的制作）、实物模型（简易净水器）、调查报告（环保调查）等，作品质量以优、良为主。三个对照班作品形式相对单一，主要以幻灯片（PPT）为主，乙校九年级 3 班部分小组完成了实物模型（简易净水器）；三个对照班学生作品质量均为中等（表 8.7）。

表 8.7　　　　　　甲、乙校实验班、对照班第二轮教学实验后
学生作品成果对比分析表

学校	年级	班级		作品的完成过程				作品形式					作品质量			
				完成率%	完成进度	学生贡献	学生态度	PPT	微视频	实物模型	报告类	其他	优	良	中	差
甲校	八	2班	实验班	100	Y	Y	G	√	√			√		√		
	八	4班	对照班	75	N	N	G	√							√	
	九	1班	实验班	100	Y	Y	G	√	√	√				√		
	九	3班	对照班	63	N	N	H	√							√	
乙校	九	1班	实验班	100	Y	Y	G	√	√	√		√	√			
	九	3班	对照班	50	N	N	H	√		√					√	

学校	年级	班级	作品的完成过程				作品形式					作品质量			
			完成率%	完成进度	学生贡献	学生态度	PPT	微视频	实物模型	报告类	其他	优	良	中	差
备注			Y：代表该项过程可监控；N：代表该项过程不可监控； E：代表学生完成作品的兴趣高昂，积极性好； H：代表学生把完成作品仅当作任务。 作品质量的评价标准： 优：能够达成学科培养目标，很好地完成项目主题任务，作品能体现小组合作的成分，具有创新性。 良：能够达成部分学科培养目标，较好地完成项目主题任务，作品能体现小组合作的成分，具有一定的创新性。 中：能够达成部分学科培养目标，基本能完成项目主题任务，部分体现小组合作，创新性一般。 差：不能够达成学科培养目标，不能够完成项目主题任务，无法体现小组合作，作品不具有创新性。													

★第二轮教学实验之后三个实验班与三个对照班对比分析结论

实验班与对照班的学生课堂学习活动观察（附录4）和学生项目作品分析数据显示，应用网络学习空间 DPSC 教学应用模式开展研究性学习与传统教学环境下开展研究性学习均有益于学生六种问题解决子能力的发展，但应用网络学习空间 DPSC 教学应用模式开展教学活动能够更好地培养学生的问题解决子能力。同时，学生基于网络学习空间开展学习活动，完成的作品成果更加丰富，学习过程性资料也更加完整，反映出网络学习空间教学环境更有利于知识的积累与生成。

结合第二轮教学实验中对学生学习活动的观察数据与 PISA 试题作答数据分析，可以证明应用二次修订的网络学习空间 DPSC 教学应用模式开展教学活动，能够有效培养学生的六种问题解决子能力。

（3）师生访谈分析

为了客观全面地评价第二轮教学实验中学生问题解决能力的发展状况，了解师生的教学需求和师生网络学习空间开展 DPSC 教与学活动的心得与体会，笔者应用所开发的访谈工具——学生访谈提纲（表7.4）和教师访谈提纲（表7.5），对参与第二轮实验教学的教师和学生进行了访谈。根据第一轮实验中开展访谈工作的经验，第二轮访谈采用网络访谈的形式，主要应用 QQ 对教师和学生开展网络环境下的深度访谈。实践证明利用网络即时通信工具（QQ 等）开展访谈，访谈的时间、地点都较为灵活，学生和教师也更容易谈出心里的真实想法，具有较高的信度。下面是节选的部分访谈实录。

【访谈实录】

【学生 QQ 交谈】（节选）

现场访谈中，学生容易紧张，容易受到环境、访谈者身份等诸多因素的影响，因此，第二轮教学实验中我们与有 QQ 的学生建立了联系，并组建了 QQ 群——"Happy Study"，在征得学生家长同意的前提下，在指定的时间里（一般为周六晚 7：30—8：30）与学生展开了多次网络 QQ 交谈。本次 QQ 群的访谈采用小组访谈的形式，提出问题群成员均可发言。通过与学生 QQ 访谈，可以深入了解学生的所思所想，听到学生的真实心声。由于不是面对面，所获得数据更加真实可信。（以下名称均为学生网名、昵称，内容为"Happy Study"中多次访谈的部分节选实录）

访谈者：谈谈你们在家里登录空间学习的感受。

汤圆（昵称）：自从老师写给老爸一封信，爸爸现在很支持我在网上学习。

沫凉（昵称）：平时上网无所事事，现在上网有了目的，就是学习。

我本霸气（昵称）：在学校里登录平台学习一些资料，到家里还能和同组学生展开交流，互相发帖，展开讨论。有时候我们还会把数、理、化方面的问题也提出来，让大家帮忙解决。

别人家的孩子（昵称）：家里登录空间学习，让我对语文有了更多的兴趣，没想到古诗也能探究学习！

访谈者：你们在网络空间的项目学习过程中遇到过哪些困难？

最熟悉的🐱陌生人（昵称）：对本组的作品，我能提出修改意见，对其他组的作品就不知道从何入手了！

汤圆（昵称）：项目完成后谈本组的经验，我总是总结不好！

梦请你等我（昵称）：我们小组完成项目的过程中大家产生了意见分歧，影响了项目实施的进度。

访谈者：你们在学习中发帖和评价其他学生作品了吗？谈谈你们在

空间学习的真实感受和收获。

冰岛（昵称）：我们小组都发帖了，但有些帖子与项目无关。感觉空间学习有些乱……

沫凉（昵称）：我发了好几篇帖子，但跟帖的人不多，没有多少讨论。我觉得空间学习需要很好的自觉性，比如我们组的小胖（外号），一边登录空间学习，一边还在玩游戏……

★学生访谈结论

根据上述访谈实录，可以看出基于网络学习空间的家校协同教学现状以及学生参与实验教学之后的变化。

A. 家长乐于参与到学生的学习中来，冰岛（昵称）所说的家长对学习空间的使用，其实质是家长角色的转变，由以往的监督者，转变为学习参与者、助学者，成为学生的学习伙伴。这种家校学习氛围的营造有利于学生知识的意义建构。

B. 规范了学生对网络的使用。互联网络已经势不可当地进入人们的生活、学习与工作的各个领域，学生要不要使用计算机来促进学习已经不是问题，而学生如何更好地使用计算机备受家长关注。人们公认网络是把双刃剑，网上信息纷繁复杂，参差不齐，许多家长为了防止孩子接触不良信息便严格控制学生使用计算机上网，把网络视为洪水猛兽，唯恐避之不及。但是，今天的学生是伴随着信息技术的发展而成长的一代，即所谓的"数字原住民"，实践证明限制信息时代的学生上网并不是明智之举，让学生有目的、带任务地上网才是教育发展中疏导之良策。学生通过网络学习空间参与项目学习，上网有了目的，避免了网络漫游，有利于逐步培养学生健康使用网络的素养。在完成任务的同时，学生的发现问题的能力、分析问题的能力、解决问题的能力、反思问题的能力以及交流经验的能力均得到了提升。

C. 学生基于网络学习空间真正实现了家校协同学习。网络学习空间极大地延伸了学生的课堂学习和校外学习，使学生在家也能开展小组合作，能够及时交流自己的学习成果，真正实现了家校协同学习。

D. 教师要对学生的主题帖做指点和点评。教师应该实时关注学生发起的讨论，如果学生有对不同学科的问题进行交流，可以为学生在学习空间中开辟一个全新的模块，用以解决多学科的问题探讨。但在某一专题的学习空间中，学生讨论发帖还需要有相关的专题性，以防止讨论出现偏差。

E. 参与教学实验的学生均能复述本组的问题解决过程，反映出学生表述问题的能力得到了提升。

F. 学生在教学实验活动中会主动寻求各种问题解决的办法，反映出学生问题解决能力的逐步养成。

G. 参与教学实验的学生开始思考本组问题解决的经验，并将教师的适时参与和家长的协助总结为成功解决问题的经验之一，反映出学生问题解决之后的反思能力开始逐步提升。

H. 参与教学实验的学生之间能够开展互评活动，反映出学生们能够逐步理解问题、发现问题并通过思考问题评价他人的作品，学生问题解决子能力中的问题解决方法的交流能力切实得到了提高。

I. 学生反映教师在学生解决问题之前协助每个小组设计和分配任务，有助于小组活动的顺利实施。

【教师 QQ 深入访谈】（节选）

在第二轮教学实验过程中，部分教师主动要求参与教学实验。一些在第一轮实验教学中只是观摩的教师，第二轮实验教学中变为主讲教师，并非常喜欢思辨，与笔者多次相约利用 QQ 在网上交谈。实践证明网络 QQ 交谈这种非现场的形式，谈话氛围轻松愉快，教师们更能敞开心扉地交流，提高了访谈的信度。下面为 QQ 访谈实录中的部分节选，均隐去教师真实姓名，使用网名。

——倾听"不思八九，常想一二"（昵称）的声音

网名为"不思八九，常想一二"的教师，是我网络访谈的新对象。她在第二轮教学实验中主动要求参与项目实验，多次和我面对面交流她以前实施过的项目活动。（注：寒暄内容剔除，仅节选部分讨论内容）

访谈者：早上好，刘老师。

不思八九，常想一二（昵称）：早上好，杨教授。（很谦逊，常称呼笔者为教授）

访谈者：您觉得目前学生的问题解决能力如何？

不思八九，常想一二（昵称）：上次，听你讲完学生问题解决能力

的表征，并修改完 V3 版本的教学设计方案。我将学生的问题解决能力的锻炼与英语口语对话的练习结合到一起，发现学生能够设计出很好的学习项目。比如有一个组的学生设计了《超市英语导购员》，还有一个组设计了《我与戴维逛金城》，学生们还真完成了这些项目。我观察到学生在项目活动中解决了好多问题，并主动地锻炼了英语口语交流的能力。

分析：刘老师虽然是第二轮实验才参与进来，但其丰富的教学经验和善于思考总结经验的习惯使其快速熟悉了如何利用网络学习空间设计项目活动。通过教学实验，刘老师敏锐地感觉到学生问题解决能力的变化，同时也达成了学科目标。

——再见"好风凭借力"（昵称）

第二轮实验教学接近尾声时，笔者在网上看到了这位老师自主创建的教学空间（《细水长"留"》）。笔者主动要求做网站的协建者，受到了欢迎。（注：寒暄内容剔除，仅节选部分讨论内容）

访谈者：老师您好！真高兴再次见到您，您自己建设学科网站了吗？

好风凭借力（昵称）：是的，这学期在教学空间里创设了《细水长"留"》，主要给学生提供一个可以课外学习的空间。

访谈者：您觉得目前学生的问题解决能力如何？影响学生问题解决能力的因素有哪些呢？

好风凭借力（昵称）：目前学生已经有应用多种方法来解决问题的意识，包括寻求他人的帮助。我给学生提供一些学习资料，许多小组的选手就能够从资料中迅速找到我们所需要的。我觉得，目前影响学生问题解决能力的因素之一还是教师，教师的教学设计策略、学生项目学习的组织方法等均是影响学生问题解决能力的要素。

分析：从"好风凭借力"身上可以看到，经过 2 个学期的实验教学活动，参与实验的或者是观摩的教师都可以独立在网络学习空间中创建学科学习网站，并且教师们也观察到参与网络学习空间学习的学生能够从资料中理解问题和辨别问题。证明经过两轮教学实验，参与实验的教师和学生都能够习惯网络学习空间的教与学，学生的问题解决能力在逐步发展。

★教师访谈结论

第二轮教学实验后，通过与部分教师的 QQ 网络交谈，分析参与实验的教师的所思所想，可以得出以下结论：

A. 应用二次修订的网络学习空间 DPSC 教学应用模式开展教学活动，能够切实提高学生的问题解决能力。

B. 网络学习空间具有一定的技术局限性，需要整合时宜的新技术、新媒体实现融合教学。

C. 再次印证影响学生问题解决能力的因素主要有：知识因素、心智技能、动机情绪、刺激呈现的模式和思维定式（印证了文献研究中，对影响学生问题解决的要素分析）。教师在培养学生问题解决能力过程要中重视知识的传授，要给学生提供清晰的刺激物线索，发挥学生思维定式的正面影响，将学生思维定向性和灵活性相结合。

D. 要进一步明确网络学习空间突破时空的优势，给予学生最大的学习"自由度"。

E. 教师和学生们已经适应并乐于开展基于网络学习空间的教学活动。

F. 教师和学生们已经能够较为熟练地应用网络学习空间展开教学。

G. 教师能够清晰认识到学生问题解决能力的构成，并开始在学科教学目标中植入学生问题解决能力的培养目标。

H. 目前的网络学习空间 DPSC 教学应用模式和教学设计模板的教学步骤过于烦琐，固化了教师的设计思路，局限了对学习方式的选择，不利于教师利用模式设计开展多样化的研究性学习。

（4）学生调查问卷数据分析

在学生调查问卷中关于学生问题解决能力发展的题目均采用李克特五级量表来评价，程度有"非常不符、不太符合、感觉一般、比较符合、非常符合"，分别赋值 1—5。

首先对问卷中表征学生问题解决子能力的问题进行编码，问卷中 27 题的 [2][3][4][5][7][8]（题），分别对应于学生问题解决能力的六种子能力（详见表 7.12：学生调查问卷题目编码表），然后分别对甲校八年级 2 班、九年级 1 班和乙校九年级 1 班三个实验班学生的问卷调查数据进行统计。

　　图 8.23、图 8.24、图 8.25 为甲、乙校三个实验班学生第二轮教学实验之后，学生问卷调查统计图。图例显示第二轮教学实验后学生针对 T1—T6 的问题回答中，表示"非常符合"与"比较符合"的比率有大幅提升，"感觉一般"的比例有所下降，"不太符合"与"非常不符合"的比例明显下降，甚至为零。

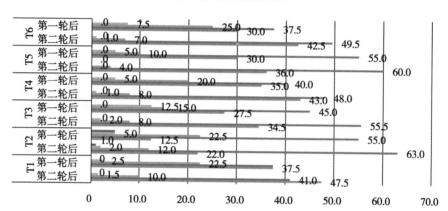

图 8.23　甲校八年级 2 班第二轮教学实验后学生问卷调查统计图

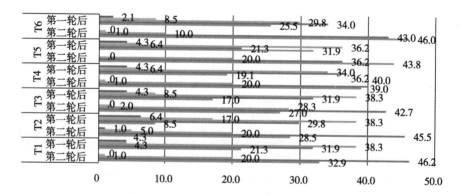

图 8.24　甲校九年级 1 班第二轮教学实验后学生问卷调查统计图

　　图 8.23、图 8.24、图 8.25 中显示学生在 T1—T6 题的回答中，表

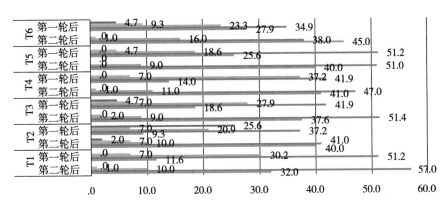

图 8.25　乙校九年级 1 班第二轮教学实验后问卷调查统计图

示"非常符合"的比例相比第一轮实验教学后有明显提升，"比较符合"的比例提升较慢，反映出参与实验的学生经过第二轮实验教学之后，构成问题解决的六种子能力均得到了有效的发展。进一步证明，应用二次修订的网络学习空间 DPSC 教学应用模式开展教学活动能有效培养学生的问题解决能力。

★学生调查问卷分析结论：

经过第二轮教学实验，三个实验班学生问题解决子能力均有较大的提升，尤其是问题解决之后的反思能力与问题解决方法的交流能力提升较快，这与第二轮教学实验中加强了网络学习空间 DPSC 教学应用模式中后两个步骤的教学设计有关。在二次修订教学应用模式时一方面加强了学生之间的互评、教师点评，用以提高学生问题解决之后的反思能力；另一方面，加强学生问题解决之后对作品及小组完成项目的过程性描述，用以提高学生问题解决方法的交流能力。问卷数据显示上述改进取得了良好的效果，学生问题解决能力整体得到了提高。

【学生问题解决能力发展分析结论】

根据 PISA 测试题的作答情况、学生问题解决能力发展观察评价、师生访谈实录、学生调查问卷四个方面的数据分析，可以证明应用二次修订后的网络学习空间 DPSC 教学应用模式开展教学活动能够更加有效、更加均衡地培养学生的问题解决能力。

2. 第二轮行动研究的收获

（1）积累了网络学习空间 DPSC 教学活动设计的成功案例

参与教学实验的教师按照第一轮修订的网络学习空间 DPSC 教学活动设计模板，设计完成了多项基于网络学习空间的教学活动设计方案，探索了网络学习空间环境下培养学生问题解决能力的教学活动设计方法，为二次修订模板提供了依据。下面为第二轮教学实验中化学课教学活动设计方案之一节选。

成功案例：

《户外条件下如何净化自然水》

【活动目的】本项活动旨在帮助学生利用网络学习空间展开项目学习，解决初中化学学习中的重点问题，帮助学生掌握水净化的方法以及其中的化学原理，培养学生问题解决的能力。

【适用环境】网络学习空间

【活动流程】

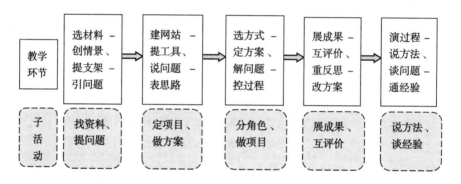

【授课主题】《水的净化》

【授课年级】九年级

【教学目标】

知识与能力：

1. 了解水的净化方法；

2. 掌握户外简易条件下取水的基本技能，培养学生的问题解决能力。

过程与方法：

1. 小组内分工协作，讨论如何应用不同方法来净化水；

2. 通过简易净水器的设计，将净水方法与生活关联。

情感态度价值观：

续表

1. 使学生感受水资源的珍贵，并发自内心地产生节水情结；
2. 通过教学理论对生活实践的指导意义，让学生体会理论学习的重要性。
【教学重点】将净水的方法应用到户外获取水源的具体过程中
【教学难点】简易净水器的制作
【教学方式】基于网络学习空间的研究性学习（选用基于项目的学习）
【活动时间】3 周
【教学媒体】网络教室、投影仪、多媒体计算机
【学案设计】（选用）
【实施过程】

项目环节	教师活动	学生活动	教学空间的应用	设计意图
一、找资料、提问题	1. 教学空间创建网站 2. 创设问题情境，提出问题："户外生存如何获取水源？" 3. 通过引导将问题转化为"户外条件下如何净化自然水"，并上传与主题有关的资料	登录空间，了解活动主题，围绕活动主题以跟帖的形式发起探讨，提出想法与见解	空间呈现与水净化相关的图文资料	让学生了解活动主题，并通过探讨加深对活动主题的理解 将学生变为课堂主角
二、定项目、做方案	寻找有效的资源，在平台与学生共享借助平台和通信工具解决学生在活动预设阶段遇到的问题	1. 组长负责成员分工、活动计划的制订及整个活动的统筹。除合作探究外，各成员还须承担活动记录、摄像、器材管理、制作 PPT、参与平台信息交流等任务。 2. 合理安排每个环节需要的时间	为小组讨论提供空间，为组内资料的积累与共享提供平台	小组成员的合理分工，实现人事资源的最优化 学会合理地统筹安排活动的内容与进程，完成学习任务
三、分角色、做项目	对学生获取的信息进行评价，指导学生对信息进行提炼 对实验方法提出适当的修改意见并指导学生填写实验报告	1. 利用网络查找水净化的方法和与户外生存相关的资料。及时将查找的信息分享到平台，组间借鉴和提出修改意见 2. 利用获取的信息资源在组内讨论确定净化自然水的方法和步骤，设计简易净水器 3. 将实验计划整理成实验报告	将空间作为资源超市，为组间、组内资源共享、信息交流提供支持 为学生讨论提供平台	培养学生搜集信息的能力 学会对信息的加工和提升 学会设计实验、填写实验报告

续表

三、分角色、做项目	利用平台和通信工具提醒学生在实验中注意安全 随时关注每个组的动态	1. 户外获取水样，利用能够寻找到的物品作为实验器材设计净水器，并对实验步骤和现象进行记录，摄像人员记录活动风采 2. 将本活动中的影像上传平台，与同学交流	利用空间进行知识管理 存储项目实施的过程性资料	激发学生的创新性思维 培养学生的问题解决的能力
	利用平台指导学生将活动中的有效图文资料合成制作PPT 对上传的PPT进行评价与指导	1. 将活动过程和成果以PPT呈现，1-2人做成果汇报 2. 将PPT上传平台，并在教师和同学们的建议下完善和修改	支持师生、生生之间的随时随地的讨论与交流	培养学生对信息的提炼和汇总能力 提升学生信息技术素养
四、展成果、互评价	为学生课堂上开展成果汇报做好前期准备 组织学生对成功案例进行量化评价 对成功案例进行点评	课堂上以PPT为载体，展示小组活动情况，展示小组制作的简易净水器，介绍净水原理 互相评价作品，修改实施方案	支持学生组内、组间互评，并实时记录评价过程	让学生体会多媒体的直观与便捷，培养学生表达信息的能力
五、说方法、谈经验	组织学生开展对活动所感所想的讨论	1. 小组代表阐述活动中的收获、反思不足、提出修改意见 2. 在平台发表自己的收获与反思	为学生提供反思与交流经验的平台	帮助学生从反思中总结经验

【成果要求】每组学生提交设计制作的净水器，并以PPT和视频资料的形式展示本组项目实施过程，呈现项目学习中的小组的反思与取得的经验。

【学生分组】按照学生不同的学习风格和性格特点，将学生分为7个小组，每组6—7人。每组设组长1名，负责组织开展项目学习活动。

【角色分配】

1. 讨论发起者。负责组织小组成员开展讨论活动，通过发起话题、提供建议来促使学生展开积极的讨论，同时负责在讨论结束时做总结。可以是教师和组内1位同学共同担任该角色。

2. 督促者。每组要配置一个督促人的角色，负责监控小组成员参与活动的情况，及时向教师反馈活动开展的情况和存在的困难。

3. 发言者。这是一个小组中所占比例最大的角色，每个发言人需要陈述清楚自己的观点并随时收集资料和信息来支撑自己或伙伴的观点。

4. 纠察员。负责分析比较小组成员的观点和意见，提出疑问，要求成员给予论证，可将讨论引向深入。组内所有同学均可担任该角色。

【备注】

1. 对有相似实验成果的小组指导实施小组合并。

2. 有条件的情况下邀请家长参与活动并进行评价。

（2）学生在学习活动中锻炼了问题解决之后的反思能力

通过第一轮行动研究，研究者和实验教师都发现了学生在项目学习中反思不足的问题，因此在第二轮教学实验中加强了对学生反思的引导设计。最直接的措施就是让学生之间展开切实有效的互评，教师为学生提供小组成员互评表（附录3）。互评只是手段，真正引发的是学生对于整个项目学习过程的反思活动。只有学生习惯了反思、乐于反思才能将学习中接触到的多方面知识与能力相融合。学生项目学习后的反思是学生内在知识建构、知识理解与消化的外在表征。

（3）学生"问题意识"继续加强

第一轮教学实验中明显反映出学生对于自主提出问题存在困难，长期的填鸭式教育使学生习惯了教师提问、自己回答的模式，因此，学习伊始学生很难在网络空间中根据教师提供的材料自主理解问题、辨别问题。出现这种问题的根本原因是学生缺乏"问题意识"。日本学者佐藤允一（2010）指出，具有问题意识的人能够更快地发现问题，并设计解决方案；相反，缺乏问题意识的人，对同一个问题则比较漠视。例如，苹果从树上落下，这一普通的自然现象，在农夫眼里是果子的成熟，而在牛顿的眼里却是地球引力的问题，进而才能提出万有引力定律。因此，第二轮研究中，教师有意设计问题支架，鼓励每一位学生发表不同的意见，让学生敢于提问、敢于质疑。实验教学中每个学生能够感受到教师提供材料中隐含的问题，产生疑惑，并能将自己的疑惑与同伴交流，这正是学生逐步形成"问题意识"的表征。

笔者应用学生课堂问题意识观察表（表8.8），继续对学生课堂学习中的问题意识进行观察。为便于观察记录学生课堂学习中问题意识的表征，继续对第一轮研究中所选择的1名学优生（S1）和1名学困生（S2）分别进行课堂观察，观察其课堂中回答问题的次数、合作学习的次数，以及学生善于回答问题的类型和回答方式。笔者分别听取了两所样本学校实验前后实验班的2节英语课、2节化学课和2节语文课，课堂实录详见附录9。

表 8.8　　　　　　　　**学生课堂问题意识观察表（第二轮）**

	样本	学生回答问题次数		问题类型	学生回答方式	学生合作学习次数
		主动	被动			
第一轮实验（后）	S1					
	S2					
第二轮实验（后）	S1					
	S2					

说明：
1. 选择 1 名学优生 S1、1 名学困生 S2 分别进行课堂观察，观察其回答问题的次数、合作学习的次数，画"正"字来记录。
2. 问题类型包括：A. 复习型问题；B. 启发型问题；C. 生成性问题；D. 评价性问题
3. 学生回答方式包括：A. 附和；B. 齐答且正确；C. 齐答但部分正确；D. 独自回答；E. 无人应答。请根据学生回答情况填写 A、B、C、D、E

　　通过第二轮教学实验前后（第二轮实验前的数据以第一轮实验后的数据为准）对学生课堂行为的观察可以看出，学生的问题意识有了明显的增强。经过第二轮教学实验，学生理解问题的能力、辨别问题的能力、表述问题的能力、解决问题的能力以及解决问题之后的反思能力比第一轮实验后都有所提升。对照分析第一轮实验后与第二轮实验后的观察数据可以发现，第二轮实验后学困生与学优生在主动回答问题的次数、合作学习的次数上的差距明显缩小，所回答的问题类型以启发型问题和生成性问题为主，开始出现评价性问题。学困生也能独自回答问题。虽然第二轮实验之后还有学困生不回答问题的现象，但学困生的回答正确率明显提升。虽然学困生回答问题的次数依然低于学优生，但学困生回答问题的变化最为明显。因为，学困生的转变需要一个过程，不可能用短短几个月的时间使学困生的学习习惯超越学优生，因此，需要教师持续地关注。

　　经过第二轮课堂教学观察，应用网络学习空间 DPSC 教学应用模式实施教学活动能够使学生课堂内的问题意识逐步加强。学生主动回答问题次数的增加，问题类型趋于启发型、生成性，都反映出学生通过参与网络学习空间 DPSC 学习活动，逐步开始思考问题，主动寻求问题的解决办法，并主动开始合作学习。值得指出的是学困生在网络学习空间 DPSC 学习活动中的收获颇丰，不仅仅是知识的增加，学习的积极性空前高涨，自信心随之增强，传统的学习习惯也在悄然变化。

（4）学生学会了分析"问题点"

虽然学生在第一轮教学实验中提出了问题，通过小组合作解决了问题，形成了一些作品，但在学生访谈中反映出组内学生普遍对本组问题解决的思路并不清晰。这是因为学生作为合法的边缘参与者，没有学会如何分析"问题点"。所谓的问题点是指引发问题的原因中能够解决并且有必要解决的因素①。

第二轮研究中，为了培养学生学会分析"问题点"，教师有意识地参与各个小组的组内讨论活动，通过侧面"抛问"的形式，以相关边缘性的问题将学生的注意力集中到影响问题解决的诸多因素中来，并辅助学生探寻这些因素中能够采取措施解决的要素。这些要素就是"问题点"，也就是说不是所有的影响因素都是"问题点"。例如有些问题的影响因素中有来自大自然的因素，由于人类无法左右大自然，故而这一影响因素就不是我们解决问题所关注的"问题点"。在教学空间开放式的自主学习环境中学生逐步学会了分析"问题点"，这个过程就是学生理解问题、辨别问题和表述问题能力逐步形成发展的过程。

（5）学生逐步开展基于网络学习空间的家校协同学习

随着学生对网络学习空间的逐步熟悉和教师与家长的不断沟通，学生在实验教学中开始了基于网络学习空间的家校协同学习。在与学生的QQ访谈中可以看出学生的想法和变化（详见学生QQ访谈，P217—P220）。

（6）教师的反思走向深入

第二轮实验教学中，教师们展开了第二轮行动研究的教学反思，参与实验教学的主讲教师和观摩实验教学的教师共同展开讨论。教师们所关注的问题与第一轮研究截然不同，由空间的应用问题上升到教学方法变革和关注学生学习方法的层次。如十六中的李老师在第二轮行动研究中反思道："我现在实施的这种项目学习，课外我要与学生做大量工作，课内我要点评，答疑解惑，这好像是网上说的翻转课堂教学。"十六中的单老师指出："我在项目学习中辅助应用了 Intel 未来教育提供的排序工具，感觉教学效果很好。"华侨实验学校的赵老师谈道："学生英语

---

① ［日］佐藤允一：《问题解决术》，杨明月译，中国人民大学出版社 2010 年版，第33—40页。

学习的积极性空前高涨，教学空间创设了英语学习的环境，让学生有机会用英语思维来解决问题。"华侨实验学校的马老师说道："通过空间学习提高了学生学习化学的积极性，尤其是与生活息息相关的化学知识，学生自主探究收集资料，一些小组的研究成果令我喜出望外。"

通过分析教师访谈记录，不难发现经过第二轮教学实验，教师们对教学的反思逐步走向深入。此时，教师在各种培训中所学到的教学理念、教学方法才会落地生根，派上用场，并在教学实践中真正发挥作用。

（7）进一步发现了第二轮教学实验活动设计中存在的问题，为第三次修正模式奠定了基础（具体问题详见下述）。

3. 第二轮教学实验中凸显的问题

第二轮研究针对第一轮出现的十大问题，做了精心设计和修正，基本上解决了师生对于空间的熟悉度问题、合理设计问题支架的问题、不同学科网站建站的设计问题、如何引导学生开展研究性学习的问题、教师对基于网络教学平台实施教学思路不清的问题等，但在教学实践中依然发现了一些存在的问题和不足，主要表现为：

（1）生生评价不足

在第一轮改进学生评价方法之后，学生在教师提供的量化评价表中开展组内评价，效果显著，评价关注了每个组员学习的过程。但组间的学生课堂互评和网络评价依然不理想，课堂互评表现为学生跟着教师走，独立思考不足，能提出与教师不同评价的观点较少。网络评价表现为发主帖、回帖和跟帖的数量较多，但质量不高。多数主帖是各个小组组长所发，组员则经常给出"好""赞一下"等低质量的回帖。课内、课外评价均是学生反思的外在表征，不能有效地开展评价，问题就出在学生反思不足上。因此，后续研究应该继续加强生生评价环节的设计与实践，总结提出基于网络学习空间的有效的生生评价策略。

（2）学习时间不足

教师访谈和学生访谈中均反映出一个问题，就是基于网络学习空间开展项目学习的时间不够。参与实施实验教学的教师反映，开展实验课不仅占用下午自习时间，还占用了信息技术课程的上机时间，学生反映项目学习中校内上机的时间太少。因此，可以尝试将网络学习空间的熟悉与应用整合进信息技术课程中去，为项目的开展留出更多的时间。同时，要充分发挥网络学习空间的优势，突破时空限制，将学生的学习拓展开来，从根本上解决学习的时间问题。

（3）教师针对家校协同教学的设计不足

上述访谈反映出，只要设计合理的研究性学习活动，及时与学生家长保持沟通，建立良好的家校协同教学环境是可以实现的。部分学生和家长通过网络学习空间已经开展了家校协同学习，但是目前学科教师针对家校协同教学的设计不足，部分教师甚至尚未意识到家长参与学生学习活动的重要性，没有利用网络学习空间将学生的家庭学习纳入主阵地。

（五）修订教学活动设计模板

根据教学实践中反映出的问题，结合教师和学生的访谈分析，从以下几个方面对教学活动设计模板进行第三轮修订：

1. 改进学习目标

对教学活动模板中的学习目标设计提出更高要求，即要求按照三维目标来设计学习目标，强调一定要围绕学科目标设计知识目标，明确教学活动对于解决教学重难点的作用；同时，突出能力目标，将问题解决能力的培养融合进目标设计中，紧密结合项目主题设计的情感目标，强调项目实施后的综合效应。

2. 利用网络"教研空间"强化教师教研行动反思

建议主讲教师和观摩教师分别将各自填写的"主讲教师反思表"（表7.13）和"观摩教师反思表"（表7.14）上传至网络"教研空间"中的"互动社区"中，开展网络协同教研活动。图8.26为网络"教研空间"，充分利用网络"教研空间"便利的跨时空教研功能来强化行动研究中教师的反思活动。

3. 改进DPSC教学环节中的子活动，优化教学活动设计模板

根据教师访谈中所反馈的教学步骤过于烦琐的问题，凝练简化教学活动设计模板中DPSC教学步骤，如图8.27所示，进一步凝练五个教学环节和子活动设计要素。

设计子活动细化实施方案，在活动设计中要注意解决行动研究中发

图 8.26　网络"教研空间"截图

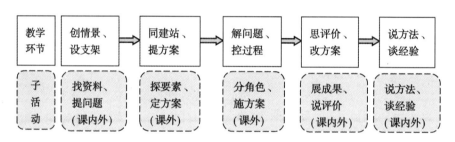

图 8.27　二次修订后的 DPSC 教学步骤

现的问题，对教学步骤及其五种子活动进行了修改，进一步改进 DPSC 教学实践环节。评价点反映了子活动的观测点（表 8.9），提出了每个子活动在课内外使用的建议。具体修改如下：

（1）活动应紧紧围绕培养问题解决能力这一项目目标而展开，每个项目的周期由 2 周增加为 3 周，每个子活动的开展时间也相应增加，解决了项目实施中时间不足的问题。

（2）本次教学子活动设计中重点要求学生课外做反思报告，鼓励学生空间发帖，强化训练学生反思问题和交流问题的能力，促进学生问题解决子能力的均衡发展。

（3）将"定项目、做方案"改为"探要素、定方案"，强调使学生能分析资料，探寻"问题点"（辨别问题），并在小组内清晰地表述问题，能够在教学空间里讨论制定主题和活动方案。

（4）将"分角色、做项目"改为"分角色、施方案"，因为基于项目的学习只是研究性学习方式之一，所以将"做项目"改为"施方案"，强调了该步骤的实施方案的重要性。

（5）将"互评价"改为"说评价"是对生生评价不足的有效改进，学生除了课堂内互评以外，还需要阐明自己在空间里是如何参与评价的，可随堂登录学习空间，展示自己的评价过程。

表 8.9　　　　　　　　修订后的 DPSC 教学子活动设计

设计项 子活动	活动主题	活动目标	活动时间	评价点
子活动 1	找资料、提问题	使学生能够筛选、评价已获得的信息，分析构成问题的要素，培养问题意识，提出问题	2 天	探寻有关的资料和知识，能够发现有价值的问题，并列出问题
子活动 2	探要素、定方案	使学生能分析资料，探寻"问题点"（辨别问题），并在小组内清晰地表述问题，能够在教学空间里讨论制定主题和实施方案	5 天	空间讨论状况（发帖频次、质量） 小组提出明确的项目主题 小组项目实施方案
子活动 3	分角色、施方案	使学生能够组内分工协作，根据任务分配解决问题，形成学习成果	8 天	空间讨论状况（小组成员角色） 空间提交小组成果（完成过程）
子活动 4	展成果、说评价	使学生能够展示成果，阐明本组解决问题的思路和评价的过程，具备问题解决后的反思能力	3 天	课堂展示（介绍成果、阐明解决思路和过程） 空间评价（组内、组间发帖互评）
子活动 5	说方法、谈经验	使学生能够利用学习空间阐释思想，表述本组问题解决方法，总结成功经验，分析不足，讨论思考问题解决方法的迁移使用，具备交流问题的能力	3 天	空间讨论（发帖） 空间作业（心得报告）

（6）增设新媒体、新技术与网络学习空间的整合应用设计

经过两轮教学实验，部分教师已经发现了网络学习空间平台存在的一些功能局限，并尝试应用各种新技术、新媒体结合网络学习空间来设计教学活动。例如，教师基于网络学习空间应用维基平台、智能手机、平板电脑、即时通信工具（QQ、微信、YY 语音）等。

修订后的网络学习空间 DPSC 教学活动设计模板如表 8.10 所示。

表 8.10 基于网络学习空间的 DPSC 教学活动设计
模板（二次修订后）

《 **** 》（项目名称）

【活动目的】
【适用环境】网络学习空间
【DPSC 活动流程】

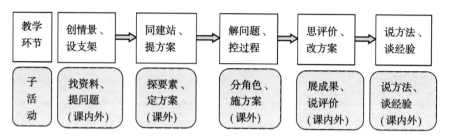

【授课主题】《 **** 》
【授课年级】
【教学目标】
学科目标：知识与能力；过程与方法；情感态度价值观。
【教学重点】
【教学难点】
【教学方式】基于网络学习空间的研究性学习
【活动时间】 *周
【教学媒体】网络教室、投影仪、多媒体计算机
【学案设计】（选用）
【实施过程】

项目环节	教师活动	学生活动	网络学习空间		新技术、新媒体应用设计
			应用	设计意图	
一、找资料、提问题					
二、谈要素、定方案					
三、分角色、施方案					
四、展成果、说评价					
五、说方法、谈经验					

【成果要求】
【角色分配】建议教师在活动设计中注重引导学生小组分配以下角色：
（1）讨论发起者。负责组织小组成员开展讨论活动，通过发起话题、提供建议来促使学生展开积极的讨论，同时负责在讨论结束时做总结。可以是教师和组内 1 位同学共同担任该角色。
（2）督促者。每组要配置一个督促人的角色，负责监控小组成员参与活动的情况，及时向教师反馈活动开展的情况和存在的困难。
（3）发言者。这是一个小组中所占比例最大的角色，每个发言人需要陈述清楚自己的观点并随时收集资料和信息来支撑自己或伙伴的观点。
（4）纠察员。负责分析比较小组成员的观点和意见，提出疑问，要求成员给予论证，可将讨论引向深入。组内所有同学均可担任该角色。
【备注】

4. 家校沟通设计

为真正实现学生跨时空学习，发挥网络学习空间的作用，就必须设计学生家庭学习活动，在教学活动设计中制订家庭学习计划。同时要与学生家长保持沟通，教师应主动与学生家长联系，例如：以班级为单位发放《致家长的一封信》，信中应该说明网络学习活动的主旨、目标，说明学生参与活动能够学到的学科知识和相关能力得到的发展等，提出希望家长支持和参与的事项，其中部分内容需要学生以小组为单位来填写，部分内容需要教师来填写。

5. 强调发展性评价

建议教师只做学生问题解决能力的发展性评价，不做对比性评价，即对问题解决能力水平不同的学生开展基于网络学习空间的 DPSC 学习观察，分析其自身问题解决能力是否有显著提高。虽然每个学生提高的程度不同，但只要有所提升即可证明学生的问题解决能力得到了发展，应给予充分的肯定与鼓励。

6. 鼓励成果形式多样化

两轮研究中英语、语文、化学三门学科的项目成果均为 PPT，为加强培养学生问题解决的反思和交流的能力，教师应该鼓励小组以多样化的形式呈现项目成果，例如活动小作文、活动小报、小广播剧、微视频等形式。一方面丰富学生的项目学习经历，另一方面有利于学生问题解决能力的逐步发展。

三 第二轮准实验研究

（一）实验目的

根据研究样本中选定的班级，每次开展行动研究时，同步开展实验研究，运用量化的手段验证应用网络学习空间 DPSC 教学应用模式开展教学活动对于提升学生问题解决能力的有效性。本次实验研究选择准实验研究方法，在第一轮修正模式的基础上进一步验证模式在教学中的应用效果，通过分析实验数据，反思存在的问题，对本研究所构建的 DPSC 教学应用模式进一步修正和完善。

（二）实验设计

由于经过第一轮教学实验，实验班与对照班之间的问题解决能力发展存在差距，故而第二轮教学实验之后，研究将重点考查 3 个实验班之间的问题解决能力差异，对三个实验班进行配对样本检验，同时对比实验班学生自身问题解决能力提升的幅度与对照班学生问题解决能力提升幅度的大小，来分析网络学习空间 DPSC 教学应用模式对于培养学生问题解决能力的有效性。

1. 实验假设

（1）应用网络学习空间 DPSC 教学应用模式开展教学活动的实验班级，其学生的问题解决能力的提升幅度大于在传统教学环境下学习的学生（对照班）问题解决能力的提升幅度。

（2）应用二次修订的网络学习空间 DPSC 教学应用模式开展教学活动的班级（实验班），其学生的问题解决能力显著提高。

（3）有效设计网络学习空间 DPSC 教学活动有利于提升学生的问题解决能力（实验班）。

2. 样本校实验班级的选择

样本校实验班级的选择与第一轮研究相同。

3. 实验变量

自变量 X：二次修订后的网络学习空间 DPSC 教学应用模式。

因变量 Y：学生的问题解决能力。

干扰变量：学生学习动机、信息技术素养、家庭学习环境。

4. 实验过程

实验过程如图 8.27 所示，第一轮实验教学完成之后，在二次修订的教学应用模式基础上开展第二轮教学实验，第二轮教学活动完成后组织学生进行问题解决能力测试，根据获得的数据验证实验假设，结合第二轮行动研究的观察数据及质性分析，改进研究方案和教学活动设计模板，并进一步修正所构建的网络学习空间 DPSC 教学应用模式。

（三）数据收集与处理

本实验研究以学生问题解决能力测试、学生问卷调查来收集实验数据。主要采用《PISA2003 学生问题解决能力测试》对学生进行第二轮教学实验的前、后测，通过数据对比分析学生参与教学实验前、后的问题解决能力的发展变化状况，以验证实验假设。

1. 实验数据收集工具——《PISA2003 学生问题解决能力测试》

本实验研究应用《PISA2003 学生问题解决能力测试》试卷，测评学生实验前后问题解决能力的发展状况。两所实验样本校（甲、乙校）共选择八年级 4 个班、九年级 8 个班共计学生 520 人实施前测，根据测试成绩对测试卷的信度进行分析。该测试卷的信度系数是 0.78（表 6.2），说明信度可以接受。

2. 数据分析

（1）配对样本 T 检验

可用来检验教学实验前、后实验班学生问题解决能力是否发生变化，即实验班学生问题解决能力测试成绩在实验前、后有无显著性差异。

（2）独立样本 T 检验

独立样本 T 检验：可以用来验证实验班和对照班之间的差异性，验证网络学习空间 DPSC 教学活动设计的有效性，以及验证网络学习空间 DPSC 教学应用模式对提高学生问题解决能力的有效性。

（3）提升幅度差异对比（在独立样本体检的基础上对比）

采用柱状图，对比分析参与第二轮网络学习空间 DPSC 教学的学生（实验班），其问题解决能力的提升幅度与传统教学环境下学习的学生（对照班）问题解决能力的提升幅度的差距。

（四）第二轮实验结果

1. 基于网络学习空间开展学习活动的学生（实验班），其问题解决能力与在传统教学环境下学习的学生（对照班）问题解决能力的提升幅度差异对比。

（1）甲校实验班级和对照班级学生问题解决能力增幅对比

【八年级】

表 8.11　　　　　甲校八年级实验班、对照班独立样本 T 检验统计量

班级	轮次	N	均值	标准差	均值的标准误
2 班（实验班）	第一轮	39	46.487	20.589	3.297
	第二轮	39	62.513	15.944	2.553
4 班（对照班）	第一轮	41	34.976	17.847	2.787
	第二轮	41	41.317	14.626	2.284

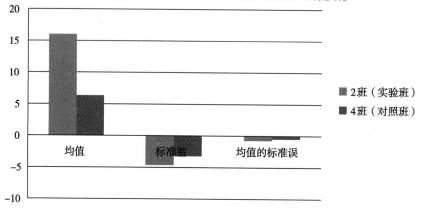

图 8.28　实验班与对照班两轮实验教学之后学生问题
解决能力测试成绩变化幅度对比图

　　分析：表 8.11 显示，甲校八年级 2 班（实验班）、八年级 4 班（对照班）第二轮实验教学之后，学生问题解决能力测试的平均成绩均有所提高，但两个班学生问题解决能力的提升幅度存在差异。标准差均有所减少，但减少幅度不同。图 8.28 显示第二轮实验教学之后，实验班学生问题解决能力的测试均值增幅与标准差减少程度均明显优于对照班学生。

　　图例数据证明应用网络学习空间 DPSC 教学应用模式开展教学活动的班级（实验班），其学生的问题解决能力提升幅度大于在传统教学环境下学习的学生（对照班）问题解决能力的提升幅度。并且，实验班全班学生之间的问题解决能力发展更加均衡。

【九年级】

表 8.12　　　　甲校九年级实验班、对照班独立样本 T 检验统计量

班级	轮次	N	均值	标准差	均值的标准误
1班（实验班）	第一轮	47	43.958	20.013	2.919
	第二轮	47	59.532	15.806	2.306
3班（对照班）	第一轮	39	33.180	18.376	2.943
	第二轮	39	40.410	13.002	2.082

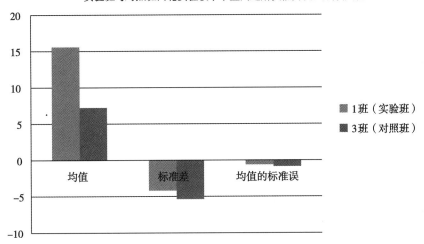

**图 8.29　实验班与对照班两轮实验教学之后学生问题
解决能力测试成绩变化幅度对比图**

分析：表 8.12 显示，甲校九年级 1 班（实验班）、九年级 3 班（对照班）第二轮实验教学之后，学生问题解决能力测试的平均成绩均有所提高，但两个班学生问题解决能力的提升幅度存在差异。标准差均有所减少，但减少幅度不同。图 8.29 显示第二轮实验教学之后，实验班学生问题解决能力的测试均值增幅明显优于对照班学生，但标准差减少程度却小于对照班学生。

图例数据证明：应用网络学习空间 DPSC 教学应用模式开展教学活动的班级（实验班），其学生的问题解决能力提升幅度大于在传统教学环境下学习的学生（对照班）问题解决能力的提升幅度。但该班级的数据显示出，对照班学生的问题解决能力发展幅度虽然小，但全班学生之间的问题解决能力发展更均衡。这种数据的出现需要结合行动研究中的观察数据来综合分析原因。

（2）乙校实验班级和对照班级差异性检验

表 8.13　　　　乙校九年级实验班、对照班独立样本 T 检验统计量

班级	轮次	N	均值	标准差	均值的标准误
1 班（实验班）	第一轮	42	53.548	17.346	2.677
	第二轮	42	60.214	13.430	2.072
3 班（对照班）	第一轮	40	32.400	12.985	2.053
	第二轮	40	44.275	13.009	2.057

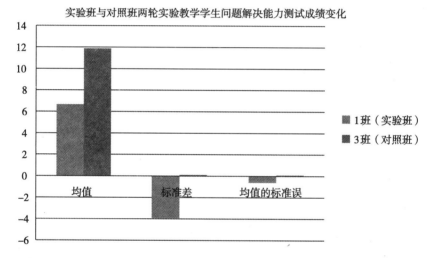

**图 8.30　实验班与对照班两轮实验教学之后学生问题
解决能力测试成绩变化幅度对比图**

分析：表 8.13 显示，乙校九年级 1 班（实验班）、九年级 3 班（对照班）第二轮实验教学之后，学生问题解决能力测试的平均成绩均有所提高，虽然 1 班仍然高于 3 班，但两个班学生问题解决能力的提升幅度存在差异。标准差均有所减少，但减少幅度不同。图 8.30 显示第二轮教学实验之后，实验班学生问题解决能力的测试均值增幅低于对照班学生，但标准差减少程度却远远大于对照班学生。

由于乙校第二轮实验教学中大幅减少了九年级学生（毕业班）在校登录空间学习的时间，因此出现了实验班学生问题解决能力测试均值增幅低于对照班的现象，但部分具备家庭网络环境的学生仍坚持在课外登录网络学习空间学习，学生整体问题解决能力得到了均衡发展。

图例数据证明：应用网络学习空间 DPSC 教学应用模式开展教学活动的班级（实验班），其学生的问题解决能力发展，比在传统教学环境下开展教学活动的班级（对照班）学生的问题解决能力的发展更均衡。

结论：综合甲、乙校八年级两个班、九年级四个班的第二轮实验数据分析，证明应用网络学习空间 DPSC 教学应用模式开展教学活动的班级（实验班），其学生的问题解决能力的提升幅度大于在传统教学环境下学习的学生（对照班）。（实验假设 1 成立）

2. 验证应用二次修订的网络学习空间 DPSC 教学应用模式开展教学活动的班级（实验班），其学生的问题解决能力是否显著提升。

参与第二轮网络学习空间 DPSC 教学活动的学生其问题解决能力是否显著提高，需要对两个样本学校的实验班级分别做配对样本 T 检验，以验证第二轮教学实验前、后实验班学生的问题解决能力变化状况。

（1）甲校实验班级实验前、后差异性检验

【八年级实验班】

八年级 2 班经过第二轮教学实验，学生的问题解决能力测试得分均值显著提升，即实验后的测试成绩远高于实验前的测试成绩（表 8.14）。同时对八年级 2 班实验前后成对样本 T 检验，P（Sig.）值为 0.000，P<0.05（表 8.15），故第二轮教学实验前、后，八年级 2 班学生问题解决能力测试得分均值存在显著性差异。

表 8.14　　　　八年级 2 班第二轮实验前、后成对样本统计量

班级	均值	N	标准差	均值的标准误
第二轮实验前	46.487	39	20.589	3.297
第二轮实验后	62.513	39	15.944	2.553

表 8.15　　　　八年级 2 班实验前、后成对样本 T 检验

	成对差分					t	df	Sig.（双侧）
				差分的95%置信区间				
	均值	标准差	均值的标准误	下限	上限			
第二轮实验前-第二轮实验后	-16.026	9.861	1.579	-19.222	-12.829	-10.149	38	0.000

【九年级实验班】

九年级 1 班经过第二轮实验，学生的问题解决能力测试得分均值显著提升，即实验后的测试成绩远高于实验前的测试成绩（表 8.16）。同时对九年级 1 班实验前后成对样本 T 检验，P（Sig.）值为 0.000，P＜0.05（表 8.17），故第二轮实验前、后，九年级 1 班学生的问题解决能力测试得分均值存在显著性差异。

表 8.16　　　　　　九年级 1 班第二轮实验前、后成对样本统计量

班级	均值	N	标准差	均值的标准误
第二轮实验前	43.958	47	20.013	2.919
第二轮实验后	59.532	47	15.806	2.306

表 8.17　　　　　　九年级 1 班实验前、后成对样本 T 检验

	成对差分					t	df	Sig.（双侧）
				差分的95%置信区间				
	均值	标准差	均值的标准误	下限	上限			
第二轮实验前-第二轮实验后	−15.574	8.021	1.170	−17.930	−13.219	−13.312	46	0.000

（2）乙校实验班级实验前、后差异性检验

九年级 1 班经过第二轮实验，学生的问题解决能力测试得分均值显著提升（表 8.18），即实验后的测试成绩远高于实验前的测试成绩。同时对九年级 1 班实验前后成对样本 T 检验，P（Sig.）值为 0.000，P＜0.05（表 8.19），因此，第二轮实验前后九年级 1 班学生的问题解决能力测试得分均值存在显著性差异。

表 8.18　　　　　　九年级 1 班第二轮实验前、后成对样本统计量

班级	均值	N	标准差	均值的标准误
第二轮实验前	53.548	42	17.346	2.677
第二轮实验后	60.214	42	13.430	2.072

表 8.19　　　　　　　　　九年级 1 班实验前、后成对样本 T 检验

	成对差分					t	df	Sig.（双侧）
				差分的 95% 置信区间				
	均值	标准差	均值的标准误	下限	上限			
第二轮实验前-第二轮实验后	-6.667	7.959	1.228	-9.147	-4.186	-5.428	41	0.000

　　结论：通过对上述两个样本学校的 3 个实验班进行实验前、后的配对样本 T 检验，证明应用二次修订的网络学习空间 DPSC 教学应用模式开展教学活动的班级（实验班），其学生的问题解决能力显著提高（实验假设 2 成立）。

　　3. 验证修订后的网络学习空间 DPSC 教学活动设计模板对提升学生的问题解决能力的有效性（实验班）。

　　参与第二轮网络学习空间 DPSC 教学活动的学生其问题解决能力是否显著提高，需要针对实验班与对照班实验前后的测试数据进行对比分析，分析参与网络学习空间学习活动的学生，分别在第一轮实验后和第二轮实验后的问题解决能力是否有显著性差异。本研究以化学课《水的净化》为例，乙校九年级 1 班（实验班）的化学课，第一轮和第二轮采用了不同的教学活动设计，第二轮是在教学活动设计模板的指导下改进教学设计后的教学实践，因此对比该实验班第二轮实验前后的数据即可判断第二轮教学实践中采用的教学活动设计是否有效。从表 8.18 和表 8.19 的数据显示，九年级 1 班改进教学活动设计前、后的测试成绩均值存在显著差异。

　　结论：根据样本学校的实验班第二轮教学实验前后测数据显示，采用 DPSC 教学活动设计模板改进教学设计后实验班学生的问题解决能力显著提升。证明在网络学习空间的环境下有效的 DPSC 教学活动设计有利于提升学生的问题解决能力（实验假设 3 成立）。

　　通过对上述两个样本学校的 3 个实验班和 3 个对照班的测试成绩分析，发现学生的问题解决能力均有所提高，其中 2 个实验班基于网络学习空间环境开展学习活动的学生问题解决能力提高显著，且全体实验班学生的问题解决能力发展更均衡。同时对同一个实验班第二轮实验前、

后做配对样本 T 检验，发现实验班学生在两轮教学实验前后自身的问题解决能力有显著提升。上述数据再次证明应用二次修订的网络学习空间 DPSC 教学应用模式开展教学活动能够培养学生的问题解决能力。网络学习空间 DPSC 教学活动设计模板能有效指导教师开展教学设计，有助于提升学生的问题解决能力。

四　第二轮研究反思与模式修正

（一）总结与反思

1. 第二轮研究总结

第二轮教学实验中应用二次修订后的网络学习空间 DPSC 教学应用模式实施教学活动，通过行动研究数据分析证明，该模式的应用能够有效提升学生问题解决能力中的六种子能力。通过准实验研究的数据分析证明，应用网络学习空间 DPSC 教学应用模式开展教学活动，学生的问题解决能力显著提升。同时，上述实验数据证明研究中所设计的网络学习空间 DPSC 教学活动设计模板对于提升学生的问题解决能力有效。

2. 第二轮研究存在的不足

通过第二轮研究中的行动研究和准实验研究，进一步证明师生基于网络学习空间开展教与学是可行的。第二轮教学实验结束，学生的问题解决能力在自主、合作的项目学习中比第一轮有了较大提升，二次修订后的网络学习空间 DPSC 教学应用模式能够有效提高学生的问题解决能力。同时，第二轮研究克服了第一轮研究中出现的一些问题，真正实现了以学生为中心的教学。但仍然存在以下几个方面的不足，有待于在后续研究中克服和解决。

（1）学习活动中学生互评活动开展依然不足。

（2）学生在网络学习空间学习的反思不足。

（3）学生在网络学习空间的学习时间不足。

（4）新媒体、新技术结合网络学习空间开展教学活动的策略、方法与经验总结不够，需要开展更多的教学实验研究，积累成功的教学实证案例。

（二）模式修正

根据第二轮行动研究收获，结合准实验研究数据，从以下几个方面对网络学习空间 DPSC 教学应用模式进行第三次修正：

1. 增加新媒体、新技术结合网络学习空间的教学应用设计

乙校化学课教师马老师应用智能手机结合网络学习空间成功开展了化学课程中项目学习活动《水的净化》，甲校李老师正在尝试将维基平台引入课堂，可见充分利用智能手机、iPad、平板电脑、电子白板等新媒体结合网络学习空间创设多种教学形态，可以弥补网络学习空间的不足、扩充网络学习空间的功能。

2. 进一步凝练模式步骤，突出要素

根据教师访谈的反馈信息，实施教学实验的教师认为网络学习空间 DPSC 教学设计模板中的设计步骤过于烦琐，建议近一步凝练，同时为便于开展更多形式的研究性学习活动，不将模式局限为基于项目的学习或者基于问题的学习，特将模式的五个步骤进一步凝练修改为：

步骤一，将"创网站-设情景、提支架-引问题"凝练为"创情景、设支架"。明确了步骤一的重点是利用设置专题学习网站为学生学习提供资料创设情景，教师需要精心设计问题支架，引导学生理解、辨别问题。

步骤二，将"建网站-说问题、选方式-定方案"凝练为"同建站、提方案"。将步骤二的重点聚焦在学科教师、学科专家、学生共同建设学习网站，学生分小组开展探究学习，自主制订研究方案，并展开线上、线下的讨论，着重培养学生表述问题的能力。

步骤三，将"做方案—细研讨、解问题—控过程"凝练为"施方案、控过程"。强调学生实施方案解决所遇到的问题，教师在学生学习活动的同时，要严格监控学习过程，注意保留学习过程中的生成性资源。它充分发挥了网络学习空间的独特功能，培养学生解决问题的能力。

步骤四，将"展成果—互评价、谈反思—改方案"凝练为"展评价、改方案"，突出了对教学活动中师生、生生互评的反思。这种针对评价的反思能够促进师生共同反思与进步，每组学生需要在展示成果的同时，呈现互评的过程和资料。学生在反思的基础上发现问题，进而修

改方案。主要培养学生问题解决之后的反思能力。

步骤五，将"演过程—说方法、谈问题—通经验"凝练为"说方法、谈经验"。聚焦学生之间对问题解决方法的交流和对问题解决经验的总结。主要培养学生对于问题解决方法的交流能力。

上述凝练后的网络学习空间 DPSC 教学应用模式的五个教学步骤，紧紧围绕制订方案、实施方案、修订方案来训练学生理解、辨别、表述、解决、反思以及交流问题的能力。每个步骤的培养目标清晰、可操作性更强。

3. 细化步骤中的具体环节

对网络学习空间 DPSC 教学应用模式中每个步骤的具体实施环节做了修订，突出环节要素和所培养的问题解决子能力。

步骤一中：增设"培养问题意识"。日本学者佐藤允一在其"问题结构化理论"[①] 中指出，形成问题意识是解决问题的首要条件，具有问题意识的人能够快速发现问题，进而制订问题解决方案，而缺乏问题意识的人往往与重要的信息失之交臂。因此，在模式步骤一中需要强调问题意识的培养，教师必须帮助学生明确学习目标，引导学生分解所提供的学习材料，为学生提供问题支架，逐步培养学生的问题意识。

步骤二中：将"提供分组策略"与"学习资源、学习工具"合并改为"指导分组、利用工具探寻'问题点'，表述问题"。所谓"问题点"是指引发问题产生的原因（佐藤允一，2010）。要想解决问题，就必须搞清楚引起问题的原因是什么，一个问题或许有诸多因素，但只有能够改进或解决的因素才是"问题点"。所以模式的步骤二中就应该要求学生在教师提供资料和自主查找资料的基础上探寻问题点，学生分析引起问题的因素，探寻问题点，并表述问题的过程，培养了学生辨别、表述问题的能力。同时，学生通过模式第一、第二步骤的学习，能够清晰地知道本次学习的目标和达成目标受到的制约因素，为下一步解决问题打好基础。

步骤三中：（1）将"教师监控过程"改为"教师提供评价量表，监控学习过程"，突出步骤三中教师应给予学生评价方法的指导。

---

① ［日］佐藤允一：《问题解决术》，中国人民大学出版社 2010 年版，第 86 页。

（2）从学生访谈和教师访谈中获悉，只要设计合理的研究性学习活动，及时与学生家长保持沟通，利用网络学习空间 建立良好的家校协同教学环境是可以实现的，学生们很乐意家长参与本组的问题解决过程。但是目前学科教师针对家校协同教学的设计严重不足，因此在步骤三中解决问题环节，特意加入教师行为"邀请家长参与"，以提示教师注意设计家校协同教学。

步骤四中：（1）将"展示成果"改为"说过程、展成果"，要求每个小组均须说出本组学习方案的实施过程，展示学习中互评的过程性资料和本组的最终成果。

（2）将"监控、点评学习活动"改为"点评、指导学习活动"。学生访谈中获悉，学生普遍希望能够在学习过程中及时得到教师的指导和点评，包括对发帖和回帖的指点和点评，以防止学生互评跑题走样。

根据第二轮行动研究发现的问题对网络学习空间 DPSC 教学应用模式从上述几个方面做第三次修订如下（图 8.31）（注：带下划线的粗体字即为改动部分）：

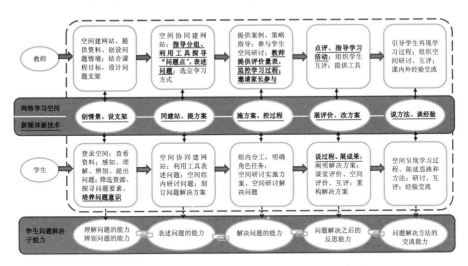

图 8.31　网络学习空间 DPSC 教学应用模式（三次修订）

模式修订后的步骤描述：

（注：◆代表教师行为；△代表学生行为；粗体字即为改动部分）

（1）**创情景、设支架**

教师活动：

◆教学空间创建网站。

◆结合课程目标、设计问题支架。

◆提供支持材料、创设问题情境。

学生活动：

△看资料，感知、理解、辨别问题。

△筛选资源、探寻问题要素。

△培养问题意识。

（2）**同建站、提方案**

教师活动：

◆空间协同建设网站。

◆指导分组，引导学生利用工具探寻"问题点"并表述问题。

◆师生网络研讨、选定学习方式。

学生活动：

△师生共建学习网站。

△利用工具，表述问题。

△空间组内研讨问题。

△制订问题解决方案。

（3）**施方案、控过程**

教师活动：

◆提供案例。

◆提供策略指导。

◆参与学生空间研讨。

◆教师提供评价量表监控学习过程。

◆邀请家长参与。

学生活动：

△组内分工，明确角色任务。

△空间研讨，实施方案。

△空间研讨，解决问题。

（4）**展评价、改方案**

教师活动：

◆点评，指导学习活动。

◆组织学生互评。

◆提供工具。

学生活动：

△说过程、展成果。

△阐明问题解决思路。

△课堂评价、空间评价、互评。

△重构解决方案。

（5）**说方法、谈经验**

教师活动：

◆引导学生再现学习过程。

◆组织空间研讨、互评。

◆课内外经验交流。

学生活动：

△空间呈现学习过程、陈述思路和方法。

△研讨、互评，经验交流。

五　第二轮教学实验研究小结

第二轮研究以行动研究为主穿插准实验研究，选择 Intel 项目学校中的甲校和乙校为本研究的样本校，选择语文、英语、化学三门学科开展教学实验。实验班采用二次修订后的网络学习空间 DPSC 教学应用模式实施研究性学习，对照班采用传统教学环境下的研究性学习方式实施教学（不予实验干预）。

第二轮行动研究中主要采用了学生问题解决能力课堂观察和网络学习空间观察、网络学习空间学习活动观察、教师反思分析、教师访谈分析、学生访谈分析等手段对实验中学生问题解决能力的发展展开质性分析和量化分析。第二轮准实验研究中，采用 PISA2003 学生问题解决能力测试对实验班和对照班学生的问题解决能力进行测试，应用 SPSS19.0 进行了数据分析。行动研究和准实验研究数据相互印证了应用本研究所构建的网络学习空间 DPSC 教学应用模式开展教学活动能够有效培养学生的问题解决能力。

同时，研究结合质性分析和量化分析结论，改进了网络学习空间 DPSC 教学活动设计模板，总结了第二轮研究活动获得的经验和存在的问题，并第三次修正了网络学习空间 DPSC 教学应用模式。

六　两轮迭代研究结论

本研究构建的网络学习空间 DPSC 教学应用模式通过两轮教学实验（2 个学期），已经验证了应用网络学习空间 DPSC 教学应用模式培养学生问题解决能力的有效性，同时对模式进行了三次修订。因此，本次研究活动只须进行两轮教学实验，在接下来的后续研究中可以继续进行网络学习空间 DPSC 教学应用模式的多轮教学实践研究活动，以进一步完善网络学习空间 DPSC 教学应用模式。

两轮教学实验研究获得的研究结论如下：

（一）应用修订后的网络学习空间 DPSC 教学应用模式开展教学活动，能够有效提升学生的问题解决能力

在上述两轮准实验研究的基础上，进一步分析数据，可以从以下几个方面再次验证修订后的网络学习空间 DPSC 教学应用模式对于提升学生问题解决能力的有效性。

1. 实验班与对照班学生实验前后 PISA 测试成绩对比分析

两轮研究的实验数据均表明本研究所构建的网络学习空间 DPSC 教学应用模式能够有效提升学生的问题解决能力。对甲校八年级、九年级的四个班的 PISA 测试前测（第一轮教学实验前）、中测（第一轮教学实验后）和后测（第二轮教学实验后）的成绩作综合对比分析（图 8.32），对乙校九年级两个班的 PISA 测试前测、中测和后测成绩作综合对比分析（图 8.33），可以得出，参与实验的班级，其学生 PISA 测试的成绩明显提高，提升速度较快，对照班学生的成绩也有所提升，但提升速度缓慢。这进一步验证了应用网络学习空间 DPSC 教学应用模式开展教学活动对于提升学生的问题解决能力有效。

图 8.32、图 8.33 显示对照班 PISA 测试得分也有所提高，分析原因，一方面因为学生问题解决能力的发展一定程度上会随着年龄的增长自然

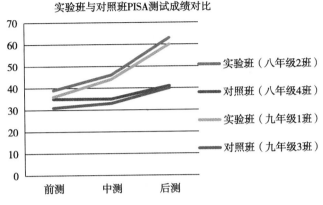

图 8.32　甲校实验班与对照班两轮教学实验前后
学生 PISA 测试成绩对比图

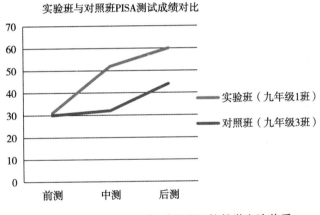

图 8.33　乙校实验班与对照班两轮教学实验前后
学生 PISA 测试成绩对比图

变化，应用信息加工理论的五种变化可以进一步解释。信息加工理论认为学生认知发展的过程是一个逐步和渐进的过程，会有五个方面的变化：更有效的认知策略、工作记忆容量的扩大、限制过程的改善、自动加工水平提升、记忆速度更快。另一方面，是对照班学生在传统教学环境下采用研究性学习开展学习活动，本实验中的教师均选择项目学习方式。因此在对照班学生 PISA 测试的中测（第一轮试验后）和后测（第二轮实验后）的数据分析来看，其问题解决能力也有所提升，但提升速度较为缓慢。如果与实验班学生 PISA 测试得分的变化相比较，对照班学生 PISA 测试成绩提高幅度明显偏低。

　　2. 学生问题解决能力水平发展分析

　　对实验前、中、后三次 PISA 测试中学生问题解决能力水平进行对比分析①，根据学生的问题解决能力水平划分标准（详见表 4.10PISA 问题解决能力水平等级表），可分别得出两个样本学校实验班和对照班学生问题解决能力水平发展对比图——甲校八年级 2 班、4 班学生问题解决能力水平发展对比图（图 8.34），九年级 1 班、3 班学生问题解决能力水平发展对比图（图 8.35），乙校九年级 1 班、3 班学生问题解决能力水平发展对比图（图 8.36）。

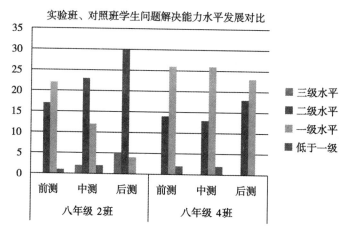

**图 8.34　甲校八年级 2 班、4 班学生问题解决
能力水平发展对比图**

　　图 8.34、图 8.35、图 8.36，均显示实验前后实验班学生问题解决能力处于二级水平的学生数量明显增加，一级水平的学生数明显下降，三级水平的学生数略有增加。而对照班问题解决能力处于二级水平的学生数量也略有增加，一级水平的学生数略有下降，但三级水平的学生数基本无变化。

　　根据上述数据对比分析，可以证明应用网络学习空间 DPSC 教学应用模式开展教学活动的班级，其学生的问题解决能力水平有显著提升，

---

　　① 笔者注：班级测试人数以测试当天到校学生数为准，个别请假学生未参加测试，故而前、中、后测的测试人数有所差异。

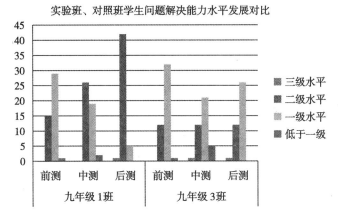

图 8.35　甲校九年级 1 班、3 班学生问题解决
能力水平发展对比图

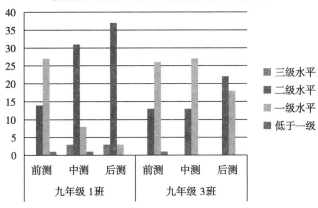

图 8.36　乙校九年级 1 班、3 班学生问题解决
能力水平发展对比图

尤以问题解决能力达到二级水平的学生最为突出，即有效培养学生成为善于推理和做出决策的问题解决者。

3. PISA 测试题作答情况反映出学生问题解决能力的发展状况

PISA2003 测评的问题可分为三类：决策问题、系统分析与设计问题以及排除故障问题。每道测试题对应于不同的能力水平。分析学生对 PISA 测试题中三级水平题目的作答情况，可以从一个侧面印证学生问题解决能力的发展状况。决策类的"第七部分，能量所需"的第 2 题和

"第九部分，假期"的第 2 题，系统分析与设计类的"第一部分，图书馆系统"的第 2 题，"第二部分，数字设计程序"的第 3 题，"第三部分，课程设计"题，"第四部分，运输系统"题，"第五部分，儿童宿营"题均为三级水平的题目。实验前、后三级水平题目的得分变化见图 8.37、图 8.38、图 8.39。

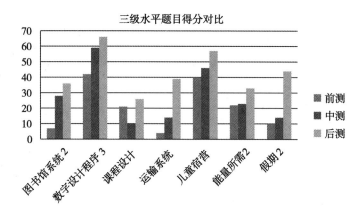

图 8.37　甲校八年级 2 班学生 PISA 测试三级
水平题目得分对比图

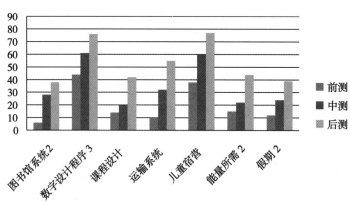

图 8.38　甲校九年级 1 班学生 PISA 测试三级
水平题目得分对比图

图 8.37、图 8.38、图 8.39 显示出实验班学生在教学实验前、后作答三级水平测试题的得分变化，反映出通过两个学期的教学实验，学生

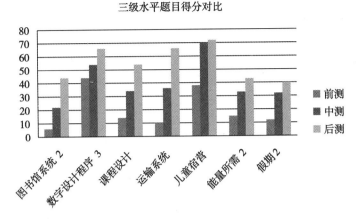

图 8.39　乙校九年级 1 班学生 PISA 测试三级
水平题目得分对比图

对三级水平试题的答对率逐步提升。因此，验证了随着实验的进行能够处理三级水平问题的学生的数量逐渐增多，培养了更多善于思考和交流的问题解决者，并与水平等级统计数据一起证明了网络学习空间 DPSC 教学应用模式对于提升学生问题解决能力切实有效。

4. 学生调查问卷中有关问题解决能力调查数据分析

在学生问卷中，第 6 题是关于学生学习情况的统计调查，主要获悉学生在实验前、中、后三个阶段中问题解决能力的发展和变化情况。为了便于学生作答，问卷设计中将表征问题解决能力的问题转换为通俗易懂的问题，每个问题考查一个能力维度。例如："老师会布置需要课外完成的任务，让我们去完成"，该题所考查的是学生参与项目学习的情况；"我能明白老师布置任务的要求和问题"考查学生理解问题的能力；"我能找出完成任务的关键点和解决方法"则考查学生辨别问题的能力；"我可以在小组内清晰表述解决问题的思路"考查学生表述问题的能力；"我和同学可以进行集体讨论、选择和使用问题解决方法"考查学生解决问题的能力；"我们可以在组内、组间互评问题解决效果，反思问题解决方法"考查学生解决问题之后反思问题的能力；"我们有机会向其他组表述本组的问题解决方法，总结经验、分析不足，讨论思考该问题解决方法是否能用于其他问题的解决"所考查的是学生对问题解决方法的交流能力。

　　甲校参与实验的八年级 2 班和九年级 1 班的学生调查问卷中有关问题解决能力的统计如图 8.40、图 8.41 所示。乙校参与实验的九年级 1 班的学生调查问卷中有关问题解决能力的统计如图 8.42 所示。

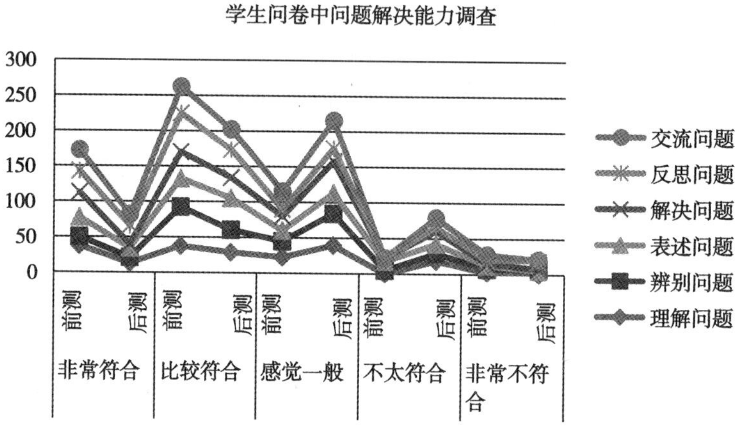

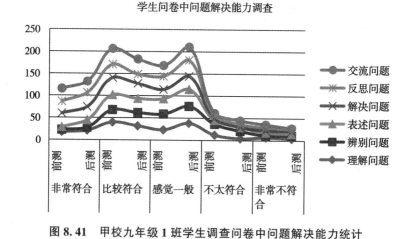

图 8.40　甲校八年级 2 班学生调查问卷中问题解决能力统计

图 8.41　甲校九年级 1 班学生调查问卷中问题解决能力统计

　　上述图例非常清楚地显示出三个实验班学生在教学实验前后，理解问题的能力、辨别问题的能力、表述问题的能力、解决问题的能力、反思问题的能力以及问题解决方法的交流能力均有所提高。对问卷数据进行科学统计、归类，并量化显示，可以再次印证实验中 PISA 测试得出的结论：应用网络学习空间 DPSC 教学应用模式开展教学活动，能够有

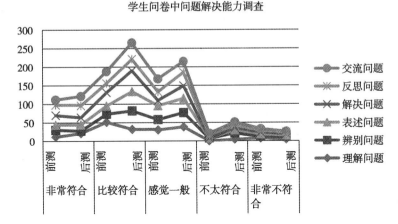

图 8.42 乙校九年级 1 班学生调查问卷中问题解决能力统计

效培养学生的问题解决能力。

（二）经过三次修订的网络学习空间 DPSC 教学应用模式更加趋于完善

研究首先根据多位专家的反馈意见对基于文献构建的网络学习空间 DPSC 教学应用模式进行了首次修订，然后将初步修订的网络学习空间 DPSC 教学应用模式应用于教学实践中。经过两轮行动研究和准实验研究，已经完全验证了网络学习空间 DPSC 教学应用模式对于提升学生问题解决能力的有效性，并根据两轮迭代研究所获悉的实验数据和教师行动研究的反思意见，对网络学习空间 DPSC 教学应用模式进行了三次修订，逐步聚焦了模式的主要环节和每一环节中师生的活动设计。修正后的模式更加突出针对学生问题解决能力的各项子能力的培养，加强了对学生学习活动的设计，增加了学生学习自主性。同时，减少了教师的干预，将教师明确定位为教学的组织者和学生的助学者。

由于每一次模式的修订均是针对该轮研究所发现的问题和教师的需求展开，以解决问题为目的。因此，经过三次修订的模式更加趋于完善，可操作性更强，更有利于指导教师开展实践教学活动。

（三）网络学习空间 DPSC 教学活动设计模板更加成熟

为了使教师尽快熟悉应用网络学习空间开展教育教学活动的方法，

为教师由传统教学转向基于网络的教学架起一座桥梁，笔者设计了网络学习空间 DPSC 教学活动设计模板。两轮迭代研究中，根据行动研究的反馈意见和课堂观察以及网络学习空间的教学活动分析，对教学活动设计模板做了两次修订。最新修订的模板突出了教师设计活动和学生参与活动的要素，考虑了新媒体、新技术对于网络学习空间的支持作用。修订后的网络学习空间 DPSC 教学活动设计模板更加适合教师分步骤设计培养学生问题解决子能力，为教师开展基于学科的网络学习空间教学设计提供了设计支架。

（四）网络学习空间 DPSC 教学应用模式可在多学科教学中应用

两个学期的教学实验研究中分别选取了语文、英语、化学三门学科实施基于网络学习空间的学习活动，均套用网络学习空间 DPSC 教学活动设计模板。经过近一年的教学实验，对获得的实验数据分析可得，参与三门课程学习的学生其问题解决能力均有大幅提升。然而，想了解网络学习空间 DPSC 教学应用模式应用在三门课程中对提升学生问题解决能力的效果有无显著性差异，就需要对三门实验课两轮实验之后的 PISA 测试数据进行差异性分析。

（1）甲校八年级 2 班与甲校九年级 1 班测试得分均值差异分析

从表 8.20 可以看出，八年级 2 班的测试得分均值略高于九年级 1 班，下面分析两个班级的差异是否具有统计显著性。根据假设方差相等的 Levene 检验（表 8.21），F 值为 0.129，P（Sig.）值为 0.720，P>0.05，故不能拒绝原假设，表明样本总体方差相等。接着分析假设方差相等时 T 检验的结果，P（Sig.）值为 0.388，P>0.05，不能拒绝原假设，即八年级 2 班与九年级 1 班学生的问题解决能力测试均值不存在显著性差异。

从样本 T 检验的置信区间看（-3.854 至 9.816），区间跨零，反映出八年级 2 班与九年级 1 班学生问题解决能力测试均值无显著性差异。

表 8.20   八年级 2 班与九年级 1 班独立样本 T 检验统计量

班级/学科	N	均值	标准差	均值的标准误
2 班/（英语）	39	62.513	15.944	2.553
1 班/（语文）	47	59.532	15.806	2.306

表 8.21　　　　　　八年级 2 班与九年级 1 班独立样本 T 检验

	方差方程的 Levene 检验		均值方程的 t 检验					差分的 95% 置信区间	
	F	Sig.	t	df	Sig. （双侧）	均值 差值	标准 误差值	下限	上限
假设方 差相等	0.129	0.720	0.867	84	0.388	2.981	3.437	−3.854	9.816
假设方差 不相等			0.867	80.838	0.389	2.981	3.440	−3.864	9.826

（2）甲校八年级 2 班与乙校九年级 1 班测试得分均值差异分析

从表 8.22 可以看出，甲校的八年级 2 班测试得分均值略高于乙校的九年级 1 班，下面分析两个班级的差异是否具有统计显著性。根据假设方差相等的 Levene 检验（表 8.23），F 值为 0.966，P（Sig.）值为 0.329，P>0.05，故不能拒绝原假设，表明样本总体方差相等。接着分析假设方差相等时 T 检验的结果，P（Sig.）值为 0.484，P>0.05，不能拒绝原假设，即八年级 2 班与九年级 1 班学生的问题解决能力测试均值不存在显著性差异。

从样本 T 检验的置信区间看（−4.205 至 8.802），区间跨零，反映出八年级 2 班与九年级 1 班学生问题解决能力测试均值无显著性差异。

表 8.22　　　　八年级 2 班与九年级 1 班独立样本 T 检验统计量

班级/学科	N	均值	标准差	均值的标准误
2 班/（英语）	39	62.513	15.944	2.553
1 班/（化学）	42	60.214	13.430	2.072

表 8.23　　　　　　八年级 2 班与九年级 1 班独立样本 T 检验

	方差方程的 Levene 检验		均值方程的 t 检验					差分的 95% 置信区间	
	F	Sig.	t	df	Sig. （双侧）	均值 差值	标准 误差值	下限	上限
假设方差 相等	0.966	0.329	0.703	79	0.484	2.299	3.267	−4.205	8.802
假设方差 不相等			0.699	74.568	0.487	2.299	3.288	−4.253	8.850

（3）甲校九年级 1 班与乙校九年级 1 班测试得分均值差异分析

从表 8.24 可以看出，两个样本学校九年级 1 班的测试得分均值几乎相等，下面分析两个班级的差异是否具有统计显著性。根据假设方差相等的 Levene 检验（表 8.25），F 值为 2.253，P（Sig.）值为 0.137，P>0.05，故不能拒绝原假设，表明样本总体方差相等。接着分析假设方差相等时 T 检验的结果，P（Sig.）值为 0.828，P>0.05，不能拒绝原假设，即两个样本学校九年级 1 班学生的问题解决能力测试平均值不存在显著性差异。

从样本 T 检验的置信区间看（-6.901 至 5.536），区间跨零，反映出两个样本学校九年级 1 班学生问题解决能力测试均值无显著性差异。

表 8.24　　　　　　甲、乙校九年级 1 班独立样本 T 检验统计量

班级/学科	N	均值	标准差	均值的标准误
1 班/（语文）	47	59.532	15.806	2.306
1 班/（化学）	42	60.214	13.430	2.072

表 8.25　　　　　　　甲、乙校九年级 1 班独立样本 T 检验

	方差方程的 Levene 检验		均值方程的 t 检验					差分的 95% 置信区间	
	F	Sig.	t	df	Sig.（双侧）	均值差值	标准误差值	下限	上限
假设方差相等	2.253	0.137	-0.218	87	0.828	-0.682	3.129	-6.901	5.536
假设方差不相等			-0.220	86.793	0.826	-0.682	3.100	-6.844	5.479

综合分析上述数据，归纳得出表 8.26：甲、乙校三个实验班级两轮教学实验后学生 PISA 测试数据差异性检验矩阵表。

表 8.26　　　　甲、乙校三个实验班级两轮教学实验后学生 PISA 测试数据差异性检验矩阵表

	甲校八年级 2 班	甲校九年级 1 班	乙校九年级 1 班
甲校八年级 2 班	/	无显著性差异	无显著性差异
甲校九年级 1 班	无显著性差异	/	无显著性差异
乙校九年级 1 班	无显著性差异	无显著性差异	/

　　甲校参与实验的两个实验班八年级 2 班、九年级 1 班和乙校参与实验的九年级 1 班，分别依次进行英语、语文、化学三门课程的教学实验，均应用网络学习空间 DPSC 教学应用模式、套用统一的教学活动设计模板，开展基于网络学习空间的研究性学习活动。教学实验后进行统一的 PISA 测试，最后对测试成绩进行 SPSS 差异性检验，结果显示两校三个实验班学生的问题解决能力均有大幅提升，但三门课程之间学生的问题解决能力并无显著性差异。

　　这证明研究中所构建的网络学习空间 DPSC 教学应用模式在开展实验教学的三门学科中均适用，对于培养学生问题解决能力同样有效。它反映出，该模式可在其他学科开展教学试用，即根据不同学科教学目标及学习内容的需求，应用网络学习空间 DPSC 教学应用模式开展教学活动来提升学生的问题解决能力。语文、化学、英语三门课程的教学实验为其他学科应用该模式开展教学改革提供了范例。

第九章 网络学习空间环境下师生教与学分析

最有价值的知识是关于方法的知识。——达尔文

一 教师应用网络学习空间开展教学活动的心理发展阶段及特征分析

(一) 教师应用网络学习空间开展教学的心理发展阶段

在两轮迭代的行动研究中发现，教师应用网络学习空间开展教学需要经历四个阶段的心理发展历程，包括逐步认可期、初试锋芒期、痛并快乐期和专业成就滋润期（图 9.1）。

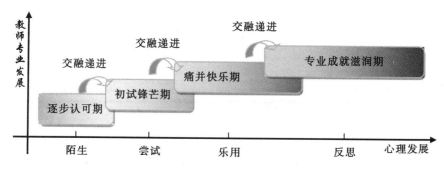

图 9.1 教师应用网络学习空间开展教学的心理发展阶段

上述四个心理发展阶段是交融递进的，反映了教师应用网络学习空

间开展教学活动的心理成长变化，也反映了教师应用网络学习空间开展教学改革的专业发展历程。

逐步认可期：教师心理充斥着对网络学习空间的陌生感，通过一些项目的推动，部分教师不情愿或者半情愿地参与学习，逐步了解网络学习空间的作用和应用方法。

初试锋芒期：教师心里充满了好奇，尝试的心理促使教师应用网络学习空间开展教学实验，尝试的同时依然有较强的陌生感和对技术的恐惧心理。

痛并快乐期：教师逐渐乐于使用网络学习空间开展教学，既体验到了应用网络学习空间开展教学的乐趣，又引发了教师关于网络学习空间开展教学设计的需求，快乐的体验和不满现状的痛楚同时存在。这一时期是教师应用网络学习空间开展教学改革的关键时期，该时期同样存在尝试的心理，部分教师容易浅尝辄止，需要教师坚定的教改理念做支撑，需要学科专家长期跟进网络学习空间应用指导。

专业成就滋润期：该阶段的教师已经对应用网络学习空间实施教学驾轻就熟，开始反思教学经验和不足，能够积极开展教学研究，真正实现了教学与教研的融合。

（二）教师应用网络学习空间开展教学的心理发展特征

教师应用网络学习空间实施教学的心理发展四阶段均有不同的特征，具体表现在周期、教师疑问表征、行为表现、态度和对网络学习空间的应用表征等几个方面（表9.1）。

表 9.1　　教师应用网络学习空间实施教学的心理发展特征表

发展阶段	周期	教师的疑问表征	行为表现	态度	空间应用表征
逐步认可期	1—2 周	浅表性问题	被动参与	质疑	建设空网站
初试锋芒期	3—8 周	技术性、操作性问题	模仿参与	平淡	建设资源平台
痛并快乐期	9—18 周	学习空间的教学设计问题	自主教改	热情	建设资源平台及交流平台
专业成就滋润期	18 周以上	学习空间教学效果评价问题	教研反思、创造性教改	积极	建设资源平台、交流平台及互动平台

教师需要 1—2 周的时间来经历"逐步认可期"，该时期教师喜欢提

出诸如"'学习空间'有何用""对实施项目学习有何帮助?"等一系列浅表性的问题。大多数教师是按照学校的要求来参与网络学习空间的教学应用培训学习的,学习处于被动状态,学习态度比较冷淡,充满了质疑。通过1—2周的学习,参与培训的教师均能在网络学习空间里建设一个由自己命名的网站。

教师在3—8周的时间里度过"初试锋芒期",该时期教师喜欢提出诸如"'学习空间'怎么用?""我怎样让学生进入空间学习?""如何添加学生和分组?"等很多技术性、操作性的问题。许多教师开始围绕自己参与的项目来尝试应用"学习空间"的教学改革,学习态度平淡,能够以建设"资源"网站的形式搭建资源平台。所谓"资源"网站,只是网络学习空间建设的低层次阶段,此时教师只能把简单的相关教学资源上传至自己建设的网站。

教师在9—18周,大概在应用网络学习空间开展教学的一个学期中期,开始经历"痛并快乐期"。此时的教师尝到了研究的乐趣,发现了新技术带给教学的活力。该时期教师喜欢提出诸如"'学习空间'里如何设计学习活动?"等一些网络学习空间的教学设计问题。教师开始主动应用学习空间实施教学改革,研究的热情逐渐高涨,并开始邀请学科专家、教学同人甚至学生参与学科网站的建设。此时教师建设的网站是集学习资源与学习活动设计于一体的教与学的交流平台。

教师需要18周以上的时间逐步进入"专业成就滋润期",此时教师能够体验到自身专业发展带来的成就感。该时期的教师喜欢分析学习空间教学应用效果,开始关注网络学习空间教学应用的评价问题,能够开展对教学研究活动的反思,教学改革的态度积极,能围绕本学科教学的需要建设课程学习网站群,并逐步开始尝试将网络学习空间DPSC教学应用模式和教学活动设计模板与多种研究性学习方式相结合,自主总结应用网络学习空间开展研究性学习的策略和方法,真正开展创造性的教学研究活动。此时,教师可以应用网络学习空间创建教学资源平台、交流平台和互动平台。

(三) 促进教师应用网络学习空间开展教学的指导策略

教师的心理发展四阶段,不仅需要教师本人的努力,学科专家和项目实施指导人员也应予以恰当的指导。每个阶段根据出现的问题提出相应的指导策略。每个阶段的策略不是绝对的，有些策略具有通用性，例如第一阶段的部分策略同样适用于第二阶段、第三阶段等。

1. 逐步认可期

（1）案例支撑、消除偏见

部分年长教师对于信息技术应用于教学持否定态度。这些教师最常见的问题为——网络学习空间有何用？此时需要指导人员提供相关的成功案例，来消除教师偏见，从内心触发教师对应用空间实施教学改革的认可。在对观摩教师访谈中，第十六中学的一位中年教师王老师在观摩实验课教学活动之后，意味深长地说："看来，技术的合理应用能使学生动起来，我们也能看到学生的校内外的学习过程，还能存下资料为下一届学生观摩，这是传统教学所做不到的。"可见，直观的教学案例能从根本上解决对网络学习空间有何用的疑问，因此，案例支撑是指导教师顺利度过"逐步认可期"的有效策略。

（2）技术指导、消除恐惧

初次接触学习空间的教师对空间的应用有一种源于技术的恐惧心理，尤其是文科教师更是觉得自己根本学不会。因此，在首次接触阶段，需要做一对一的技术指导，最好现场手把手教会教师如何在学习空间里搭建自己的专题学习网站，然后，通过 QQ 等即时通信工具在线指导教师的校外建站工作，同时也可以指导教师学会邀请别人协助建设网站。在本次研究中，研究者为解决教师学习中的技术问题，专门制作了《学习空间网站建设手册》，手册中以截图的形式将建站步骤逐步呈现，简单易学，结合实际技术指导可使教师快速熟悉教学空间的建设方法，消除对技术应用的恐惧心理。

（3）跟踪反馈、及时交流

这是每个阶段都需要的策略，指导人员必须与教师及时交流，除了网络远程指导以外，需要定期做现场交流，跟踪反馈指导意见。

2. 初试锋芒期

（1）指导落地、帮助设计

当教师学会建设自己的专题网站之后，指导人员需要帮助教师设计基于空间的教学设计方案。设计伊始，为了降低教师在网络空间环境下设计教学的难度，可以帮助教师将已经有的传统教学设计方案加以修改，引导教师以"小问题"的解决为切入点，以本研究提出的教学模式和教学活动设计模板为范本，开展基于空间的教学设计，并应用于教学实践，初尝空间教学的应用成果。

（2）行动研究中探讨空间设计、思考应用策略

鼓励教师开展行动研究，结合网络学习空间 DPSC 教学应用模式和教学活动设计模板在跟踪指导中巧妙引发关于网络学习空间应用的设计问题，在教学实践的行动中思考网络学习空间的应用策略，培养教师针对空间应用的设计意识，锻炼教师空间应用设计的能力。

3. 痛并快乐期

（1）跟踪指导、原创方案

在初试锋芒期需要帮助教师将已有的传统教案修改为网络学习空间 DPSC 教学设计方案，到了痛并快乐期则需要指导教师根据课程教学目标的需要制订教学设计方案，方案的评价中要重点考察教师的空间应用设计能力。

（2）自主建站、体验成就

当教师顺利通过网站设计技术关后，要及时跟进帮助教师根据教学目标灵活地将研究性学习方式融入网站设计之中，进一步巩固教师的空间建站知识，引导教师自主建设专题学习网站，体验成就感。

4. 专业成就滋润期

（1）教学研究、效果分析

教学研究是教师专业发展的推手，进入专业成就滋润期的教师开始反思教学，研究教学方法，因此需要帮助教师一起来做教学效果分析，使教师逐步熟悉教学研究中的观察、访谈、问卷、测试等方法的实际应用。

（2）引导反思、对比指导

该时期需要引导教师反思自己的教学改革活动，建议与传统教学作对比研究，探寻优势，总结经验，促使教师由单纯教学者向教学和研究者转变。在此阶段可以帮助教师总结经验，从实际教学出发撰写教学案例和研究论文。

（3）网络学习空间教学应用方法的迁移

当教师进入专业成就滋润期时，需要适时地提供教学方法迁移指

导，就是形成具备应用网络学习空间的多种研究性学习方式的教学设计能力。众所周知，没有哪种教学方法是万能的，基于项目的学习、基于问题的学习、基于任务的学习等都有各自的优势与不足，学科教学中也不是所有的教学内容都适合做研究性学习，因此，引导教师开展网络学习空间教学应用方法的迁移十分重要。例如，遵循本项研究的思路可拓展出基于网络学习空间的问题教学、基于网络学习空间的 WebQuest、基于网络学习空间的项目学习等多种形式的应用网络学习空间的教育教学方法。

二　学生利用网络学习空间开展学习活动的心理发展阶段及特征分析

（一）学生基于网络学习空间开展学习活动的心理发展阶段

在两轮迭代的行动研究中发现，学生基于网络学习空间开展学习活动也需要经历四个阶段的心理发展历程，包括兴趣萌发期、浅表尝试期、愉悦适用期和反思交流期（图 9.2）。

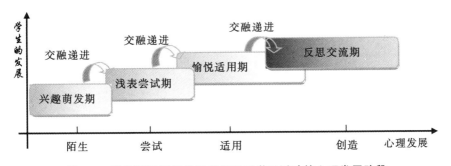

图 9.2　学生基于网络学习空间开展学习活动的心理发展阶段

在基于网络学习空间的学习活动中学生与教师的心理发展类似，学生从陌生到创造也要经历四个阶段，这四个心理发展阶段也是交融递进的，反映出了学生在网络学习空间环境下开展学习活动的心理变化。

兴趣萌发期：学生初次接触网络学习空间，心中充满了陌生感与好奇心，在教师的引导下注册学生账号，登录教师构建的专题学习网站，展开相应的研究性学习活动，逐步开始了解网络学习空间的使用方法。

此时，全新的学习环境和学习方法，使学生眼前一亮，强烈的陌生感激发着学生的学习兴趣。

浅表尝试期：学生在兴趣的驱使下开始尝试在空间开展学习活动，在教师精心设计的研究性学习任务中展开自主、合作、探究式的学习。随着对网络学习空间的逐渐熟悉，学生对基于网络学习空间的学习方法和作用有了初步的认识。

愉悦适用期：学生逐渐对网络学习空间产生适用感，并乐于在网络学习空间里学习，逐渐体验到了网络学习空间里学习的乐趣，这种愉悦感促进学生积极开展学习活动。该阶段是学生问题解决能力培养的关键时期，需要教师实时指导、辅导答疑和同伴互助学习。教师可以邀请学生一起协助建设网站，使学生也参与到教学设计中来，有利于学生明确学习目标，更好地完成学习活动。

反思交流期：该阶段的学生已经熟悉了基于网络学习空间的学习，能够反思本组学习过程中出现的问题，创造性地提出多种优化改进措施，能对基于空间的学习活动进行总结，提出学习心得经验并通过学习空间和同学展开积极的交流。

（二）学生基于网络学习空间开展学习活动的心理发展特征

学生在网络学习空间里开展学习活动，其心理发展的四阶段有不同的特征，具体表现在周期、学生的疑问、行为表现、学习态度和应用学习空间的表征等几个方面（表 9.2）。

表 9.2　　　学生参与网络学习空间学习的心理发展特征表

发展阶段	周期	学生的疑问	行为表现	学习态度	应用空间的表征
兴趣萌发期	1 周	如何在空间注册？	登录空间浏览资料	新奇	空间注册
浅表尝试期	2—5 周	小组如何讨论？	朗读作品	认真	参与空间小组活动
愉悦适用期	6—18 周	怎样呈现作品？	讲解作品	热情	协建网站、开展空间学习活动
反思交流期	18 周以上	哪个小组作品最好？	讲解活动方案实施思路	积极	空间评价与交流

学生需要 1 周的时间来度过"兴趣萌发期"，此时的学生喜欢提出

诸如"如何在空间注册?"等问题,学习中充满了新奇感。学生通过一周的学习,均能在教学空间里注册一个自己的学生账号,并能够通过输入自己的账号登录空间浏览资料。

学生接受新事物的能力很强,能在2—5周即近一个月的时间里度过"浅表尝试期"。该时期的学生喜欢提出诸如"空间里小组如何展开讨论?""我能否参与其他小组的讨论呢?"等技术性问题,多数学生能参与空间小组活动,每个小组也能根据教师的教学任务完成作品。新的学习方式带给了学生全新的体验,每个学生的学习态度都很认真,课堂上每组学生对于本组的成果均以PPT的形式呈现,并能选派代表朗读汇报。

"愉悦适用期"的周期长短,取决于教师教改的周期设计。如果教师能够持续不断地开展基于教学空间的教学实践,学生可以在两轮教学的第一轮教学中度过"愉悦适用期"。该时期的学生开始关注问题解决后的成果呈现形式,能够协助教师建设学习网站,学生的学习态度十分热情。在课堂作品展示中,学生能够针对本组完成的作品展开讲解。该阶段对于学生的发展至关重要,是学生培养问题意识、锻炼探寻问题点的能力、培养合作学习意识的重要时期。学生能否顺利度过该阶段,并逐步应用学习空间展开学习,关键在于教师是否能够开展持续的基于网络学习空间的教学实践。假如教师基于网络学习空间的教改实践活动仅仅停留在尝试应用阶段,没有及时跟进网络学习空间的应用教学,学生就无法度过"愉悦适用期",同样也会影响到教师的发展停滞在"初试锋芒期"。

学生在18周以上,即一个学期的基于网络学习空间的学习之后,逐步进入"反思交流期"。此时的学生开始关注"哪个小组作品最好?"等评价问题,反映出学生开始反思自己的学习,并能够进行空间评价与交流。该阶段学生学习态度积极,在课堂作品展示中可以介绍本组作品并讲解小组实施方案的思路和过程,而且能提出本组和其他组学习活动的改进建议。

(三) 学生基于网络学习空间开展学习的指导策略

不仅是教师需要逐步熟悉网络学习空间支持下的教学,学生对全新的学习方式也有一个逐步认知的过程。根据学生心理发展四阶段的不同特征，每个阶段根据出现的问题应采取相应的指导策略。各个阶段的策略不是绝对和专属的，有些策略具有通用性。

1. 兴趣萌发期

（1）问题主导、技术辅助

初次接触网络学习空间的学生心里充满了新奇感，更多关注"如何在空间注册？""到哪儿去找学习资源？"等浅表性问题，此时的教学策略应该是利用技术提供问题支架，而不是直接抛出问题，培养学生问题意识，弱化空间技术的学习，做到"问题主导、技术辅助"，使学生能够围绕问题展开思考，为了发现问题或理解问题而使用技术。

（2）方法展示、统一注册

由于各个学校的信息化教学条件不同，针对一些学校不能保证每位学生拥有一台计算机的实际情况，为了提高学习效率，帮助学生快速度过兴趣萌发期，教师可以在课堂上展示学生注册的方法和流程，然后帮助学生统一注册，为学生分配账号，帮助学生快速进入空间学习。

2. 浅表尝试期

（1）布置任务、丰富资料

在浅表尝试期主要培养学生应用网络学习空间开展学习活动的一些良好习惯，教师可以布置一些简单的任务，让学生查找资料，并上传至空间共享，以提高学生的参与度，使学生尽快熟悉网络学习空间。

（2）合理分组、角色分配

根据学生信息技术能力的不同，男女搭配合理分组，同时兼顾学生家庭的信息化环境（是否有计算机、是否具备上网条件等）。实践证明给予学生明确的角色分配可以有效防止推诿、躲避的现象，促使每一位学生都积极投入到学习中去（分配原则在第十章网络学习空间的教学应用方法与策略中有详述）。

3. 愉悦适用期

（1）邀请学生共建网站策略

学生逐渐熟悉基于网络学习空间的学习方式之后，需要积极引导学生主动参与教学活动，此时可以邀请每组学生协助教师建设网站。在学生的个人空间中可以点击"我协助建设的网站"进入相关主题的网站建设。赋予学生更多的网站修改的权限，增加学生的责任感。

（2）提供互评指导

教师为学生提供生生互评的相关指导，如小组成员互评表（表5.9），可以促使学生主动思考。也可利用网络学习空间的投票功能，展开随堂投票，课堂实时生成量化评价数据，如图9.3是英语课 *Festival* 中全班学生对每组最终作品的评价投票，主题为"Which composition do you like best?"。投票可以是课外也可以是课内，投票完成后网络学习空间可以自动统计每组得票数。

教师在学生逐步应用网络学习空间开展学习活动的过程中，指导学生展开互评，也是培养学生问题解决能力的一个重要环节。学生评价其他同学的过程是逐步熟悉学习空间、反思自身学习的重要过程。

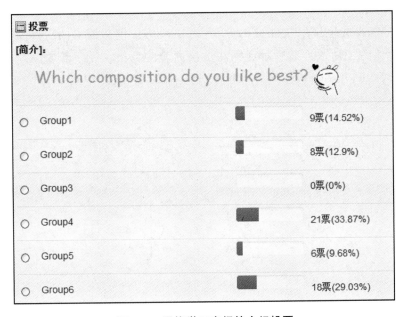

图9.3　网络学习空间的小组投票

4. 反思交流期

（1）科学评价、共同反思

教师和学生一起评价小组完成的作品（可赋予不同的权重），有利于引导学生反思，教会学生合理、科学地展开评价活动。同时，利用网

络学习空间的记录功能再现每组学生的评价过程，展开针对评价过程的
评价活动，利于师生共同反思教与学的过程。

（2）鼓励成果形式多样化

该时期教师要将学生的注意力引到反思自己学习活动的过程中来，
使学生能够改进本组学习中解决问题的方案，引发学生思考"小组的成
果怎样呈现能使其他同学更加容易理解？"这一问题上，鼓励小组以多
种形式呈现成果。

三　影响学生基于网络学习空间开展学习活动的因素分析

在两轮迭代研究中，笔者对参与教学实验的学生进行了观察和访
谈，观察包括校内观察和网络学习空间观察，校内观察又细分为课堂观
察和测试活动观察，课堂主要指利用网络学习空间开展教学的观摩课，
测试是指学生问题解决能力的 PISA 测试；访谈包括校内面对面交谈和
QQ 网络深度访谈。通过对观察和访谈内容的分析，发现影响学生在网
络学习空间开展学习的因素主要包括以下几个方面（图 9.4）：

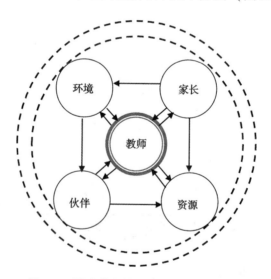

图 9.4　影响学生基于网络学习空间开展

学习活动的因素结构图

（一）教师

教师决定了学生是否能充分地参与网络学习空间的学习，影响着学生问题解决能力的发展，是核心影响要素。只有当教师坚持不懈地在一个学期中实施多轮网络学习空间的教学应用时，才能持续引发学生的心理发展，逐步构建起问题解决的逻辑思维，完成问题解决过程中的知识建构。教师自身对应用网络学习空间实施教学也有一个适应的过程，需要经历四个阶段，在心理和专业两个方面得到逐步发展。从图9.4可以看出教师的因素对其他因素均有影响，是环境、家长、伙伴和资源各个因素互联、互通的桥梁。

（二）环境

环境是指教与学的环境，是制约学生在网络学习空间开展学习活动的主要因素，包括学校环境和家庭环境两个方面。良好的学校信息化环境是应用网络学习空间开展学习活动的基本保障，家庭网络环境是保证学生有效开展校外学习的充分但不必要条件。访谈中有些学生虽然自家电脑没有联网，但能够发挥主观能动性，克服困难。这些学生反映，他们在自家电脑上制作作品，在亲戚家或邻居家上网下载资源和上传作品，或者在学校利用信息技术的上机课来登录网络学习空间学习。"环境"因素通过"教师"因素与"资源"因素相联接，要求在网络学习空间学习中教师要严把"资源"关，即使是学生提供的资源，教师也要浏览和筛选，以保证资源安全，提高资源与学习活动主题的高相关度。

（三）家长

家长是开展家校协同教育的主要力量，不仅决定了家庭的信息化环境，而且家长的意识和对教师实施教学改革的态度，会直接影响家校协同教育的质量，并能通过学生的学习行为表现出来。实践证明，教师和家长之间的及时沟通是十分必要的，两轮实验中设计发放的《致家长的一封信》发挥了良好的沟通作用。家长学历、意识、职业与家庭的信息化环境密切相关。学生问卷数据统计显示，家长的学历水平，尤其是父亲的学历水平与家庭计算机的拥有量显著相关（表9.3）。

表9.3　　　　　　　　　　甲校学生家庭拥有电脑量相关性统计

		父亲学历水平	学习软件	手机	电视机	汽车
家庭电脑数量	Pearson 相关性	0.322*	0.388**	0.437**	0.365*	0.370*
	显著性（双侧）	0.031	0.008	0.003	0.014	0.012
	N	41	41	41	41	41

*. 在0.05水平（双侧）上显著相关。**. 在0.01水平（双侧）上显著相关。

对甲校的八年级4班学生家长的职业做频次统计显示，家长中34.8%为个体户，13%是工人，10.9%是会计，2.2%是教师，19.6%是销售人员，4.3%是医生，2.2%是职员。其中，58.7%的家庭无法联网，41.3%的家庭具有网络环境，因此该校样本学生中有一半以上无法在家里登录网络学习空间开展学习活动。在学生访谈中也了解到只有少数学生反映能经常上网完成老师布置的任务。一些教师也反映该校学生家长的职业以个体户居多，这与学校的地理位置有一定的关系（甲校地处于L市最大的服装批发市场旁边）。表9.3反映出一个家庭中的学习软件、手机、电视机以及汽车的拥有量与电脑的拥有量成正相关，同时，数据显示上述家庭中汽车的拥有量很高，只有2.2%的家庭没有汽车，说明影响家庭信息化环境建设的主要因素并不完全是经济问题，而与家长的态度息息相关。学历越高的家长越容易为孩子创设家庭的信息化学习环境。研究中针对甲校的情况，需要教师及时和家长沟通。在第二轮迭代研究中，教师给家长的《致家长的一封信》为开展家校协同教育提供了很好的范例，教师通过一封有自己亲笔签名的信件与家长保持沟通（信件可以是纸质，也可以发送图片），给予家长一定的思想指导，使其了解学生和教师实施的教与学方式的变革活动，逐步重视和建设家庭的信息化学习环境。通过信件沟通，家长改变了以往对网络的错误认识，同意孩子适宜性地上网，甚至有些家长参与到学生的网络学习中来，与教师和孩子的学习伙伴展开交流，提高了学生家庭学习的积极性和主动性，为实现家校协同教育奠定了基础。

（四）资源

资源既指学生的学习资源，包括学校和家庭两个方面的学习资源，又指教师的教学资源。资源是网络学习中开展自主、合作、探究学习的基础，学习中资源的建设者包括教师、学生和家长等。对甲校九年级1班学生的 PISA 前测做相关性分析，数据显示学生的 PISA 测试成绩与家庭藏书量、电脑拥有量、字典的数量呈现显著相关（表9.4），反映出家庭学习资源的拥有状况对于学生问题解决能力的发展至关重要。

表 9.4　　　　　甲校 PISA 测试得分与家庭学习资源相关性统计

		家庭藏书	电脑	字典
	Pearson 相关性	0.403 *	0.334 *	0.371 *
PISA 测试得分	显著性（双侧）	0.006	0.025	0.012
	N	47	47	47

＊. 在 0.05 水平（双侧）上显著相关。

学习资源的建设可由教师、家长、学习伙伴共同完成，教学资源主要靠教师筹备，网络学习空间的学习过程可以储备教学资源，因为网络学习空间可以记录教学的整个过程，记录学生参与的学习活动，这些都将形成课堂"生成性材料"，成为宝贵的教学资源。"资源"要素通过"教师"要素与"环境""伙伴"和"家长"等要素相联通。由于网络环境中的"资源"浩如烟海，所以需要教师做好前期的设计、指导与监控，给予一定的主题和范围定向，防止学生在"资源"中迷航。

（五）伙伴

学习伙伴是促进学生开展有意义学习的必备要素之一，是形成学习共同体的重要结构。所谓"学习共同体"是指由学习者及其助学者共同构成的团体，他们沟通、交流，分享各种学习资源，共同完成学习任务，在成员之间形成相互影响、相互促进的人际联系[1]。

师生网络交互活动是网络环境中构建学习共同体的基础。网络学习空间具有为学生创设同步讨论和异步讨论的功能。同步讨论区会以小圆桌的形式随堂展开，小圆桌具有去中心化的作用，使每一位参与讨论的学生都成为主体，防止出现意见领袖的干扰。异步讨论区为学生课外讨论创造了

---

[1]　Moller, L. Designing communities of learners for asynchronous distance education [J]. Educational Technology Research&Developement, 1998, 46 (4), 115-122.

条件，允许交流双方不在同一时间交流。同步、异步讨论区均支持学生自由发表见解，在接受知识的同时会对其他学习伙伴产生影响，不仅能够丰富、扩充知识，而且提高了自己在学习和解决问题中的自我效能感。自我效能感是"人们对自身能否利用所拥有的技能去完成某项工作行为的自信程度"（班杜拉）。班杜拉认为行为的出现不是由于随后的强化，而是由于人认识了行为与强化之间的依赖关系后对下一步强化的期望，这种"期望"除了结果期望外，还有一种效能期望①。俗语说"艺高人胆大"，其实就是人具有较高的自我效能感。自我效能感在学习伙伴间可以互相感知和影响，是"艺高人"成功完成任务所必要的心理因素。

基于网络学习空间的学习中存在组内和组间的伙伴关系，教师协助学生分组、分角色开展学习活动，这有利于每位学生充分地参与学习过程。分小组可以形成多个学习共同体，分角色有利于增强学习者的"共同体意识"，利于学习伙伴之间开展充分的合作性的问题解决活动。相关研究证明，学生通过计算机展开交流与沟通，能促进学生对知识的掌握和应用，并可加深学生的学习反思，提高学生需要和对学习活动的自我意识②。因此，网络学习空间为学习共同体的形成搭建了平台。

国际上诸多知名学者所构建的学习模式均凸显了网络环境下学习伙伴之间的关系，强调了学习伙伴之间协作学习、交流讨论、知识建构和反思的具体环节。例如：Riel 的"学习圈"（Learning Circles）模式③，Harris 的"远程协作课题"（Tele-collaborative Projects）模式④，Bell & Davis 设计的网络"知识整合环境"（Knowledge Integration Environment）⑤ 等等。

上述五要素是影响学生参与网络学习空间学习活动的主要因素，充分关注五要素并对五要素合理设计有利于学生之间学习共同体的形成，

---

① 自我效能感［EB/OL］http：//baike. baidu. com/link？url = SoLY4KXNyGdgG9q3 - 5Egvd7Ep6VKpU5ESVNeSP6R3SBnJCVij-ZT1JUct8aG92v2BFMhIYNC3Lw8YshkgFjLPq, 2015-8-10。

② Scardamalia, M., &Bereiter, C. Computer support for knowledge-building communities［J］. The Journal of Learning Sciences, 1994, 3（3）.

③ Reil, M. M. Learning circles：Virtual communities for elementary and secondary schools［J］. Electronically Published at URL：http：//www. ed. uiuc. edu/guidelines/Riel-93. html, 1993.

④ Harris, J. B. Organizing and facilitating telecollaborative projects［J］. The Computing Teacher, 1995, 22（5）.

⑤ Bell, P. &Davis, E. A. Designing an activity in the knowledge integration environment［J］. Paper presented at AERA, New York, 1996.

有利于零散的资源系统化，有利于形成教师、家长、学生三方协同教学的良性教学结构。

四　网络学习空间环境下学生问题解决逻辑思维的发展

笔者所构建的网络学习空间教学应用模式——DPSC 教学模式暗含着问题解决的过程。学生在该模式指导下展开学习，可在问题解决过程中逐步构建起问题解决的逻辑思维，这种逻辑思维是学生开展研究性学习、解决实际问题的重要基础。当一名具备问题解决逻辑思维的学生遇到问题时，他能够快速地知道如何去解决，用什么方法解决，并能有效预测解决问题的效果。两轮实验结束后，参与实验的教师普遍反映，实验班学生开展项目学习活动的思路要比对照班学生开展项目学习的思路更加清晰、明了。由此可见，学生问题解决逻辑思维的养成得益于网络环境支持下的研究性学习。

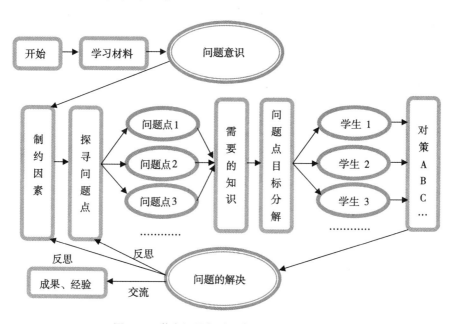

图 9.5　学生问题解决逻辑思维发展过程图

图 9.5 展示了学生在网络学习空间环境下开展研究性学习时问题解决逻辑思维的建构过程。

首先，学生会从诸多学习材料的分析中（教师提供、学生搜集、网络学习空间分享）逐步培养问题意识，具备问题意识是理解问题的前提。然后，带着问题意识分析制约问题解决的因素，在诸因素中探寻"问题点"。必须明确的是，不是所有的影响问题解决的因素都是问题点，此时学生应重点思考哪些影响因素是可以解决并且是有价值的，有可能解决并有相应价值的影响因素才是"问题点"。在找到问题点后，学生要根据解决该问题所需的知识，互相说明自己的思考，分析问题点目标。学生理解、辨别以及表述问题的能力将在"问题点"的探寻过程中逐步提升。之后，通过网络学习空间提供交流平台，提供生生互动，讨论提出解决每个问题点切实可行的对策来解决问题，此时学生解决问题的能力在逐步成长。问题解决后要进一步反思制约因素和问题点，查漏补缺，完善作品，学生问题解决之后的反思能力在通过网络学习空间开展的交流活动中逐步形成。最后，整理思路，总结交流经验，培养学生问题解决方法的交流能力。学生遵循上述学习流程，将逐步建构起问题解决的逻辑思维，这种思维正是学生问题解决能力发展的逻辑路线。

实践证明学生应用网络学习空间开展学习活动，其逻辑思维能力会逐步加强，尤其是第二轮实验研究中反映出，学生已经具备了对问题的分析、对解决问题方法的设计、解决问题、反思问题解决方法、交流解决方法修订方案的完整思路。一旦学生具备这种思维，就具备了培养问题解决能力的"灵魂"，它可以离开载体——网络学习空间教学应用模式而拓展延伸至多种教学模式，并指导不同的教学模式开展培养学生问题解决能力的教学活动，取得殊途同归的效果。因此，学生问题解决逻辑思维的构建是学生提升问题解决能力的重中之重。

五　网络学习空间环境下学生问题解决中的知识建构

学生问题解决能力的培养过程同时也是学生认知发展、知识建构的过程。认知心理学家将"问题解决"定义为一系列有目的指向性的认知操作过程①。杜威等学者提出的在"做中学"正是问题解决过程中知识的获得过程，反映出知识一方面影响问题的解决，另一方面问题解决也是知识获得的一种途径。问题解决能力与知识的获得之间存在着某种关联，图 9.6 所示，构成学生问题解决能力的六种子能力的培养过程中必然要有四种知识的相辅相成，即：元认知、基础知识、学科知识和专业知识。知识要素和子能力要素共同构成了学生问题解决过程中知识建构的要素。

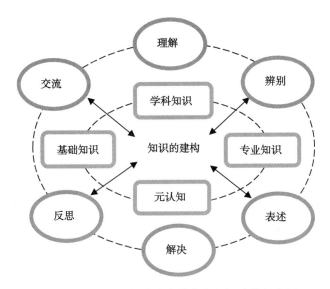

图 9.6　学生问题解决能力培养中知识建构要素图

问题解决是过程和手段，核心是知识的建构。根据布朗芬布伦纳的生态系统理论，培养学生的问题解决能力会由外而内地影响学生知识的建构。问题解决的过程大于问题解决本身，当学生解决学习活动中的问题时，必须综合应用知识与经验并不断产生新的经验，吸收新的知识。问题解决强调过程的效率，不只是要达成目的，而考虑更多的是如何更高效地达成目的。

皮亚杰认为图示是组织经验的一种心理结构，是相关事件、物体和知识的思维单元，图示与知识的获得关系紧密。学生原有的图示存在于元认知、基础知识、学科知识和专业知识之中，当新的经验（知识）

————————

① 辛自强：《问题解决与知识建构》，教育科学出版社 2005 年版，第 33—54 页。

能被融入已有图示时，知识学习中的同化随即发生。当已有图示需要根据新的经验（知识）来修改时，知识学习中的顺应随即发生①。培养学生问题解决能力的六种子能力有利于元认知、基础知识、学科知识和专业知识中图示的同化与顺应。每一种子能力的培养都是对四种知识的综合应用，四种知识的融合共同实现了知识的建构。因此，学生问题解决的过程也是学生知识的建构过程。

加拿大学者乔治·西蒙斯提出的联通主义认为，学习不是一个人的活动，而是优化学习者的内外网络。本项研究所构建的网络学习空间教学应用模式，实现了学生以个人、小组、班级为单位的网络互联，超越了单纯对知识的记忆，通过精心设计的模式环节为学习者提供了明确的学习节点。网络学习空间真正实现了"学习空间人人通"，为学生学习创设了流畅的信息通道、灵活自由的学习平台，开放的网络环境为学生获取知识提供了广阔的来源，这正是联通主义所提倡的保持知识的流通对于网络环境下学习的重要性。保持持续的学习能力和拥有获取知识的通道远比掌握知识更重要。

因此，在基于网络学习空间的研究性学习中学生问题解决的过程就是学生知识建构的过程，是学科目标与能力目标双重达成的过程。

上述三个问题，即师生应用网络学习空间 DPSC 教学模式开展教学的心理发展阶段及特征、学生问题解决逻辑思维的发展以及学生问题解决过程中的知识建构，既为我们呈现了学生问题解决能力形成过程中三个非常重要的因素，也为我们勾画出了学生问题解决能力形成的三棱锥稳定结构，（图9.7）。X 轴代表学生网络学习空间开展学习活动时持续的心理发展；Y 轴代表学生问题解决逻辑思维的形成发展；Z 轴代表学生问题解决过程中知识的建构过程。X、Y、Z 共同构成学生的问题解决能力发展的立体框架。图示表明，学生问题解决能力的形成需要一定的时间与过程，X、Y、Z 的发展是学生问题解决能力发展的必由之路。在学习过程中三维同步发展，共同形成学生的问题解决能力，能力一旦形成便具有了三棱锥体的稳定结构。不同学生形成的三棱锥体大小不同，代表学生问题解决能力的差异。同时，随着学生的心理、逻辑思维

①　Robert. V. Kail. Children and Their Development (Second Edition) [M], Education Science Press, 2009, 8.

以及知识的不断发展，自身的三棱锥体会不断扩充，呈现出动态的发展
趋势，同时也表征着学生问题解决能力的不断提升。

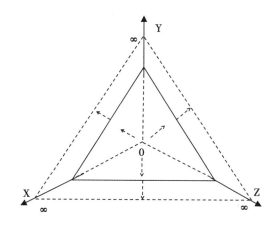

图 9.7　学生问题解决能力三棱锥动态结构

第十章　网络学习空间变革教与学活动的实践反思

"学然后知不足，教然后知困。知不足，然后能自反也；知困，然后能自强也。"——《学记》

一　网络学习空间在教学实践中的作用分析

（一）网络学习空间的应用有利于双目标的融合实现

网络学习空间建设以具体学科知识的培养为基础，克服了传统教学环境下实施研究性学习时教师容易脱离学科本身的知识而设计活动的问题。网络学习空间从建设网站开始就与具体的学科目标紧密结合，始终围绕学科知识目标展开，同时考虑学生的能力培养目标，在双目标设计的原则指导下实现空间教学的常态化，在日常教学活动中不断激发学科教师应用空间变革教学的积极性。

利用网络学习空间，引导学生建设学习网站，学生需要查阅大量资料，并上传空间，实现资源共享，同时，学生之间基于网络空间开展的交流与讨论必须建立在对学科知识的学习基础之上。因此，学生对学科知识的掌握更加全面与精深。同时，网络学习空间有助于每一位学生能力的发展和综合能力的养成，因为应用网络学习空间教学时每位学生在空间学习中有既定的角色，要承担一定的任务，并且每位学生小组内的活动都是可见的，极大地提高了学生参与学习的积极性和参与度，有利于学生之间形成学习共同体，实现学生的协同发展。

因此，网络学习空间有利于学科知识培养目标和学生问题解决能力培养目标的融合实现。而传统教学环境下的研究性学习往往缺少针对学生学科知识的培养目标，对于学生能力的培养目标是个别和零散的。例如传统教学环境下的项目学习活动中，学习积极性高并且自主学习能力强的学生就会更多参与项目，其能力的提高不言而喻，但大多数学生会混于其中，持观望态度。两轮实验教学中甲校八年级4班（对照班）的学生在一年半的时间（三个学期）里，与实验班的学生实施同样的项目学习，由同一位教师组织开展项目活动，在对该班学生进行的实验前、后问卷调查中发现，学生问题解决子能力的发展并不明显。该结论与 PISA 测试成绩相互印证，证明基于网络学习空间实施项目学习比传统教学环境下开展项目学习更有利于培养学生的问题解决能力。

因此，网络学习空间的应用既有利于学科教学目标的达成，消除了教师对于实施研究性学习会耽误教学进度的顾虑，又有利于培养学生的问题解决能力，彻底变革了传统教学环境下研究性学习中为了开展研究性学习而设置课题、项目活动的现象。

（二）网络学习空间的应用有利于拓展教学时空，创设立体化学习空间和"三助"学习环境

网络学习空间将研究性学习的课堂内、外时间联片化，将校内、外学习空间整合化，有利于形成学校、家庭和社区的三位一体立体化学习空间。网络学习空间能够突破传统教学环境下研究性学习中割裂时空的局限，为变革教师的教学方式（如翻转课堂教学）和学生的学习方式（网络学习空间+学生的学习方式）提供条件。

网络学习空间有利于创设研究性学习的"三助"环境，即同伴互助、家长协助、教师帮助的学习环境。学习伙伴可在空间开展协作学习，家长也可以登录空间参与学生的学习活动，教师利用空间展开指导与评价。此时的教师不再局限于本班授课教师，可以是其他班级的教师，还可以是其他学科的教师。例如，在甲校八年级实验班基于网络学习空间开展项目学习的过程中，不仅受到其他班级英语教师的帮助，还得到了学校信息技术教师、通用技术教师的协助，英语教师们在空间指

导学生的同时还展开了教师之间的大讨论。"三助"学习环境正是传统教学环境中被固化的学习空间所欠缺的。

因此，网络学习空间解决了传统教学环境的一大顽疾，即——时空限制。网络学习空间所构建的立体化学习空间和"三助"学习环境是教师、学生、家长三方形成教学共同体的产物，实现了物理空间与网络虚拟空间的完美结合。实践证明，应用网络学习空间营造的学习氛围有利于学生问题解决能力的不断提升。

（三）网络学习空间的应用有利于重构"教学结构"

所谓教学结构是指在一定的教育思想、教学理论和学习理论指导下的，在某种环境中展开的教学活动进程的稳定结构形式，是教学系统四个组成要素（教师、学生、教材和教学媒体）相互联系、相互作用的具体体现①。因此，可以看到教学结构不是教学策略和方法，也不是教学模式，教学模式属于教学策略和方法范畴，是多种策略和方法长期稳定的呈现形式。它们和教学结构之间有着千丝万缕的联系。例如，同一个教学结构下可以有多种教学模式，可应用多种教学策略与方法。因此，重构"教学结构"的意义远不止一种教学模式或者教学策略方法的提出与应用，而应该是教学系统四要素的结构重组。

1. 传统教学结构

传统的教学结构以教师为中心，学生、教材、教学媒体三个要素围绕教师展开（何克抗，2007）。虽然新课程改革促使中小学教师开始变革自己的教学方法，但就目前的常规教学来看，中小学课堂教学中教师依然是中心，掌控着教学过程中的整体话语权。学生在教师设计的活动中开展学习，也是一种变相的被动学习，教材依然是课堂中的主要依据，教学媒体仅仅被用来辅助教学，作为一种彰显信息化教学的形式而存在，本质上继续捍卫着传统教学的固有结构。传统教学结构有三种，即以教师为中心的教学结构、以学生为中心的教学结构和教学并重的教学结构②。

2. 应用网络学习空间重构教学结构

教学结构较之于教学模式和教学策略更加的宏观，属于上位层面的

---

① 何克抗：《教学结构理论与教学深化改革》（上），《电化教育研究》2007 年第 7 期。
② 余胜泉、马宁：《论教学结构——答邱崇光先生》，《电化教育研究》2003 年第 6 期。

概念，因此教育教学改革中教学结构的变革就首当其冲。传统的三种教学结构都以教学的某要素为中心，致使其他要素处于依附和受支配地位，无形地限制了中心以外要素的发展。要想使传统教学结构发生质的改变，就必须"去中心化"，使教学系统成为真正意义上的开放系统，并进一步扩充四个组成要素的内涵。网络学习空间为变革教学结构提供了条件，一方面为师生提供了虚拟的交流平台，每个学生都可以是空间里的主角。空间借助网络环境不仅可以调取电子教材，还可以检索各种学习资料，同时，智能手机、平板电脑等新技术、新媒体与互联网结合，实现了"互联网+"的教育变革。因此，网络学习空间支持下的教学系统四要素为：教师、学生、教材及各种学习资料以及新技术、新媒体。围绕四要素形成的教学活动进程的稳定结构即为网络学习空间支持下的教学结构（图 10.1）。

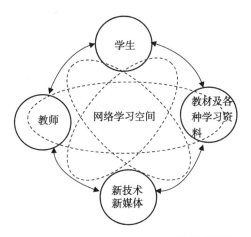

图 10.1　网络学习空间支持下的教学结构

3. 网络学习空间支持下的教学系统四要素之间的关系

应用网络学习空间重构教学结构，其四大教学要素在教学结构中表现出以下几种关系：

（1）教师与学生不仅有学校内的面对面交互，也有基于网络平台的虚拟交互，此时教师成为学生学习的帮助者和服务者。对于学生而言，虚拟环境中的教师概念进一步泛化，因为教师根据研究性学习的需要会给学生推荐其他教师或者某一学科的专家，这些网络环境下能给予学生学习指导的人都成为了学生的老师。此刻，"三人行必有我师焉"

已不再是一句口号。

（2）学生不仅有纸质教材，更能通过网络获取电子教材和各种学习所需的学习资料，同时学生们可以将自己检索、加工、处理后的学习资料上传网络学习空间，进一步丰富学习资料。因此，学生与学习资料的关系不再是被动接受，而是主动交互、及时更新、不断积累、不断创新的发展关系。学生与学习资料之间建立了双向互动的强交互关系。

（3）学生通过智能手机等新技术、新媒体不仅可以获取大量的学习资料，还可以通过各种与学科相关的手机 APP 来学习，诸如桥梁建筑、医药卫生、宇宙星际、生物探究等方面的知识。新兴的技术和各种数字化媒体不仅仅是学生学习的工具，也是学生学习和成长的伙伴。一台智能伴读机器人或许会成为学生一生的良师益友。

（4）教师拿着一本教材走遍天下的时代一去不复返，网络环境加强了教师与教材的关系。针对学习需要，教师需要深挖教材，真正理解教材所要达到的三维目标（知识与技能、过程与方法、情感态度与价值观），通过网络学习空间为学生提供大量有效的教辅资料和学习材料。同时，教师要及时收集网络学习空间中反映学生学习活动的生成性资料，这些资料的积累将为后继学生的学习提供宝贵的经验。

（5）教师与新技术、新媒体的关系，呈现一种"倒逼"的趋势，即，随着信息技术、网络技术、通信技术的飞速发展，许多新技术、新媒体已经进入人们的日常生活，不管教师愿不愿意，他们的学生们已经开始接触，甚至熟悉这些技术和媒体，教师想将这些新技术、新媒体拒之于教育教学的大门之外是不现实的。因此，教师必须紧随技术的发展，从思想和行动两个方面来接触和使用新技术、新媒体。例如习惯了黑白+粉笔的教师必须学会应用交互式电子白板，当学生们都配备了电子书包以后，教师必须熟悉如何利用电子书包促进学生的家校协同学习。同时，新技术、新媒体的发展也为教师的专业发展提供了契机。例如，目前大量中小学教师通过智能手机参加"中小学信息技术能力提升工程""人文素养提升工程"等国家级培训项目，通过微信、微博、QQ等即时通信工具及时获取教育教学信息，真正帮助教师实现无处不在的泛在学习。

（6）新技术、新媒体为教材和各种学习资料提供了多样化的呈现平台，智能手机、平板电脑、iPad 等让学习资料无处不在，"云计算技术"实现学习资料的永久存储，并通过"云服务"实现学习资料的及时送达。因此，新技术、新媒体为教材和各种学习资料提供了海量存储、及时调用、实时更新等诸多优质服务，而日新月异的各种教材和学习资料也为新技术、新媒体提供了用武之地，二者具有互为依托，相互促进的强交互、双荣关系。

4. 网络学习空间支持下的教学结构的基本特性

（1）开放性。通过网络学习空间的联通，教学系统四要素之间真正实现了开放与共享。学习资源、教学过程甚至是人力资源互相开放、互为支撑，为学习者营造了自由、民主的学习氛围。在开放的学习系统中学生才能体会为谁而学，教师才能在教学的同时关注自身的学习与发展，教材也不会成为教学的唯一材料而禁锢学生手脚，全社会的新技术、新媒体才能为教育做出贡献。

（2）动态性。教学结构是"教学活动进程"的稳定结构形式，这里强调的是进程，即必须是在教学活动进程中表现出来的稳定结构形式，因而具有动态性（何克抗，2007）。

（3）立体化。传统的教学结构中四要素以班、校为单位，四要素间在二维平面上发生双向联系，而网络学习空间支持下的教学结构中四要素之间是立体化链接，打破了班、校的空间桎梏，超越了传统教学结构所能实现的功能。立体化有利于多学科、多教师、多学生、多班级、多学校同时参与某一研究性学习活动，促使师生在网络学习空间支持下实现随时、随地的泛在学习。

（4）系统性。网络学习空间支持下的教学结构四要素在教学活动进程中相互联系、相互作用，构成一个完整的教学系统。教学结构是教学系统整体性能的体现（何克抗，2007），四要素之乘积等于稳定的教学结构，因此，任何一个要素为零，该教学结构都将不复存在。系统性保障了基于网络的教学形散而神不散，每个要素都是教学的中心，保障了教材以及各种教学资源价值利用最大化，实现了新媒体、新技术应用于教学的最优化。

（5）有序性。

"熵"，一个来自物理热学的概念，向我们阐释了一个系统从兴盛到衰落的机理，即一个封闭的系统其实是一种可怕的稳定态，其内部的"熵"会逐渐增大，如果系统不引入"负熵"，该系统就只能走向灭亡。1977年诺贝尔化学奖得主普利高津提出散结构理论，指出系统通过不断与外界进行物质和能量交换，在耗散过程中产生负熵流，就可能从原来的无序状态转变为一种时间、空间或功能的有序状态①。网络学习空间支持下的教学结构由于是开放、动态和立体化的教学系统，网络环境为其提供了各种各样的教育教学信息，大量的教学信息为该系统注入负熵，因此，网络学习空间支持下的教学结构必然会走向有序，并达到教与学的动态平衡。

因此，应用网络学习空间重构的教学结构以学生问题解决能力培养为中心任务，突破了以知识传承为中心的传统教学结构，是信息化教育发展的必然选择。

（四）网络学习空间的应用加速师生角色的转变

应用网络学习空间培养学生的问题解决能力，能够促使教师和学生在适应网络学习空间教与学的过程中进行角色的转变。传统教学环境下，教师被认为是知识的传授者、教学的主导者，通常认为教师要给学生一碗水，自己得有一桶水，或将教师比喻为"自来水"，显得更为丰富与渊博。但在网络学习空间环境下实施教学，教师成为教学的组织者、学生学习的引导者以及学生的学习伙伴，教师要组织、设计、引导、协助学生基于网络学习空间展开学习。此时的教师更像一个脚手架，自己并不是高山，却能为学生搭建通往高峰的天梯，也许只是一个普普通通的支架，却能为社会输送各行各业的专家。

网络环境极大地丰富了教师的角色，参与教学实验的教师纷纷开始反思自己的教学，总结经验、改进教学方法，逐步成为教学研究者。教师也不再单纯地讲授课程，而是根据学生的需要设计所需的课程，于是教师成为中小学实施创客教学的重要载体。教师将逐渐出现一个新的角色，即学科教育创客。它是指不同学科的教师，立足本学科，充分利用网络的优势，为学生提供各种资源，帮助学生创新学习，提升学生的创

---

① 耗散结构理论 ［EB/OL］http：//baike. haosou. com/doc/5682836-5895513. html. 2015-4-24。

造力。

网络学习空间环境下学生的角色也发生了巨大的改变，由以往的知识消费者逐步转变为知识的创造者，由被动的接受知识转变为主动探究知识，由"要我学"转变为"我要学"。而且这种转变是持续和螺旋上升的，例如：教学实验中实验教师应用网络学习空间开展项目学习的初期，所有的项目主题都是由教师选定的，学生根据要求来实施项目。随着教学实验的深入开展（进入到第三学期），实验班学生已经能够根据教师给定的学科知识范围，小组内自定主题、自制方案、自主解决问题，并能在组间交流分享项目成果。这些转变都得益于网络学习空间所提供的开放、自由、民主的学习环境。此时，学生才真正意义上成为学习的主人，以往的学习任务转变为学生自我发展的一种内在需求，进而产生解决项目中出现问题的强大内驱力，学习效果也不言而喻。

因此，网络学习空间变革了传统教学环境下师生的固有角色，真正实现了以学生为中心的教学，学生在由知识的消费者向知识的创造者的发展过程中，其问题解决能力也在逐步提升。

（五）网络学习空间变革了教与学的方式，实现混合式学习

1. 教师教学方法的变革

教学实验案例中，教师在传统教学环境下组织项目学习的教学方法相对单一，主要以"主题式项目学习"为主。所谓主题式项目学习，是指学生开展的项目活动由教师选定，甚至项目主题都是由教师拟定，导致全部学生不同小组均实施同一个项目，不能满足不同学生的差异需求。而实验班教师应用网络学习空间开展项目学习，能够实施"开放式项目学习"和"自主项目学习"的新的教学方式。教师只须根据学科教学目标规定项目范围，在大的范围之内，学生分小组，根据兴趣爱好自定项目主题，不同的小组会有不同的研究取向，全班范围内形成"项目群"的学习态势，最终形成的成果将五花八门，而这些并不整齐划一的成果恰恰是下一轮教学宝贵的生成性资料。网络学习空间给予教师的既有开展教学改革的机遇，也有很多挑战，学生一旦开展基于网络学习空间的线上线下学习，教师就必须变革自身的教学方法，同时要逐步转变角色，经历四个阶段的心理发展历程，从逐步认可期到初试锋芒期，再到痛并快乐期，直至专业成就滋润期。某种程度上，一些教师自身角色的转变和教学方法的变革是网络学习空间倒逼的结果，但会对教师的专业发展产生持久的影响。

2. 学生学习方式的变革——混合式学习

学生在传统教学环境下可以应用合作学习、自主探究学习等学习方式展开学习活动。由于受到建构主义教育理论的支撑，集中体现的是以学习者为中心的教育思想，本无可厚非，但导致部分传统教学环境下的教学过于强调学生自我中心、自主学习，弱化了教师的指导作用。有了网络学习空间的支持，学生的学习方式更加多样化，网络学习空间开放、共享的特性为学生变革学习方式创设了广阔的天地，学生不仅可以开展合作学习、自主探究学习，还可以开展家校协同学习、社区互助学习以及校际交流学习等等。

随着中小学基于网络学习空间创建虚实创客空间的开展，学生在创客教育中的学习方式更加灵活，可以实现以线上、线下，课内、课外，面对面教育与网络空间教育相结合的混合式学习，学习空间可以从课堂拓展为家庭、户外、社区等（图10.2），既有利于实现自主学习与同伴互助的有意义学习，又有利于发挥传统教育中教师指导、监控和及时反馈的积极作用。

基于网络学习空间的混合式学习主要从学习途径、学习内容以及理论与实践三个维度展开（图10.2）。

（1）学习途径混合

是指线上和线下的混合，课堂和家庭没有线上和线下的明显界限，课堂内可以实现线上与线下的混合。例如乙校化学课《水的净化》项目学习中，教师利用智能手机、学生分小组，利用笔记本电脑在课堂中登录网络学习空间开展线上学习活动，实现了课堂内的线上和线下混合学习，也是传统教育中面对面的教学形式与基于网络学习空间的虚拟教学的大融合，既有利于激发学生自主学习的主动性，发挥学生的主体作用，又兼顾了教师在学生有意义学习中应发挥的主导作用，是对建构主义学习理论的丰富与发展。

（2）学习内容混合

是指跨学科知识的应用，体现了STEAM教育的核心，将多门学科的

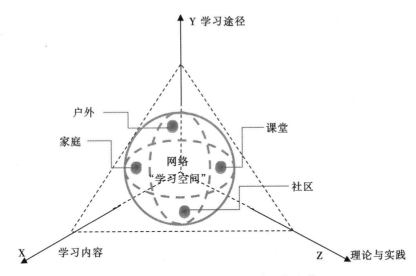

图 10.2　网络学习空间支持下的混合式学习

知识综合应用到某一项学习中。上述项目学习实践中学生用到了化学课、信息技术课、通用技术课、物理课甚至包括地理课等多个学科的知识，以小组为单位研发户外条件下的净水装置。基于网络学习空间的混合学习有利于突破现有课程设置中条块化学习内容的限制，通过某一项目的设计与实施，在应用多门课程解决某一问题的同时，实现混合式学习。

（3）理论与实践的混合

是指学生学习知识和应用知识的混合，即学生"学"和"习"的混合。由于传统教学环境下项目学习中理论知识的学习和实践的应用相对独立（路径独立），课内的"学"与课外的"习"无法融合，即使相关的理化实验课也只是对所学理论知识的一种验证性实验。因此，网络学习空间就如同一剂黏合剂，将学生的理论知识学习与实践操作应用相融合，实现了学生理论与实践的混合式学习。

因此，网络学习空间的应用有利于彻底变革传统教学环境下教与学的方式，实现学生的混合式学习，并逐步提升学生的问题解决能力。

（六）"网络'学习空间'+"的应用成为助推中小学教育教学改革的新引擎

在两轮教学实验研究中，一方面证明了应用网络学习空间 DPSC 教学应用模式开展教学活动，能够有效提升学生的问题解决能力，另一方面也凸显了"网络'学习空间'+"的教学模式，即网络学习空间+新课改教育教学方法。例如，可以产生网络学习空间支持下的项目学习，网络学习空间支持下的基于问题的学习，网络学习空间支持下的自主、合作、探究学习等等。"网络'学习空间'+"的应用将为中小学教育教学改革注入新的动力，成为助推中小学教育教学改革的新引擎。

网络学习空间所构建的新型教学环境与新课改所提倡的教育教学方法将成为促进中小学教育教学改革发展的"两翼"，形成以中小学教育改革为"体"，以网络学习空间和新课改教育教学方法为"两翼"的"一体两翼"发展格局，以促进中国基础教育改革快速发展。

（七）网络学习空间的应用有利于教学资源建设

网络学习空间相当于学生学习资源超市，能够提供学习资源"云服务"。网络学习空间拓宽了教学资源的获取途径，丰富了教学资源的呈现形式，扩充了教学资源的数量，革新了教学资源的存储方式。网络学习空间支持学生课堂内外下载教师提供的学习资料和课件等资源，支持学生课堂内外上传自主学习的资料以便共享，支持对教与学过程的记录与共享，支持课堂内外生成性资源的记录与共享。网络学习空间使得教学资源与教师、学生和教学媒体的关系"复杂化"，因为网络学习空间中的教学资源不再是单一地由教师来提供，这些资源也不再是文字或PPT的简单呈现，教师和学生不用为有限的资源而烦恼，新兴的海量资源每时每刻都在产生。教师和学生不仅可以将重要的资源存在自己的U盘、移动硬盘或电脑中，也可以将资源放置于网络学习空间里，体现出类似虚拟网盘的功能。可见，网络学习空间从多个方面促进了教学资源的数字化建设，是实现教育信息化的基础。

网络学习空间最基本的功能相当于教师为某一学科建设的学习资源平台，全体学生、全校教师、全体家长都能成为这个平台资源的建设者，通过网络学习空间为学生提供学习资源"云服务"。任何学生及教师可以在任何地点、任何时间登录网络学习空间共享教学资源。学生不仅是资源的消费者，在根据自己的需要选择、甄别、合成资源的同时也是资源的制造者。因此，网络学习空间的应用有利于数字化教育资源的建设，有利于学生理解问题、辨别问题和表述问题子能力的发展。

（八）网络学习空间的应用有利于学习过程可视化

网络学习空间是一个学习过程记录空间，可以清晰反映每个小组的学习过程，教师登录空间可以调取任何一个小组的学习记录、资料，看到学生学习的每一步。网络学习空间不仅记录课堂内的活动，更是对课外、家庭等多种学习过程和形式的实时记录。空间的应用使得教师教学和学生学习的过程可视化，师生均可以看到每个小组的学习过程，有助于师生评价的开展。学生利用网络学习空间可以回顾整个项目学习过程，在每个学习环节中探寻问题，反思本组学习的成败经验。因此，网络学习空间的应用有利于学习过程的再现，帮助提升学生问题解决之后的反思能力，这正是传统教学环境下开展研究性学习所无法实现的。

（九）网络学习空间的应用有利于评价方式的多元化

两轮教学实验中教师利用网络学习空间建设教学专题网站，通过学生作品、讨论发帖、学生参与学习活动的表现互评、不同小组之间的投票等多种方式对学生的学习实施了多元化评价。空间设置的同步讨论区、异步讨论区灵活支持教师与学生、学生与学生的互评与自评，方便每位学生基于网站开展组内、组间，课内、课外，师生、生生之间的互动与交流，甚至家长也能通过平台参与学生的学习过程和学习作品的评价。而传统教学环境下的研究性学习的评价场所主要以课堂为主，教师是评价的主角，学生往往是被动地参与，家长几乎无法参与评价活动。因此，网络学习空间的应用有利于丰富和拓展研究性学习中的评价机制，提升学生问题解决之后的反思能力以及对问题解决方法的交流能力。

同时，网络学习空间的应用，克服了传统教学环境下存在"一过性"评价的弊端。"一过性"评价是在第五章中分析传统教学环境下培养学生问题解决能力存在的问题时提出的，网络学习空间的应用实现了学校、社区、家庭互联互通，实现了评价过程的可视化，激发了学生互评的兴趣，给了学生大胆评价的动力，故而此时的评价诱因比比皆是，所谓的"一过性"评价，在网络学习空间环境下将不复存在。表10.1

是传统教学环境与网络学习空间环境下开展研究性学习活动的不同表现。

表 10.1　　　　网络学习空间支持下的研究性学习与传统
教学环境下的研究性学习对比表

区别 模式		网络学习空间支持下的研究性学习	传统教学环境下的研究性学习
培养目标	学科知识培养	全面、精深	模糊、浅表
	能力培养	全体、综合	个别、零散
教学结构	教学系统四要素	更加整合	离散
	开放性	支持	/
	动态性	支持	支持
	立体	支持	/
	系统性	支持	支持
	有序性	支持	/
教学模式	一体两翼	支持	/
教师角色	知识传授者	支持	支持
	教学主导者	支持	支持
	学习引导者	支持	/
	教学组织者	支持	支持
	学习伙伴	支持	/
	教学研究者	支持	/
	课程实施者	支持	支持
	课程开发者	支持	/
	学科教育创客	支持	/
学生角色	学习者	支持	支持
	学习伙伴	支持	支持
	知识消费者	支持	支持
	知识创造者（创客）	支持	/
教学方法	开放式项目学习	支持达成	/
	主题式项目学习	支持达成	支持达成
	自主项目学习	支持达成	/

续表

模式 区别		网络学习空间支持下 的研究性学习	传统教学环境下 的研究性学习
学习方式	合作学习	支持达成	支持达成
	自主探究学习	支持达成	支持达成
	家校协同学习	支持达成	/
	社区互助学习	支持达成	/
	校际交流学习	支持达成	/
教学资源	教师教案、课件等资料	支持课内、外上下载	仅课堂可见
	教师提供的学习资料	支持课内、外上下载	仅课堂可见
	学生查找的学习资料	支持课内、外上下载	仅课堂小组可见
	教学过程性资源	支持记录与共享	/
	学习过程性资源	支持记录与共享	/
	生成性资源	支持记录与共享	/
教学评价	教师评价	支持课内、外	支持课内
	学生互评	支持课内、外	支持课内
	家长评价	支持课内、外	/

（十）　网络学习空间对影响学生问题解决能力发展的因素具有积极的促进作用

在第一章中笔者根据文献矩阵统计表（表1.2）分析总结了影响学生问题解决能力发展的十四种因素（图1.5），并依据网络学习空间的功能，研究提出了网络学习空间对影响学生问题解决能力发展因素可能产生的作用分析（表5.4）。经过两轮教学实验的行动研究，发现网络学习空间环境能够提供丰富的网络资源，方便多学科教师以及学生之间的交流，有利于学生知识水平的提升并增强学生的问题意识；利用网络学习空间开展家校协同教学，能够弱化家庭环境、藏书量、父母学历（表9.3、表9.4）、男女性别等个体特征对学生问题解决能力造成的负面影响（两轮实验教学之后实验班男女生之间的问题解决能力无显著性差异）；教师利用网络学习空间为学生提供资源，创设问题环境，支持更加清晰的问题表征，便于学生理解和辨别问题；网络学习空间为每一位学生提供了发言交流的平台，学生在交互中想尽各种办法阐述自己的思路，或为同学出谋划策，学生的心智技能在交流、互评、互助中得到了提升；师生通过网络学习空间记录问题解决的过程，反映了问题解决者的心路历程，并为个体间交流、分享实践经验与问题解决经历提供了平台，极大地丰富了学生们开展自主、合作、探究学习的实践经验；网络学习空间支持教学过程性资料的积累，有利于学生监控自主学习过程，并在任何地点、任何时间开展反思活动，方便学生阐释自己问题解决的过程，并分析和调节自身的认识加工过程（元认知），有利于学生形成系统的科学研究过程性思路；网络学习空间为教师综合应用多种教学方法和策略提供了便利，基于网络学习空间，教师可以开展多种研究性学习方式；网络学习空间支持学生自定步调复习、反思和交流，支持教师、家长对学生学习活动的多元评价；由于两轮教学实验兼顾学科教学目标和能力培养目标，因此三个实验班学生的学业成绩均名列年级前三，消除了教师对开展教学实验影响学业成绩的顾虑，证明网络学习空间提供的协作学习平台，支持学习者之间合作、探究学习，真正促进了学生有意义学习，有利于学生学业成绩的提升；网络学习空间支持开展线上、线下的混合式学习，可将学校教育与家庭教育相融合，彻底变革学校教育模式，拓展了学校教育的时空，丰富了学校教育的内涵。上述为图1.5中的十三种影响学生问题解决能力发展的因素。还有一个为"智力水平"因素，由于学业成绩并不能完全表征智力水平，同时行动研究中并未对参与实验的学生做智力水平的前后测，故而无法直接证明利用网络学习空间可以提升学生的智力水平，但可以通过长期的家、校联通，链接社会实践，通过解决空间建设、研讨、反思等活动中遇到一系列的问题来促进学生智力水平的不断提升。

（十一）网络学习空间可构建多样化教学平台支持学生问题解决子能力的培养

在第一章中笔者根据文献分析凝练了学生问题解决能力的构成结构（图1.4），提出六种子能力，并根据网络学习空间的功能，分析指出了网络学习空间对学生问题解决子能力培养的支持作用（表5.4）和可能产生作用的六种假设。经过两轮教学实验的行动研究，发现网络学习空间可以构建多样化的教学平台以支持六种学生问题解决子能力的培养，六种假设均成立：在教师上传学习资料，创设情景，提供问题支架的阶段，网络学习空间构建了资源平台，海量的资源库便于培养学生理解问题的能力；在学生分组讨论问题的阶段，网络学习空间构建了交流、研讨平台，创设开放民主的讨论氛围，有利于学生辨别问题能力的培养；在学生研讨解决问题方案的阶段，网络学习空间构建了资源平台和交流、研讨平台，方便学生课外做图表，课内展示、说明问题，有利于学生表述问题能力的提升；在学生展示成果与评价过程、修改方案阶段，网络学习空间构建了互动、互评平台，为学生提供课外协作研讨、课内交流的平台，使得小组协作解决问题的过程可视化，支持师生反思与互动，有利于学生解决问题能力和反思能力的培养；在学生交流经验、讨论方法的阶段，网络学习空间提供演示、交流平台，支持知识互动、生成与创造，有利于培养学生问题解决方法的交流能力。

二　网络学习空间的教学应用原则与要点

两轮教学实验证明应用网络学习空间 DPSC 教学应用模式能够有效提升学生的问题解决能力，培养学生的问题解决逻辑思维，促使学生在问题解决的过程中完成对知识的建构。为使一线教师能够更好地利用网络学习空间教学应用模式开展教学改革，除了要让教师熟悉网络学习空间的操作和设计方法以外，还应该使教师明确该模式在教学实践中的应用原则和应用要点，以便更好地指导教学实践。

（一）教学应用原则

这里提出的"原则"是不同学科教师应用网络学习空间 DPSC 教学应用模式开展教学活动时需要注意的准则，是教师应用模式实施教学的基本要求，教学中应该遵循以下八字原则，即："培养兴趣、养成习惯、掌握方法、提升能力"。

1. 培养兴趣

兴趣是最好的老师，基于网络空间的全新学习方式，一定程度上能够激发学生学习兴趣。然而，当学生对平台熟悉之后，随着新鲜感的消退，兴趣也会逐渐减弱，所以培养学生兴趣必须从教学内容入手。网络学习空间 DPSC 教学应用模式是对传统教学环境下开展研究性学习的优化，教师应该以课程大纲为依据，根据学生的学习与生活的实际情况，合理设计单个项目或项目群，要注重通过问题支架引导学生发现问题，问题支架要能与学生的社会生活实践产生共鸣，能够引发学生的独立思考，激发好奇心和探究欲，才能促使学生克服困难来解决问题。培养学生兴趣实质是将知识的学习与学生自身发生联系，兴趣盎然是外在表征，自信能够解决实际问题，便是学习的内驱力，这种内驱力的产生应该是教师设计学习活动时首先要考虑的问题。

2. 养成习惯

所谓的"习惯"主要是指"学习习惯"，学习习惯是一种自动化学习行为方式，学习习惯的养成是中小学生养成教育的重要内容。应用网络学习空间实施教学活动要注重培养学生良好的学习习惯，主要包括：

（1）有目的、有计划的上网习惯

应用网络学习空间开展教学活动，通过项目任务的形式使得学生上网具有目的性和计划性，避免学生无目的的网络漫游和网络迷航，同时也可以大大减少学生接触网络不良信息的机会。

（2）遇到难题找网络的习惯

如果要用一句话概况今天的学生自主学习、探寻问题的状况，那就应该是："知之为知之，不知 Google 知"（焦建利，2010）。通过网络学习空间的学习，要培养学生不怕难题，遇到困难找网络的好习惯。目前网络搜索引擎功能十分强大，例如，Google、百度等都可以成为学生解决难题的好帮手。

（3）协作学习的习惯

网络开放的环境为学生提供了协作学习的肥沃土壤。访谈中部分学生反映他们利用一个网络空间的网站，能够探讨多门课程的问题，针对同一个问题能够引出多人的讨论。这说明学生们已经尝到了协作学习的甜头，愿意在网络平台中协作完成一些任务，学生的协作意识、协作能力也将在网络环境下的学习过程中逐步提高。

（4）学后反思的习惯

网络学习空间 DPSC 教学应用模式的步骤严格按照问题解决能力发

展规律展开。学生经过多轮学习后，要展开深入的反思，以便形成清晰的学习思路，这种学习思路的形成有利于学生问题解决能力的提升和逻辑思维的构建。

（5）独立思考问题的习惯

应用网络学习空间开展学习活动，不仅需要学生展示最终作品，还需要学生阐述作品完成的经过，需要对学习中发现的问题、解决的问题做反思，并与其他伙伴分享交流学习经验。问题反思和交流经验的过程就是学生独立思考的过程，经过不断的基于空间的学习，学生能够形成独立思考问题的良好习惯。

3. 掌握方法

人们通常将一个失败的教与学的过程总结为——"教不得其道，学不得其法"，因此，任何教学模式的应用都应该注重教师的教学方法和学生的学习方法。网络学习空间 DPSC 教学应用模式中内嵌了多种教和学的方法，如：单项目设计教学法、项目群设计教学法、小组协作项目学习法、自主探究项目学习法等等。

本研究所构建的网络学习空间 DPSC 教学活动模板也不是一成不变的，需要根据不同的教学方法和学习方法进行修订。所谓"教无定法"，就是指教师应该针对教学内容、目标灵活设计自己的教学方法，灵活地套用网络学习空间 DPSC 教学应用模式和教学活动设计模板，以实现教学效果的最优化。

4. 提升能力

网络学习空间 DPSC 教学应用模式在教学应用中要特别注意能力目标和学科目标的结合。能力目标是指培养学生的问题解决能力。在两轮教学实验研究中应用网络学习空间 DPSC 教学应用模式开展了语文、英语、化学三门学科的教学实践，虽然三门课程的教学目标、教学内容均不相同，但能力目标一致，都是为了培养学生的问题解决能力。实验证明，本研究所构建的网络学习空间 DPSC 教学应用模式，能够有效培养学生的问题解决能力。因此，任何一门学科应用该模式开展教学时，不论学科教学目标是什么，培养学生的问题解决能力是既定目标。教师应用该模式实施教学活动后，对于教学的评价也必须从学科目标和能力目标两个维度展开。

（二）教学应用要点

教学改革重在设计，每一种教学模式都需要合理、科学的设计才能发挥应有的作用，学科教师在应用网络学习空间 DPSC 教学应模式开展教学活动时应该注意以下几点：

1. 课内、外翻转设计

网络学习空间 DPSC 教学活动模板的教学流程中清晰地标明了课内、外教学环节，提醒教师在应用活动模板设计教学时应该注重课内和课外的设计，要求教师将认知类知识安排至课外，学生通过自主、合作的探究活动，查找资料、小组讨论、探寻知识点、寻找解决办法，课堂内专门用于消化、反思和质疑所学知识。这种设计理念和"翻转课堂"教学十分相似。但笔者并不认同"翻转课堂"这一提法，因为课堂还是课堂，只不过反映课堂内容的教学活动发生了变化，这只是设计层面的问题，是对课内、外设计的颠倒，故笔者认为应该称为"课内、外翻转设计"更加合理。

2. 以学生的问题解决能力培养为主线

如前所述，网络学习空间 DPSC 教学应用模式的培养目标是学科目标和能力目标的双目标，教学中应将问题解决能力培养作为主线，给予学生足够的空间和自由，在完成学科知识学习的同时，锻炼学生理解、辨别、表述、解决、反思和交流问题的能力。因为，中小学某一阶段学科知识的学习只是下一阶段认知的基础，而问题解决能力的形成却能贯穿于学生的一生。

3. 网络学习空间的跨时空学习设计

在两轮迭代教学实验研究中，应用网络学习空间 DPSC 教学应用模式实施教学的三门学科均存在一个共性的问题，那就是学生校外登录空间的学习不足（主要指家庭）。究其原因，一方面是环境因素，比如一些学生家庭没有计算机，或者有计算机但没有连接互联网；另一方面是教师对学生的校外学习任务设计与布置不明确，学生不清楚回家后要做什么。在网络学习空间 DPSC 教学活动设计模板中有一个板块——"空间设计意图"，该板块要求教师不仅应该设计教师应用空间的活动，还应该明确学生在空间的活动目的，以及明确校内、外空间学习任务。因此基于网络学习空间的跨时空学习设计，就成为该模式应用的要点之一。

4. 引导学生合作共建、共享资源

教师应用网络学习空间 DPSC 教学应用模式实施教学过程中，要避免大包大揽的情况，切记不要由教师提供所有资源。教学伊始，教师只须提供能引发学生思考的问题支架，由学生以个人或者小组的形式探究资源，教师要把搜集、整理、分析资源的任务交给学生，这正是对学生能力的一种极大锻炼。正如当代教育家魏书生所说，"懒老师培养勤学生。"这儿的"懒"是懒于包办，但要勤于设计，鼓励小组合作共建、共享资源。

5. 发展性评价

由于网络学习空间 DPSC 教学模式不是单纯针对学生认知发展的教学活动，故建议教师采用该模式实施教学时使用学生发展性评价，而不是学生之间的对比性评价。因此，评价要注重每一位学生自身的发展变化，即使变化很小，只要有所提升，就可以认为学生的能力得到了发展，反对传统评价方式中的考试排名等对比性评价。发展评价方式有利于提升学生的自信心，产生自我效能感。分析两轮教学实验中学生问题解决能力 PISA 前测数据可以发现，PISA 测试成绩与学生的自信心呈正相关。在实施实验之前表现出学习自信心强的学生其 PISA 测试成绩普遍偏高。因此，能够建立学生自信心的发展性评价才是提升学生问题解决能力所需要的评价方式。

6. 关注教学的"三效"

应用网络学习空间 DPSC 教学应用模式实施教学要注重教学的"三效"。所谓"三效"，即效果、效率和效益的简称。三效的观测要围绕学科目标和能力目标展开（表 10.2）。

表 10.2　　网络学习空间环境与传统教学环境的"三效"对比表

三效　　模式	网络学习空间环境下	传统教学环境下
效果	学科目标（较好）	学科目标（一般）
	能力目标（良好）	能力目标（不关注）

续表

模式 三效	网络学习空间环境下	传统教学环境下
效率	学科目标（渐好）	学科目标（较好）
	能力目标（较好）	能力目标（不关注）
效益	学科目标（较好）	学科目标（一般）
	能力目标（较好）	能力目标（不关注）

效果是对教学目标达成度的评价，是一项活动的成效与结果。就效果而言，网络学习空间环境支持下的教学在学科目标的达成上效果较好，在能力目标的达成上效果良好，而传统教学环境下的教学对学科目标的达成效果一般，基本不考虑能力目标。

效率是指投入与产出的比率，人们总是希望少投入，高产出。网络学习空间环境下的教学在学科目标的达成上效率会逐渐变好，能力目标的达成上效率较好，而传统教学环境下的教学在学科目标的达成上效率较高，但基本不关注能力目标。

效益是指某一特定系统运转后所产生的实际效果和利益。网络学习空间环境下的教学在学科目标和能力目标的达成上效益较好，传统教学环境下的教学在学科目标的达成上效益一般，对能力目标的关注不足。

因此，应用网络学习空间 DPSC 教学应用模式实施教学，在学科教学目标和能力目标方面效果、效益均优于传统教学环境下的教学，教学效率方面，在实施教学改革初期，传统教学环境暂时具有一定优势，但随着教师逐步熟悉网络学习空间教学之后，在不断的反思交流和改进活动设计中，教学效率会逐步提升。

三　网络学习空间的教学应用方法与策略

经过两轮迭代教学实践研究，笔者总结出了应用网络学习空间 DPSC 教学应用模式实施教学的应用方法和应用策略，以期能帮助教师快速应用网络学习空间开展培养学生问题解决能力的教学活动。

（一）教学应用方法

网络学习空间 DPSC 教学应用模式为教师开展网络环境下的教学改革提供了方法指导与实践平台。常言道"教无定法"，教师基于该模式可以应用多种教学方式实施教学活动，不同的应用方式有各自适应的学生发展阶段，教师应该根据学科目标和教学内容的需要灵活选择模式的应用方法，或在熟悉平台功能之后创造性地总结应用方法。在教学实验中总结的常用方法概括起来主要有以下七种：

1. 开放法

【描述】是一种基于网络学习空间 DPSC 教学应用模式的自主应用方式。教师只提供大量的学习资料，并不聚焦问题，学生在完全开放的环境下通过资料来自主发现问题，确定要解决的问题，凝练项目主题，分小组制订项目实施方案，解决问题。

【教师】教师围绕学科目标设计开放式教学环节，开放式是针对学生而言，教师必须做好前期设计，并在学习空间中上传资料，明确提出学习要求。

【学生】在学习空间里学习资料，发现问题，凝练项目方向，制订方案，解决问题，提交作品，展示交流作品，反思心得。

【建议】该方法适用于学生发展的"创造"阶段（图9.2）。

2. 命题法

【描述】教师在提供大量学习资料的同时，要聚焦问题，为学生提出学习主题，引导学生围绕主题搜集、整理分析资料，发现问题，制订实施方案，解决问题。

【教师】教师针对要实现的学科目标提前在网络学习空间中设定主题，上传相关资料，明确提出学习要求，并全程参与实施方案的制订，辅助学生开展学习活动。

【学生】在学习空间里学习资料，理解问题，制订方案，解决问题，提交作品，展示交流作品，反思心得。

【建议】该方法适用于学生发展的"适用"阶段（图9.2）。

3. 自主发现法

【描述】教师提供问题支架，通过一系列相关问题引导学生自主发现问题，由学生自主提出学习主题，学生围绕主题收集、整理分析资料，制订方案，解决问题。

【教师】教师需要围绕问题设计问题支架，在学习空间上传相关资料，帮助学生制订方案。

【学生】在学习空间里学习教师提供的资料，自主分析发现问题，小组讨论确定方案，解决问题，提交作品，展示交流作品，反思心得。

【建议】该方法适用于学生发展的"创造"阶段（图9.2）。

4. 专题发散法

【描述】由某一个特定的专题引发诸多问题，教师提供一系列与专题相关的材料引导学生发现问题，由学生提出学习主题，学生围绕主题收集、整理分析资料，制订方案，解决问题。围绕某一个专题可能形成多个学习主题。

【教师】教师在分析学科目标的基础上制定专题，在学习空间上传相关资料，围绕问题设计问题支架，帮助学生制订方案。

【学生】理解专题意义，在网络学习空间里学习专题资料，分析发现问题，小组协作提出主题，确定方案，解决问题，提交作品，展示交流作品，反思心得。

【建议】该方法适用于学生发展的"尝试"阶段（图9.2）。

5. 体验法

【描述】针对某一问题，创造基于网络学习空间的体验环境，应用虚拟技术为学生创设真实情境，使学生在情境中思考，发现问题并解决问题。

【教师】教师围绕学科目标选择需要探究的问题，针对问题，在网络学习空间上传相关资料，围绕问题设计问题支架，帮助学生制订方案，辅助学生实施方案和学生一起解决问题。

【学生】在模拟体验中，学习网络学习空间里已有的资料，理解问题，提出探究主题，确定方案，解决问题，提交作品，展示交流作品，反思心得。

【建议】该方法适用于学生发展的"陌生"阶段（图9.2）。

6. 创客法

【描述】针对解决生活中的某一真实问题，激发学生创造发明的兴趣，教师抛出问题，引起学生的思考，带学生一起分析问题并制订方案来解决问题，最终成果多为发明创造的产品或创意产物。

【教师】针对学科教学需要，凝练需要解决的问题，在网络学习空间上传相关资料，辅助学生制订方案，实施方案，发明创造。

【学生】理解问题，找出问题点，提出需要解决的问题，确定方案，解决发明创造问题，提交发明成果，展示交流成果，验证发明是否能够解决问题，反思心得。

【建议】该方法适用于学生发展的"适用"和"创造"阶段（图9.2）。

7. 竞赛法

【描述】在学习主题、目标均已明确的前提下，由不同班级或小组实施同一个项目，对实施方案、过程和结果展开竞赛评价，分析每组问题解决的最佳方案。

【教师】教师从学科教学目标出发，分析学习内容，确定项目主题、目标，制定竞赛规程和评价标准，评判竞赛结果。

【学生】针对问题，参与项目实施，学会自评和点评其他组的作品。

【建议】该方法适用于学生发展的"适用"和"创造"阶段（图9.2）。

（二）教学应用策略

研究根据英语、语文、化学三门课程应用网络学习空间 DPSC 教学应用模式开展教学活动的实践经验，分析提出了模式的应用策略，以期能为教师使用该模式开展教学提供指导。

1. 网络学习空间中学习网站建设策略

（1）基于网络学习空间的学习网站建设步骤

本研究在指导样本学校教师在网络学习空间中建设学习网站的实践教学中，总结了适宜初次接触网络学习空间的教师建设网站的便捷方法，即网络学习空间学习网站建设"五步"法（图10.3）。

第一步：需求分析、活动设计

首先，教师要根据学科教学目标设计教学方案，根据学生需求和教学需要设计教学活动，对于初次建设空间网站的教师建议采用**教学设计**

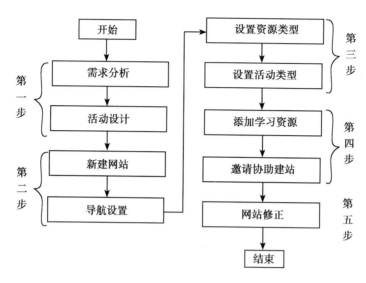

图 10.3　网络学习空间内学习网站建设步骤流程图

方案三版修订法，即教师根据学科教学目标设计常规教学设计方案形成 V1 版本，接着思考如何利用网络学习空间环境来解决教学中的重难点，以便于学生理解和掌握知识。修订 V1 版本方案形成基于网络学习空间的教学设计方案 V2 版本，此时需要考虑，所选学科教学内容的特点更适合开展哪种学习，例如：是基于问题学习？还是基于项目的学习？抑或是基于任务的学习？等等。最后邀请学科专家和同行帮助，根据反馈意见修订 V2 版本，最终形成可以实施的基于网络学习空间的课程教学设计 V3 版本。

第二步：新建网站、导航设置

教师根据 V3 版本的教学设计方案，在网络学习空间中建设教学网站，导航设置应该能够体现教学设计中不同学习方式的主要教学环节或步骤。

第三步：设置资源、活动类型

网络学习空间为教师提供了丰富的资源和活动类型，教师可在不同步骤的页面下添加新的可编辑区域。例如资源类中可以添加"编写综合文本区""编写网页""连接到文件"以及"资源列表"等。活动类中可以添加"交互社区""离线活动""作业""作品文件上传"等。建设网站的第三步，设置资源、活动类型，就是要教师给每个页面添加所需的资源或活动。例如：教师要在教学的第一个环节发布任务，就需要添加"编写综合文本区"，如果要在教学最后一个环节展示学生作品，就需要在该页面下添加"作品文件上传"活动区。所以该步骤是为教师、学生等所有教与学过程中用到资源或开展活动的设置步骤。只有教师在网站建设中创设相应的资源区域和活动区域，学生才能相应开展学习活动和上下载学习资源。

第四步：添加资源

当添加好每个页面的资源和活动类型区域后，教师就可以根据教学需要来添加资源、发布任务、组织实施教学，也可以邀请同行与学生一起共建网站，共同添加资源。

第五步：网站修正

最后一步需要教师在实施教学的过程中根据协助建站者的意见实施修正，逐步完善网站的教学功能。也可以在教学中不断发现问题，修正网站。

（2）基于网络学习空间的学习网站设计策略

①因需设计，紧扣目标

网络学习空间的设计不是针对某一门学科的所有内容，要根据内容的需要选择应用，必须紧紧围绕学科目标和能力目标展开，要根据学科的教学需求设计教学活动，根据课程标准的内容要求设计学习目标，根据目标确定问题。基于空间的教学设计要能够体现空间教学所解决的重难点问题，防止出现为了用空间而实施空间教学的现象。设计学科目标的同时要注重学生问题解决能力的培养。

②网站层级结构设置策略

学习空间的设计必须根据需求适度变化，但设计思路和策略基本相同。本研究以初中生项目学习为例，阐明基于网络学习空间的项目学习导航设置方法。网站导航设置主要是设计主页面的菜单目录（表10.3），可分为一级目录、二级目录、三级目录等，一级目录反映了整个项目学习的主要步骤和环节，二级目录是每个环节中具体要实施的活动设计，每个活动中又可以创设三级目录，每一级目录中均可设置相关资料，开展学习活动。

基于网络学习空间的网站层级导航设置，使教师建设的网站结构清晰，集中体现教师教学设计的主要环节。这种导航设计可以帮助学生梳理学习流程，明晰学习过程，避免网络学习迷航。

表 10.3　　　网络学习空间的网站层级设置表（以项目学习为例）

一级目录	二级目录	三级目录
主　页	/	/
探寻问题	学习资源、问题情景 思考讨论、凝练问题	
项目设计	《项目主题》 分组设计实施方案	第一组实施方案 第二组实施方案 ……
项目实施	第一组项目活动过程 第二组项目活动过程 ……	
项目评价	成果展示	第一组成果 第二组成果 ……
	学生评价	学生组内自评 学生组间互评
	教师评价	
项目交流	重构方案	第一组方案修正 第二组方案修正 ……
	项目心得	

③逐步呈现问题支架策略

教师如何调动学生在网站上的学习积极性，如何引导学生发现问题并形成搜集问题、判别、理解问题的能力，是基于网络学习空间的网站设计时首要考虑的问题。教师提供良好的问题支架是个不错的策略。部分教师根据维果斯基的支架式学习理论，在教学中向学生抛出一些问题，让学生来解决问题。这种直接呈现的问题能够帮助学生聚焦问题，但对学生挖掘资料、发现问题、理解问题和辨别问题的能力锻炼不足。因此，在基于网络学习空间的教学设计时，适合采用逐步呈现问题支架的策略，即教师不直接发布问题，而是提供一系列与问题有关的材料，这些材料可以按照学生智力的"最邻近发展区"来构建学习框架，通过"支架作用"帮助学生逐步理解问题、辨别问题，提高学生发现问题的能力。

④教学设计方案三版修订策略

引导教师设计三个版本的教学设计方案是促使教师快速熟悉网络学习空间教学应用设计的一种有效策略，有利于教师从传统教学设计向基于网络学习空间的教学设计过渡，缓解了教师面对学习空间的紧张感。V1 版本是教师熟悉的（甚至可以是传统的教学设计方案），教师可以更好地考虑如何围绕教学目标和能力目标展开设计；V2 版本是在 V1 版本基础上修订形成的基于网络学习空间的教学设计方案，突出应用技术解决教学中的重难点问题；V3 版本是一线教师、学科专家共同智慧的结晶，是构建网络学习空间学习网站的蓝本。

2. 网络学习空间 DPSC 教学应用模式原型具身化

设计原型具身化主要指根据教学模式原型，将原型思想具身化到所要实施的干预设计中①。这里的干预设计主要指将培养学生问题解决能力的教学模式与开展研究性学习的具体方式相结合。

教师在具体学科教学中，针对不同学科的教学目标、能力培养目标和学科特点，选择适合学科内容的学习方式，将网络学习空间 DPSC 教学应用模式具身化为网络学习空间环境下基于项目的 DPSC 学习、网络学习空间环境下基于问题的 DPSC 学习、网络学习空间环境下基于任务的 DPSC 学习等等。学科教师根据不同的学习方式，来设计网络学习空间专题网站框架结构（图 10.4）。所以，不同学科教师能够以网络学习空间 DPSC 教学应用模式为基础，设计出多样化的网络学习空间环境下培养学生问题解决能力的教学活动。甚至同一个学科，不同授课教师针对同一个教学内容也能设计出不同的网络学习空间学习活动。这种基于网络学习空间的同课异构，有助于教师间开展教学观摩与研讨活动，能够极大地提升教师的教学设计能力，促进教师专业发展。

3. "渐离式"培养策略

教师应用网络学习空间 DPSC 教学应用模式实施教学时，可采用"渐离式"培养策略。所谓"渐离式"培养，其实是一种态度方法，指随着教学活动的开展，教师对学生的指导将逐渐减弱，教师参与学习的比例将逐步减少，教师由最初的参与帮助，逐步过渡到陪伴和观察，教

---

① 杨南昌：《学习科学视阈中的设计研究》，华东师范大学，2008 年。

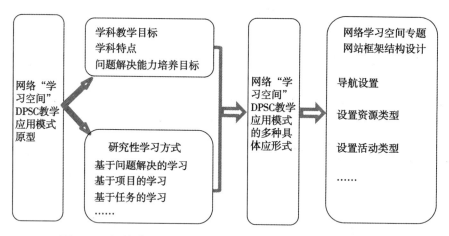

图 10.4　网络学习空间 DPSC 教学应用模式原型具身化示意图

师与学生的学习过程逐渐分离。一般分为三个阶段（图 10.5）：聚合、胶着和分离。介于聚合与分离之间的中间状态，是"胶着"阶段，它是开展网络学习空间 DPSC 教学活动的主要阶段。"渐离式"形式上反映了学生的学习逐渐远离教师的操控范围，实质上表征出教学中教师对学生学习干预强度的逐渐减弱。随着教学的深入，教师操控越来越少、学生自主学习越来越多，这种现象正是对"满堂灌"教学方式的实质性突破。"渐离式"培养策略有利于学生养成独立思考问题的习惯。

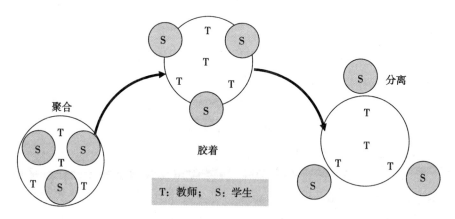

图 10.5　"渐离式"培养策略示意图

4. 多角色分配策略

维果斯基认为学生在帮助下能够做的事情和自己能够做的事情之间

的差异即为最近发展区。教师需要帮助学生开展有效的小组合作学习，因此需要实施教师指导下的角色分配，教学实验验证教师采取角色分配策略能够为学生有效确定最近发展区，有利于明确学生的任务、方向，实现高效的小组协作学习。教师在网络学习空间 DPSC 教学活动设计中主要围绕引导学生分组进行以下四种角色的分配：

（1）讨论发起者。要组织小组成员开展讨论活动，通过发起话题、提供建议来促使学生展开积极的讨论，同时负责在讨论结束时做总结。该角色可以是教师和组内 1 位同学共同担任，或在教师指导下由小组成员担任。随着学习活动的深入开展，每个学生都可以尝试提出研讨主题，此时讨论发起者的角色可由多人扮演。

（2）督促者。每个小组均要配置一个督促人的角色，负责监控小组成员参与活动的情况，及时向教师反馈活动开展的情况和存在的困难。督促者要从全体学生的共同发展来考虑问题，防止小组中出现推诿、拖沓的现象。

（3）发言人。这是一个小组中所占比例最大的角色，每个学生都可以成为发言人，发言人不仅要陈述自己的观点，而且要随时收集资料和信息来支撑自己或伙伴的观点。另外，小组发言人还需要承担本组成果展示与说明，回答组间提问或向其他组发问等任务。

（4）纠察员。负责分析比较小组成员的观点和意见，要能提出疑问并要求成员给予论证，一方面要围绕教学目标思考问题，另一方面需要针对学习过程中的现状提出问题，一位能够敏锐捕捉问题的纠察员可将小组讨论引向深入。该角色不需要指派，组内所有同学均可担任。

上述角色的分配应该灵活设计，目的是让每一位学生都能在小组学习中行动起来，通过明确的任务安排在学习过程中形成合力，共同促进小组学习活动的有效开展。

5. 鼓励学生创作反思报告

学生反思是对知识和经验的消化过程，教师应围绕学科教学目标和能力目标设计反思任务，使每个学生在完成反思报告的同时进一步学习知识并锻炼自身的问题解决能力。

报告不宜过长，建议 1000 字左右。报告需要学生阐明本组方案设计思路、学习的过程、评价自己以及学习伙伴在学习中的表现、介绍学习成果，并对学习中积累的经验与存在的问题及时总结。

6. 因科微调策略

在应用网络学习空间 DPSC 教学应用模式实施不同科目教学时，应微调模式的教学活动设计，突出不同学科的教学重点环节。在中学课程教学中，文、理科有不同的学科特点，需要充分考虑。比如，在教学活动的五个子活动设计中活动 1、活动 2 是文理共同需要强调的，语文等文科科目中应突出活动 3 与活动 5（表 8.10），强化"知识性"内容，化学等理科科目中应突出活动 4（表 8.10），强化对结果的评价和反思。

因科微调策略指导教师在应用网络学习空间 DPSC 教学应用模式时不能机械地套用，而应该根据学科的教学需要，针对不同的学习者特征，微调教学活动设计。研究中总结提出的模式及活动设计模板，只是为教师开展教学改革实践活动提供了一个支架，以便于教师教学中在达成学科目标的同时实现培养学生问题解决的能力。

7. 项目"群"设计策略

目前，在新课程改革的推动下许多教师都尝试过开展基于项目的学习，这些项目多为"单"项目。当网络学习空间为教师搭建"学习空间人人通"的平台后，基于空间的项目学习极大地拓展了教师项目学习形式的设计。除了可以实施"单"项目以外，还可设计项目"群"。所谓"单"项目就是针对一个明确的问题，设计一个项目方案，全班各个小组分别实施这个方案，用以解决问题的过程。项目"群"的概念是指教师提出一个现象或一个较为宏观的问题，围绕这个现象会有很多问题，各组根据学习材料自主发现问题，形成不同的项目主题，分组讨论协作设计项目方案，学生合作学习分工实施项目，最后解决问题的学习过程。单项目更多地强调合作，项目"群"在合作的基础上鼓励组间竞争，即使是同一问题也会有不同的成果呈现。项目"群"的学习过程是学生理解问题、表述问题、辨别问题、解决问题、反思问题、交流问题的能力发展过程。网络学习空间为项目"群"的实施提供了便利，学生通过空间可以参与本组项目的学习，还可以随时访问其他组的项目空间，通过在线讨论和离线发帖等方式参与多个项目的学习活动。项目"群"设计策略有利于学生在"学习空间人人通"的环境下形成多个学习共同体，有利于学生学科知识的意义建构和问题解决能力的提升。

8. 采用量化评价促进学生自我监控策略

参照 Goldfinch 量规设计小组内学生互评表（表 5.9），组内每位学生要互相评价在项目学习五个环节中各自的表现（包括自己）。同一个小组内互评、自评的比率影响着学生的最终得分高低。这个分值为教师提供了学生合作、探究学习过程的表现性评价，结合教师对作品的评分最终形成每位学生的得分，这种评价方式有效地将小组成绩与学生自我表现相结合。

教学伊始教师就应该让学生明白学习活动的评价方式，有利于学生明确自己在小组学习中的作用以及如何参与学习，这种兼顾过程性评价的量化策略能够一定程度地消除学习活动中学生之间的推诿依靠心理。

学生互评表促进了学生自我监控，有效的自我监控可以促进学生聚焦学习材料，明确任务，增强对已学知识的理解与记忆。

9. 小组合作展示作品

该策略是针对第一轮实验研究中发现的问题而提出的（第七章），在第二轮实验中得到了应用（第八章），效果良好。在第一轮教学实验中发现，小组课堂展示作品时，小组长成了意见领袖，全组 6 人，只有组长 1 人发言，其他同学均保持沉默。在对甲校第六组的组员进行访谈时发现，有 3 位同学无法清楚地描述本组的作品。究其原因有二：第一，这些同学没有很好地参与到小组项目的学习活动中去，故而对本组项目成果不熟悉；第二，学生认真参与了项目学习，但一开始就知道组长汇报作品，故而没有考虑如何向全班表述本组作品。第一种原因可以通过合理的角色分配来解决，第二种原因会导致学生问题解决之后的反思和交流能力的缺失，需要应用小组合作展示作品策略来消除。

小组合作展示作品是指全组学生都要参与课堂中的作品展示汇报，根据作品阐述自己所做的工作和自己的理解。该策略在第二轮实验中得到了应用，开始第二轮实验教学之前就向每位学生提出了明确的要求，第二轮实验教学之后让学生小组合作展示作品，组内学生个个表现积极、兴奋，其中一些学习成绩并不突出、甚至成绩不好的学生也得到了展示的机会，排除了小组长作为意见领袖的干扰，秉承了课堂中的教育公平理念。

10. "不愤不启，不悱不发"策略

《论语·述而》篇中有曰："不愤不启，不悱不发，举一隅不以三隅反，则不复也。"这是孔子的教学方法，历经千年仍旧散发着光芒，意思是说教师教授学生时，不到学生想理解而不得的时候不要去开导他，不到学生心里明白却又无法阐明之时不要去启发他。讲授一个知识，学生不能举一反三时，不要勉强地教授。①

今天，借用孔子的教学方法，告诫教师要善于观察学生的学习状况，使学生摆脱"要我学"而处于"我要学"的积极状态。在第一轮实验教学中，在英语观摩课《Festival》和语文观摩课《你就是一道风景》的课堂观察中发现，老师提出问题后，容易自问自答，往往当教师抛出一个问题，学生正在思考时教师就自己公布答案了，然后全班学生会齐声重复。这种现象普遍存在于当前的教学课堂中，表面上看学生回答问题很积极，正确率几乎100%，课堂教学氛围很热烈，但实质上剥夺了学生积极思考的机会，因为只有当学生冥思苦想而不得时，无法阐明所思所想时，教师的启发才会发挥作用，才能给学生留下不可磨灭的印象。

因此，应用网络学习空间DPSC教学应用模式开展教学时，要注意观察以下几个关键的节点，这些节点也正是学生需要"启"和"发"的外在表征：

（1）学生从资料中找出了大量问题，但无法聚焦项目主题时；

（2）学生提出了多个项目方案，无法取舍时；

（3）学生在解决问题的过程中发现了新问题或困难，而无法解决时；

（4）学生表述自己的作品，但缺乏逻辑性时；

（5）学生能够评价自己作品和他人作品，但观点分散时；

（6）学生有了自己关于项目学习的经验但无法清楚地阐明时。

在上述六个节点出现时，教师可以适时地给予学生启发，这样的教学事半功倍。学生在"愤"和"悱"的状态下受到"启"和"发"就能够将感知、思考、讨论、顿悟相融合，真正实现有意义学习。

---

① 杨伯峻：《论语译注》，中华书局2013年版，第10页。

11. 欢迎"出错"策略

在网络学习空间中实施教学，教师要勇于面对问题，"顺畅"、无任何问题的教学课不一定是成功的。从表演的角度，观摩课越顺畅越好，但从学生学习的角度，顺畅的课堂教学并不一定能学到多少东西或提升某种能力。欢迎"出错"策略就是要教师正确认识课堂教学和学生小组学习中出现的问题甚至是发生的错误，鼓励学生大胆"出错"，并探寻原因。即使学生找错本身就有问题，那也是非常可取的，因为学生找错的过程进行了认真的思考，这种思考的过程正是对知识和能力的融合。一堂课中学生不断出错，但每个错误背后的问题都在教师引导下得以解决或朝着解决的方向发展，这才是良性的教学氛围，才能真正促进学生知识和能力双丰收。

12. 基于网络学习空间的移动教学环境建设策略

乙校在第二轮实验教学中，鼓励教师大胆创新，积极探索基于网络学习空间的课堂教学改革。英语组赵老师应用智能手机登录网络学习空间开展了一堂生动的基于平台的英语课，这堂英语课给在场的观摩教师和学校领导留下了深刻的印象。赵老师手拿手机，穿梭于各组之间，随时关注每组的学习动态（图10.6），及时调整教学策略，随堂点评各组的项目学习活动（图10.7），并将各组的问题和自己的建议通过智能手机快速反馈至网络学习空间，以供全班分享。教师走下讲台，走进了学生之间，方便随时关注每一位学生的学习状况，教师主动构建了基于网络学习空间的移动教学环境。

在基于网络学习空间的移动教学环境中，学生每组一台笔记本电脑，登录空间学习，调用课外小组的学习成果，并全组参与成果展示（图10.8）。这种教学方式令所有在场的教师耳目一新，学生也倍感新鲜，学习兴趣浓厚，注意力高度集中。这就是一堂典型的基于网络学习空间的移动教学课。教师从多媒体主控台上解放了出来，能够更多地关注学生，及时和学生展开交流。教师通过手机登录空间，整个教室都成为讲台，课堂教学的物理空间被重构，传统课堂中"被遗忘的角落"不复存在，每个学生都有机会在空间畅谈心声，也有机会在课堂中与教师直面接触，每个学生都能感受到自己成为教师关注的焦点，大大提高了学生的自我效能感。

图 10.6　教师自带设备——手机登录空间

图 10.7　学生分组活动

　　基于网络学习空间的移动教学环境设计策略需要灵活应用，可以充分利用各种"自带设备"展开教学活动。例如，以网络学习空间为平台，整合智能手机、ipad、平板电脑、交互式电子白板、电子书包等，可以将课内外学习无缝链接，随时灵活地调取各种教学资源，实现课堂内外的泛在学习及碎片化学习。图 10.9 呈现了基于网络学习空间的移动教学环境，是对基于平台的教学实践改革的重大尝试，是网络虚拟空间和学校物理空间的教学融合。这种教学环境可以通过在普通多媒体教

图 10.8　学生分组登录网络学习空间

室的基础上改装、创设网络环境、添置移动设备来完成。例如根据教学
需要在常规多媒体教室添设诸如智能手机、平板电脑、笔记本电脑、数
码相机等设备。教师需要在教学实践中不断创新教学方法，揣摩移动设
备和网络学习空间以及电子白板等交互设备的整合应用方法，以实现教
学效果的最优化。

　　2015 年地平线报告（基础教育版）中把"自带设备"列为近期
（1—2 年）的影响基础教育的技术之一，这些设备包括人们在工作和学
习环境中携带的笔记本、平板电脑、智能手机或其他移动设备，不仅指
教师自带教学设备，也包括学生自带学习设备。目前，欧美一些国家开
始逐步放宽学生使用智能手机的限制条件。2015 年 3 月，纽约市教育
局宣布允许学生课堂内使用手机①，43% 的美国幼儿园和义务教育阶段
的学生在使用智能手机，73% 的中学老师在课堂活动中使用手机②，加
拿大安大略省 58% 的学校学生在使用自己的设备③，澳大利亚政府为中
学生提供笔记本电脑④。自带设备不仅仅是硬件的问题，更重要的是自

---

　　① The Beginning of BYOD in New York City Schools［EB/OL］. https：//www. graphite. org/
blog/the-beginning-of-byod-in-new-york-city-schools.

　　② EdTech + Mobile = Learning［EB/OL］. http：//mobilefuture. org/resources/edtech-mobile-
learning/.

　　③ Digital Learningin Ontario Schools：The "newnormal"［EB/OL］. http：//www. peopleforedu-
cation. ca/wp-content/uploads/2014/03/digital-learning-2014-WEB. pdf.

　　④ BYOD brings its own challenges for schools and students［EB/OL］. http：//www. theage. com.
au/national/education/byod-brings-its-own-challenges-for-schools-and-students - 20150208 - 135p08.
html(2015.9.9) .

带设备里具有更多个性化的内容，允许学生提前预习、自定步调，根据自己的学习习惯、学习方式选择不同的应用程序（APP），开展富有个性化的学习，是对以学生为中心的教学模式的强化。自带设备在教学中的应用极大地丰富了"一对一"数字化学习环境，有利于构建多样化的网络学习空间移动教学环境。

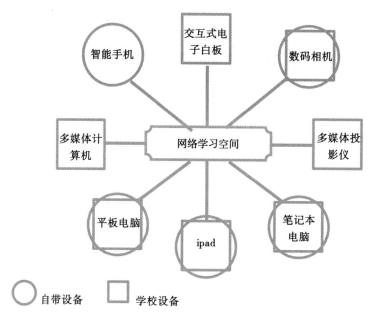

图 10.9　基于网络学习空间的移动教学环境

13. 课堂及时评价策略

课堂及时评价有利于学生随堂反思，及时发现问题、解决问题，可以是教师评价也可以是学生互评。学生互评，可以是随堂评价，可以是课堂投票（图 9.3），也可以是课外发帖。课堂中教师的及时评价是各组学习的风向标，能够指导学生明确学习方向，及时调整小组项目学习中的偏差。教师评价能及时给予每一位学生极大的鼓励。

14. 多媒体教室协作学习环境简易布置策略

实践证明利用多媒体教室布置适宜的协作学习环境，是有效开展基于网络学习空间课堂教学的策略之一。目前中小学校的多媒体教室基本是在传统教室的基础上改造而成的，学生课桌的空间布置依然是传统课堂的形式，不利于实施小组协作学习，需要进行合理的布置改造。为了尽可能减少改造的工作量，可以在课前仅对学生的课桌做简易空间布置，使其适合网络学习空间的协作教学。

图 10.10 是支持课堂协作学习的多媒体教室布置图，在第二轮实验教学中，乙校的化学课《水的净化》的课堂布置按照此图设计。在课前 20 分钟，将学生的课桌四四合并，分为 8 组，每组 5—6 人围坐四周（教室布置简图见图 10.10），每组一台笔记本电脑，无线连接网络（课堂课桌布置实景图见图 10.11）。

实践证明这种布局便于学生小组讨论问题，避免了以往学生转身回头讨论、再转回听教师讲解的不便。发言中每位学生都是小组协作学习的主体，实现了去中心化，每一位学生都能充分体验到主人翁的感觉，上课态度积极，课堂气氛热烈。同时，教师可随时穿梭于每个小组之间，方便了教师对每个小组的指导。

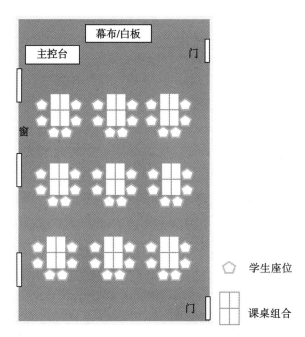

图 10.10　支持课堂协作学习的多媒体教室布置简图

15. 师生协同共建网站策略

在两轮教学实验中，实验班学生在基于项目的学习中不仅仅是被动的学习者，还成了项目学习设计的参与者。教师充分利用网络学习空间

图 10.11　支持课堂协作学习的多媒体教室布置实景图

中的"协助建设网站"功能，邀请学生也参与到网站建设中来，实践证明学生参与网站建设有诸多有利因素：

（1）有利于教师开展学习者特征分析，因需设计网站。参与建设网站的学生可以将意见快速反馈给教师，哪些地方适合学生学习，哪些任务过于简单或过难，教师根据学生需要及时调整网站设计。

（2）有利于师生及时沟通，信息共享，反馈意见。让学生参与空间建设，相当于开辟了一条全新的师生交流、沟通的渠道，双方意见可以即时反馈，既有利于学生的学习，又有利于教师及时调整教学工作。

（3）有利于学生梳理学习思路。因为教师建设网站的思路就是引导学生一步步展开研究性学习的思路，因此学生参与建设网站会对整个学习活动的实施过程了如指掌，使学生在接下来的小组学习中驾轻就熟。

（4）增强了学生的主人翁意识。让学生参与到空间建设，并将学生意见纳入到教学设计中来，大大增强了学生的主人翁意识，真正体现了学生是教学工作的主体，将学生被设计学习的过程改为学生自主学习的过程。

16. 应用"微信二维码"引导家长助学策略

微信是由腾讯公司开发的新媒体通信社交平台，可以通过智能手机发送语音短信、视频、图文。微信二维码可以配合微信来添加好友或实现微信支付①。教师可以申请微信公众号，邀请家长通过手机等扫描二维码，加入微信平台，教师可将课程安排、实施方案甚至是学生的学习进度和学习状况随时发布至微信平台。一方面使家长及时了解学生的在校学习状况，促使家长更加关心学生的学习，使教师和家长的沟通更加便捷；另一方面教师可以引导家长辅助孩子学习，甚至参与到孩子的学习中去，增进了家长和老师、家长和学生之间的理解与沟通，有利于家校协同教学的实施。

17. 分环节评价策略

网络学习空间 DPSC 教学应用模式中的五个步骤即为五个教学环节，每个环节对应于相应的问题解决子能力的培养和锻炼。学习活动中的评价贯穿整个学习过程，为保证评价能切实促进学生的学习，本项研究总结提出了分环节实施评价策略（图 10.12）。

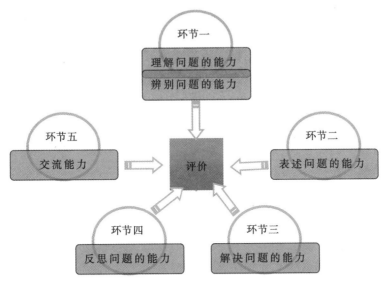

图 10.12　基于网络学习空间实施项目学习分环节评价图

（1）环节一："创情景、设支架"的评价

该环节的主要任务是利用网络学习空间创设教学情境，教师应用

---

① 微信二维码 ［EB/OL］http：//baike. baidu. com/link? url=LGC5zTNDfxE-NPZnGrUrIpM-WtGF77ixPTturgaJtSjL9LllVrKLAnmijjLtbQJPf-xWdVmRhjcSGGhiZ8zgTe_ . 2015-11-29。

各种资料为学生提供思考支架，引导学生筛选资源、探寻问题要素，培养问题意识。所以，环节一评价的核心是学生分小组是否自主提出研究主题，同时观察分析学生理解问题的能力和辨别问题的能力的发展。

（2）环节二："同建站、论方案"的评价

小组有了研究主题，就要围绕主题学习活动方案，需要学生在组内表述问题。环节二的评价观测点是看学生是否能找出围绕主题产生的诸多问题，分析学生是否能在组内清晰表述自己发现的问题，用以评价学生表述问题的能力的发展。

（3）环节三："解问题、控过程"的评价

明确了主题和所要解决的问题之后，学生需要在教师的指导下组内分工，协作解决问题，解决问题的过程中随时请教老师，教师负责答疑解难。该环节锻炼学生解决问题的能力。此时的评价观测点是看学生是否能合作解决问题，是否能够筛选、整合资料形成小组作品。

（4）环节四："展评价、改方案"的评价

学生反思问题的能力是教学环节四中着重培养的问题解决子能力，该环节的主要活动有两项：一是各组展示评价、学习的过程性资料以及最终成果；二是继续展开组内自评、组间互评和教师点评。思考是评价的原动力，评价是思考之后的行为反应，组间互评正是学生反思能力的外显过程。因此，环节四的评价观测点是教师对小组成果的评价与学生组内、组间评价。

（5）环节五："说方法、谈经验"的评价

模式的最后一个环节培养学生交流问题解决方法的能力，评价观测点是看学生是否能清晰阐明本组学习的过程，是否能对本组作品做简单的介绍，是否能总结本组项目学习的经验。

上述五个环节的评价其实质是对学生问题解决子能力的评价，每个环节的培养目标构成了学生问题解决子能力的外在表征，体现了网络学习空间 DPSC 教学应用模式五步骤的实施重点。

18. 应用网络学习空间支撑校本课程策略

为了使教师和学生都能普及应用网络学习空间，学校一方面可以开设网络学习空间应用的校本课程；另一方面，可以在已有校本课程中应用网络学习空间 DPSC 教学应用模式开展教学活动。这种基于空间的校本课程可以发挥网络的优势，激发师生应用空间的积极性，并及时引入其他教师或学科专家的适时指导，辅助学生开展自主、合作、探究学习，在重塑校本课程特色的同时提升学生的问题解决能力。

主要参考文献

英文文献

[1] Mayer, R. E.. Educational Psychology: A Cognitive Approach [M]. Boston: Little, Brown, 1987: 321.

[2] J. R. Anderson. Cognitive Psychology and its implications [M]. New York: Freeman, 1980: 22-42.

[3] GagneR. The conditions of learning. (4th ed.) [M]. NewYork: Holt, Rhinehart and inston, 1985: 3-8.

[4] Thom Markham. Project based learning handbook: a guide to standards—focused project based learning for middle and high school teachers [M]. America: Buck Institute for Education, 2003: 322.

[5] Robert. V. Kail. Children and Their Development (Second Edition) [M], Education Science Press, 2009: 8.

[6] Collins, A. & Halverson, R. Rethinking Education in the Age of Technology: The Digital Revolution and the Schools [M]. New York: Teachers College Press. 2009: 18-39.

[7] Gick M L, Holyoak K J. Analogical problem solving [J]. Cognitive Psychology, 1980 (12): 306-355.

[8] Garofalo J, Lester F. Metacognition, cognitive monitoring and mathematical performance. [J]. Journal for Research in Mathematics Education, 1985, 16 (3): 163-76.

[9] PhyllisC. Blumenfeld Elliot Soloway, Ronald W. Marx, Joseph S. Kra-

jcik, Mark Guzdial & Annemarie Palinc sar.Motivatingproject-basedlearning.Sustaining the doing ［J］. supporting the learning Educational. Psychologist, 26 (3&4), 369-398.

［10］Benne, K.D., Sheats, P..Functional Roles of Group Members ［J］. Journal of Social Issues 1948, 4 (2)：41-49.

［11］Pena-Shaff, J.B., Nichols, C..Analyzing student interactions and meaning construction in computer bulletin board discussions ［J］. Computer Education 2004 (42)：243-265.

［12］Moller, L.Designing communities of learners for asynchronous distance education ［J］. Educational Technology Research & Developement, 1998, 46 (4), 115-122.

［13］Scardamalia, M., &Bereiter, C.Computer support for knowledge-building communities ［J］. The Journal of Learning Sciences, 1994, 3 (3).

［14］Reil, M.M.Learning circles：Virtual communities for elementary and secondary schools ［J］..Electronically Published at URL：http：//www. ed.uiuc.edu/guidelines/Riel-93.html, 1993.

中文文献

［1］陈琦、刘儒德：《当代教育心理学》，北京师范大学出版社1997年版。

［2］陈爱苾：《课程改革与问题解决教学》，首都师范大学出版社2010年版。

［3］［美］戴维·乔纳森：《学会用技术解决问题》（*Learning to Solve Problems With Technology*），教育科学出版社2007年版。

［4］［美］杜威：《学校与社会·明日之学校》，人民教育出版社1994年版。

［5］高文：《教学模式论》，上海教育出版社2001年版。

［6］GaryD.Borich&Martin.Tombari：《中小学教育评价》，国家基础教育课程改革"促进教师发展与学生成长的评价研究"项目组译，中国轻工业出版社2004年版。

［7］刘成章：《信息技术教育学》，高等教育出版社2002年版。

［8］林崇德、杨治良、希庭：《心理学大辞典》（下），上海教育出版社 2003 年版。

［9］陆璟：《PISA 测评的理论和实践》，华东师范大学出版社 2013 年版。

［10］李坤崇：《教学评估——多种评价工具的设计及应用》，华东师范大学出版社 2011 年版。

［11］［美］乔纳森・H. 特纳：《社会学的理论结构》，邱泽奇、张茂元译，华夏出版社 2006 年版。

［12］［美］SallyBerman：《多元智能与项目学习活动设计指导》，夏慧贤等译，中国轻工业出版社 2004 年版。

［13］［美］波利亚：《怎样解题》，涂弘、冯承天译，上海科技教育出版社 2007 年版。

［14］王陆主编：《虚拟学习社区原理与应用》，高等教育出版社 2004 年版。

［15］［美］威廉・维尔斯曼：《教育研究方法导论》，教育科学出版社 2001 年版。

［16］徐锦生、吴小军：《项目学习——探索综合化教学模式》，浙江大学出版社 2012 年版。

［17］辛自强：《问题解决与知识建构》，教育科学出版社 2005 年版。

［18］杨伯峻：《论语译注》，中华书局 2013 年版。

［19］［日］佐藤允一：《问题解决术》，杨明月译，中国人民大学出版社 2010 年版。

［20］赵建华：《计算机支持的协作学习》，上海教育出版社 2006 年版。

［21］张俊娟：《问题解决能力培训全案》（第二版），人民邮电出版社 2011 年版。

［22］钟志贤：《信息化教学模式》，北京师范大学出版社 2006 年版。

［23］刘人怀等：《试答"钱学森之问"》，《中国高教科技》2011 年第 10 期。

［24］贾花萍、李尧龙：《强化学生问题意识激发学生创新思维》，《职业教研》2012 年第 11 期。

［25］刘岩：《学生创新思维培养的对策》，《中学政治参考》2012年第 2 期。

［26］蔡慧英、顾小清：《21 世纪学习者能力测评工具的框架设计研究》，《中小学信息技术教育》2013 年第 5 期。

［27］王文莲、李海：《在物理教学中培养学生问题解决能力的策略》，《山西广播电视大学学报》2010 年第 9 期。

［28］王海芳：《生物教学中培养学生问题解决能力的研究》，《教师博览（科研版）》2012 年第 1 期。

［29］余胜泉：《基于建构主义的教学设计模式》，《电化教育研究》2000 年第 12 期。

［30］《基于项目的学习（PBL）模式研究》，《外国教育研究》2002 年第 11 期。

［31］付煜：《一种有效设计问题的策略："问题连续体"》，《教学与管理》2013 年第 11 期。

［32］吴吉惠：《课堂教学中学生问题解决能力的培养》，《教育研究与实验》2009 年第 6 期。

［33］傅金芝：《初中学生问题解决能力发展的跨文化研究》，《心理科学》1998 年第 12 期。

［34］张苹：《大学生问题解决能力培养研究》，《北京城市学院学报》2013 年第 4 期。

［35］龙毅、刘守生：《用 Markov 链测量学生问题解决能力》，《吉首大学学报》1996 年第 9 期。

［36］贾洪芳：《关于问题解决能力测试的研究》，《中国考试》2007 年第 10 期。

［37］师庆良：《项目学习在校本课程教学中的应用研究》，宁波大学，2009 年。

［38］L 市城关区教育局：《"教—学空间"框架设计（讨论稿）》，西北师范大学信息化教育研究所，2013 年。

［39］谢幼如：《网络课堂协作知识建构模式研究》，西南大学，

2009 年。

　　［40］吴亚婕：《网络环境下大学生批判性思维培养研究》，北京师范大学，2013 年。

　　［41］美国重新修订中小学数学课程标准［DB/OL］. http：//www. pep. com. cn/peixun/xkpx/peixun_ 1_ 2_ 3_ 1/kcyj_ 1/zjsd/201010/t20101013_ 932072. htm. 2004−7−20.

　　［42］问题解决［DB/OL］. http：//www. baike. com/wiki/%25E9%2597%25AE%25E9%25A2%2598%25E8%25A7%25A3%25E5%2586%25B3&prd＝so_ 1_ doc. 2014−4−30.

　　［43］问题解决［DB/OL］. http：//baike. haosou. com/doc/5623881−5836499. html. 2015−10.

　　［44］文献研究法［DB/OL］http：//baike. baidu. com/link？ url＝tEpH2okuCsMmcsfyiUfKh2kSzZlRhGQmB2h26f2n9GavpvdzYd2LGk6dCgG4J-sE_ NC5S−8VYyBKeyRUqtVSKz_ ，2013−10−22.

　　［45］问卷调查法［DB/OL］http：//baike. baidu. com/view/222624. htm，2013−5−18.

后　记

　　正如柯蒂斯·J.邦克所说，在未来的三四十年里，人们将反思这个时代，并将其称之为"学习时代"。他认为世界是开放的，互联网技术正在深刻地变革人类的教育。显然，在这样一个时代，中国的教育与网络已经紧密地联系到了一起。随着"三通两平台"的建设，基础教育阶段的网络硬件环境正在逐步优化，宽带网络校校通、网络学习空间人人通、优质资源班班通将逐步实现。当我们具备了一系列技术条件之后，如何应用于教育教学实践，成为当下每一位教育研究者应该关注的问题。美国密苏里大学教授戴维·乔纳森指出，技术向来都是教育的附属品，因为它并没有与传播信息的使命合为一体。因此，本研究试图探索网络技术深度融合教育教学的实践案例，以期摆脱技术的附属命运，掀起人人平等学习的知识狂潮，在"世界是开放的"大环境下实现"学习是开放的"。

　　随着《培养学生问题解决能力——网络学习空间应用研究》一书书稿的完成，我愈发感到研究之路永无止境，在解决一个个问题的同时，新问题层出不穷。本项研究活动只是揭开了"网络'学习空间'支持下的学生问题解决能力培养研究"这座冰山的一角，需要在接下来的研究中进一步开展后续研究。主要包括三个方面：网络学习空间DPSC教学应用模式的推广应用研究、思维工具支持的网络学习空间教学活动设计研究、探索"网络'学习空间'+"的应用模式。此时，我感觉自己像一个打开百宝箱的顽童，面对新东西既兴奋又感到无知。但无论怎样，我始终有个梦想，那就是将信息技术融合在学科教学之中，让技术不显山不露水地促进教育教学改革，助力教师的教和学生的学。这个梦想将支撑我痛并快乐地畅游于学术研究的长河之中。

本项研究从选题、资料收集到撰写，从写作大纲到一稿、二稿、三稿的修订直至定稿，始终得到了西北师范大学郭绍青教授、河南大学汪基德教授的悉心指导，字里行间凝聚着两位老师的心血与汗水。在此表达我最真诚的谢意，并祝愿老师幸福安康。另外，要特别感谢西北师范大学郭炯教授，在研究的攻坚阶段，她无私的帮助给予我无穷的力量。同时，还得到了河南大学张炳林副教授，西北师范大学赵健副教授、张乐博士、赵厚福博士、贺相春博士等同人的帮助，在此一并致谢。

最后，要感谢我的父母、岳父母和妻子，一路走来，有父亲在天国的庇佑，有母亲每日一个长途电话的关怀，有岳父母无私的奉献，有妻子默默操持家务、无言的支持。央求上天让时光过得慢些吧，让我的恩人们都慢些变老，让我用一生的时光来慢慢地爱他们……

杨滨

2016 年 12 月于兰州